मेरी श्रेष्ठ कविताएं

1929-1983 की अवधि में लिखित अपनी समस्त काव्य-कृतियों से स्वयं बच्चन द्वारा संकलित सर्वश्रेष्ठ कविताएं

मेरी श्रेष्ठ कविताएं

सभी काव्य-कृतियों में से कवि द्वारा
चुनी हुई श्रेष्ठ कविताओं का संकलन

हरिवंशराय बच्चन

उपसंहार

सुमित्रानंदन पंत

राजपाल

स्थापित 1912
100 वर्षों की
श्रेष्ठ प्रकाशन परम्परा
राजपाल

₹ 750
ISBN : 9788170283140

MERI SHRESHTHA KAVITAYEN (Poetry)
by Harivanshrai Bachchan
मुद्रक : जी.एस. ऑफसेट, दिल्ली

राजपाल एण्ड सन्ज़
1590, मदरसा रोड, कश्मीरी गेट, दिल्ली-110006
फोन : 011-23869812, 23865483, 23867791
e-mail : sales@rajpalpublishing.com
www.rajpalpublishing.com
www.facebook.com/rajpalandsons

लघु से लघुतम कौन, —नहीं यदि हों हम खोटे,
वहां हमारे लिए बड़े हमसे जो छोटे।

'नकुल'—सियारामशरण गुप्त

हिन्दी-काव्य परिवार के अपने चार अनुजों
दिनकर, अज्ञेय, नरेन्द्र और अंचल को
जिन्होंने क्रमशः छायावादी कुहासे को किरण,
भावुकता को बौद्धिकता, काल्पनिकता को अनुभूति
तथा रहस्यमयता को मांसलता दी;

और अनुजा **सुमित्राकुमारी** को
जिन्होंने अपनी कविता से बढ़कर
अपने पुत्र-पुत्रवधू, पुत्री-जामाता के रूप में
हमें चार नये कवि दिए —
अजित-स्नेह, कीर्ति-ओंकार।

अपने पाठकों से

मुझे इस बात की बड़ी प्रसन्नता है कि 'अभिनव सोपान' का दूसरा संस्करण 'मेरी श्रेष्ठ कविताएं' नाम से निकलने जा रहा है।

इसका पहला संस्करण 1964 में निकला था।

इन पिछले लगभग 20 वर्षों में मेरे कुछ और संग्रह निकले हैं, कुछ और कविताएँ लिखी गईं जो संग्रह रूप में प्रकाशित नहीं की गईं।

इनमें से भी कविताएँ जोड़ देना उचित प्रतीत हुआ।

पहले संस्करण के निकलने के समय 62-63 की रचनाओं से दस कविताएँ दी गई थीं, ये अंतिम थीं; उस समय तक इन्हें 'दो चट्टानें' में संगृहीत नहीं किया गया था। 64 में कुछ और कविताओं के साथ इन्हें 'दो चट्टानें' के रूप में प्रकाशित किया गया। अब उनमें दो कविताएँ 'दो चट्टानें' से और जोड़ दी गई हैं—

'ख़ून के छापे' और 'दो बजनिये'। इस प्रकार 'दो चट्टानें' से कुल 12 कविताएँ दी गई हैं।

'दो चट्टानें' के बाद मेरे संग्रह थे :

'बहुत दिन बीते' (65-67)
'कटती प्रतिमाओं की आवाज़' (67-68)
'उभरते प्रतिमाओं के रूप' (67-68)
'जाल समेटा' (68-72)

इनमें से प्रत्येक से चार-चार कविताएँ यहाँ दी गई हैं।

'जाल समेटा' के बाद भी लगभग 25 कविताएँ लिखी गईं जिन्हें संग्रह रूप में प्रकाशित नहीं किया गया।

इनमें से भी चार कविताएँ यहाँ दी जा रही हैं।

यह अभिनव संस्करण इस प्रकार 1929 से 1983 तक लिखी मेरी कविताओं से मेरी दृष्टि में, मेरी सर्वश्रेष्ठ रचनाओं का संकलन है।

आशा है इनसे आपका मनोविनोद होगा, ये आपकी संवेदनाएँ जगाएँगी, आपके लिए प्रेरक बनेंगी।

इन पर आप अपनी कोई प्रतिक्रिया देना चाहें तो आपका स्वागत करूँगा।

सोपान
बी-8, गुलमोहर पार्क
नई दिल्ली-49

—बच्चन

मेरी श्रेष्ठ कविताएं

बच्चन की काव्य-कृतियों के क्रमानुसार कविता-सूची

मधुबाला (1934-1935)

मधुकलश (1935-1936)

निशा-निमंत्रण (1937-1938)

एकांत-संगीत (1938-1939)

आकुल अंतर (1940-1942)

सतरंगिनी (1942-1944)

बंगाल का काल (1943)

हलाहल (1936-1945)

सूत की माला (1948)

खादी के फूल (1948)

मिलन यामिनी (1945-1949)

प्रणय पत्रिका (1950-1954)

धार के इधर-उधर (1940-1950)

आरती और अंगारे (1950-1957)

बुद्ध और नाचघर (1944-1957)

त्रिभंगिमा (1958-1960)

चार खेमे चौंसठ खूंटे (1960-1962)

दो चट्टानें (1962-1963 की रचनाएँ)

बहुत दिन बीते

बच्चन की रचनाएँ

1. टूटी-छूटी कड़ियाँ (निबंध), 1973
2. जाल समेटा, 1973
3. प्रवास की डायरी, 1971
4. क्या भूलूँ क्या याद करूँ (आत्मकथा-1), 1969
5. नीड़ का निर्माण फिर (आत्मकथा-2), 1970
6. बसेरे से दूर (आत्मकथा-3), 1977
7. कटती प्रतिमाओं की आवाज़, 1969
8. उभरते प्रतिमानों के रूप, 1968
9. बहुत दिन बीते, 1967
10. दो चट्टानें, 1965
11. चार खेमे चौंसठ खूँटे, 1962
12. त्रिभंगिमा, 1961
13. बुद्ध और नाचघर, 1958
14. आरती और अंगारे, 1958
15. धार के इधर-उधर, 1957
16. प्रणय-पत्रिका, 1955
17. मिलन यामिनी, 1950
18. खादी के फूल, 1948
19. सूत की माला, 1948
20. बंगाल का काल, 1946
21. हलाहल, 1946
22. सतरंगिनी, 1945
23. आकुल अंतर, 1943
24. एकांत संगीत, 1939
25. निशा निमंत्रण, 1938
26. मधुकलश, 1937
27. मधुबाला, 1936
28. मधुशाला, 1935
29. तेरा हार (प्रारंभिक रचनाओं में सम्मिलित), 1932
30. प्रारंभिक रचनाएँ—पहला भाग (कविताएँ), 1943
31. प्रारंभिक रचनाएँ—दूसरा भाग (कविताएँ), 1943
32. प्रारंभिक रचनाएँ—तीसरा भाग (कहानियाँ), 1946
33. नये-पुराने झरोखे (निबंध-संग्रह), 1962
34. कवियों में सौम्य संत (पंत काव्य-समीक्षा), 1960
35. किंग लियर (अनुवाद), 1972
36. हैमलेट (अनुवाद), 1969
37. ओथेलो (अनुवाद), 1959
38. मैकबेथ (अनुवाद), 1957
39. मरकत द्वीप का स्वर (ईट्स की कविताओं का अनुवाद), 1965
40. चौंसठ रूसी कविताएँ (अनुवाद), 1964
41. भाषा अपनी भाव पराए (अनूदित कविताएँ), 1970
42. जन गीता (अनुवाद), 1958
43. नागर गीता (अनुवाद), 1966

44. खैयाम की मधुशाला (अनुवाद), 1935
45. उमर खैयाम की रुबाइयाँ (अनुवाद), 1959
46. नेहरू : राजनीतिक जीवन-चरित (अनुवाद), 1961
47. अभिनव सोपान (संकलन), 1964
48. सोपान (संकलन), 1953
49. आधुनिक कवि (7 : संकलन), 1961
50. बच्चन के लोकप्रिय गीत (संकलन), 1967
51. आज के लोकप्रिय हिन्दी कवि : बच्चन (संकलन : चन्द्रगुप्त विद्यालंकार द्वारा संपादित), 1960
52. कवि श्री : बच्चन (संकलन : डॉ. दुर्गाप्रसाद झाला द्वारा संपादित), 1969
53. बच्चन जी के साथ क्षण भर (संचयन), 1934
54. मेरी कविताई की आधी सदी, 1981
55. सोऽहं हंस : (संकलन, हंस प्रतीक की कविताओं का), 1981
56. बच्चन : पत्रों में (संपादक : डॉ. जीवन प्रकाश जोशी), 1970
57. बच्चन के पत्र (संपादक : निरंकारदेव सेवक), 1972
58. आज के लोकप्रिय हिन्दी कवि : सुमित्रानंदन पंत (संकलन : बच्चन द्वारा संपादित), 1960
59. पंत के सौ पत्र (बच्चन-संपादित), 1970
60. पंत के दो सौ पत्र (बच्चन-संपादित), 1971
61 डब्ल्यू.बी. ईट्स एण्ड ओकल्टिज्म (अंग्रेजी शोध-प्रबंध), 1965

बच्चन की रचनाओं के अनुवाद

1. 'कालेर कबले बांगला' (भूपेन्द्रनाथ दास द्वारा "बंगाल का काल" का बंगला अनुवाद), 1948
2. "द हाउस आफ़ वाइन" (मार्जरी बोल्टन और रामस्वरूप व्यास द्वारा 'मधुशाला का अंग्रेज़ी अनुवाद), 1950
3. लिरिका (आर. वरान्निकोवा द्वारा संपादित बच्चन की संकलित कविताओं का रूसी अनुवाद), 1965
4. बंगालचा काल (अविनाश जोशी द्वारा 'बंगाल का काल' का मराठी अनुवाद), 1973
5. कोलेस्नीत्सा सोन्त्सा (सूर्य का रथ—चुनी हुई परवर्ती कविताओं का रूसी अनुवाद), अनुवादक—एस. सेवेरत्सेव; भूमिका-लेखक—डॉ. चेलीशेव, 1973
6. 'मधुशाला' (विनयकुमार चौकसे द्वारा 'मधुशाला' का मराठी अनुवाद), 1979
'मधुशाला' के दो और मराठी, तथा बंगला, मलयालम अनुवाद भी प्रकाशित हो चुके हैं।
रचनाओं के साथ प्रथम प्रकाशन तिथि का संकेत है।

बच्चन रचित बाल-साहित्य

1. जन्मदिन की भेंट; 1978 2. नीली चिड़िया, 1979 3. बंदरबांट, 1980

कोयल

अहे, कोयल की पहली कूक!
अचानक उसका पड़ना बोल,
हृदय में मधुरस देना घोल,
श्रवणों का उत्सुक होना, बनना जिह्वा का मूक!

कूक, कोयल, या कोई मंत्र,
फूंक जो तू आमोद-प्रमोद,
भरेगी वसुंधरा की गोद?
काया-कल्प-क्रिया करने का ज्ञात तुझे क्या तंत्र?

बदल अब प्रकृति पुराना ठाट
करेगी नया-नया शृंगार,
सजाकर निज तन विविध प्रकार,
देखेगी ऋतुपति-प्रियतम के शुभागमन की बाट।

करेगा आकर मन्द समीर,
बाल-पल्लव-अधरों से बात,
ढँकेंगी तरुवर गण के गात
नई पत्तियाँ पहना उनको हरी सुकोमल चीर।

वसंती, पीले, नील, लाले,
बैंगनी आदि रंग के फूल,
फूलकर गुच्छ-गुच्छ में झूल,
झूमेंगे तरुवर शाखा में वायु-हिंडोले डाल।

मक्खियाँ कृपणा होंगी मग्न,
माँग सुमनों से रस का दान,
सुना उनको निज गुन-गुन गान,
मधु-संचय करने में होंगी तन-मन से संलग्न!

नयन खोले सर कमल समान,
बनी-वन का देखेंगे रूप—
युगल जोड़ी की सुछवि अनूप;
उन कंजों पर होंगे भ्रमरों के नर्तन गुंजान।

बहेगा सरिता में जल श्वेत,
समुज्ज्वल दर्पण के अनुरूप,
देखकर जिसमें अपना रूप,
पीत कुसुम की चादर ओढ़ेंगे सरसों के खेत।

कुसुम-दल से पराग को छीन,
चुरा खिलती कलियों की गंध,
कराएगा उनका गँठबंध,
पवन-पुरोहित गंध सुरज से रज सुगंध से भीन।

फिरेंगे पशु जोड़े ले संग,
संग अज-शावक, बाल-कुरंग,
फड़कते हैं जिनके प्रत्यंग,
पर्वत की चट्टानों पर कुदकेंगे भरे उमंग।

पक्षियों के सुन राग-कलाप—
प्राकृतिक नाद, ग्राम, सुर, ताल,
शुष्क पड़ जाएँगे तत्काल,
गंधर्वों के वाद्य-यंत्र किन्नर के मधुर अलाप।

इन्द्र अपना इन्द्रासन त्याग,
अखाड़े अपने करके बंद,
परम उत्सुक-मन दौड़ अमंद,
खोलेगा सुनने को नंदन-द्वार भूमि का राग!

करेगी मत्त मयूरी नृत्य
अन्य विहगों का सुनकर गान,
देख यह सुरपति लेगा मान,
परियों के नर्तन हैं केवल आडंबर के कृत्य!

अहे, फिर 'कुऊ' पूर्ण-आवेश!
सुनाकर तू ऋतुपति-संदेश,
लगी दिखलाने उसका वेश,
क्षणिक कल्पने मुझे घुमाए तूने कितने देश!

कोकिले, पर यह तेरा राग
हमारे नग्न-बुभुक्षित देश
के लिए लाया क्या संदेश?
साथ प्रकृति के बदलेगा इस दीन देश का भाग?

कलियों से

'अहे, मैंने कलियों के साथ,
जब मेरा चंचल बचपन था,
महा निर्दयी मेरा मन था,
अत्याचार अनेक किए थे,
कलियों को दुख दीर्घ दिए थे,
तोड़ इन्हें बागों से लाता,
छेद-छेद कर हार बनाता!
क्रूर कार्य यह कैसे करता,
सोच इसे हूँ आहें भरता।
कलियो, तुमसे क्षमा माँगते ये अपराधी हाथ।'

'अहे, वह मेरे प्रति उपकार!
कुछ दिन में कुम्हला ही जाती,
गिरकर भूमि-समाधि बनाती।
कौन जानता मेरा खिलना?
कौन, नाज़ से डुलना-हिलना?
कौन गोद में मुझको लेता?

कौन प्रेम का परिचय देता?
मुझे तोड़ की बड़ी भलाई,
काम किसी के तो कुछ आई,
बनी रही दो-चार घड़ी तो किसी गले का हार।'

'अहे, वह क्षणिक प्रेम का जोश!
सरस-सुगंधित थी तू जब तक,
बनी स्नेह-भाजन थी तब तक।
जहाँ तनिक-सी तू मुरझाई,
फेंक दी गई, दूर हटाई।
इसी प्रेम से क्या तेरा हो जाता है परितोष?'

'बदलता पल-पल पर संसार
हृदय विश्व के साथ बदलता,
प्रेम कहाँ फिर लहे अटलता?
इससे केवल यही सोचकर,
लेती हूँ सन्तोष हृदय भर—
मुझको भी था किया किसी ने कभी हृदय से प्यार!'

उपवन

माली, उपवन का खोल द्वार!
बहु तरुवर ध्वज-से फहराता,
बहु पत्र-पताके लहराता,
पुष्पों के तोरण छहराता,
यह उपवन दिखला एक बार!

माली, उपवन का खोल द्वार!
कोकिल के कूजन से कूजित,
भ्रमरों के गुंजन से गुंजित,
मधुऋतु के साजों से सज्जित,
यह उपवन दिखला एक बार!

माली, उपवन का खोल द्वार!
अपने सौरभ में मदमाता,
अपनी सुखमा पर इतराता,
नित नव नंदनवन का भ्राता,
यह उपवन दिखला एक बार!

"मत कह—उपवन का खोल द्वार!
यह नृप का उपवन कहलाता,
नृप-दंपति ही इसमें आता,
कोई न और आने पाता,
यह आज्ञा उसकी दुर्निवार!

मत कह उपवन का खोल द्वार!
यदि लुक-छिपकर कोई आता,
रखवालों से पकड़ा जाता,
नृप सम्मुख दंड कड़ा पाता,
अंदर आने का तज विचार!"

माली, उपवन का खोल द्वार!
उपवन मेरा मन ललचाता,
आकर न यहाँ लौटा जाता,
मैं नहीं दंड से भय खाता,
मैं सुषमा पर बलि बार-बार!

माली, उपवन का खोल द्वार!
यह देख विहंगम है जाता,
कब आज्ञा लेने यह आता,
फिर मैं ही क्यों रोका जाता,
मैं एक विहग मानवाकार!

माली, उपवन का खोल द्वार!
कल्पना - चपल - परधारी हूँ,
भावना - विश्व - नभचारी हूँ,
इस भू पर एक अनारी हूँ,
फिरता मानव-जीवन बिसार!

माली, उपवन का खोल द्वार!
उपवन से क्या ले जाऊँगा,
तृण-पात न एक उठाऊँगा,
कैसे कुछ ले उड़ पाऊँगा,
निज तन-मन ही हो रहा भार।

माली, उपवन का खोल द्वार!
भय, मीठे फल खा जाऊँगा,
कुछ काट-कुतर बिखराऊँगा,
मैं कैसा विहग बताऊँगा?
मैं खाता निज उर के अँगार।

माली, उपवन का खोल द्वार!
भय, नीड़ बना बस जाऊँगा?
अपनी संतान बढ़ाऊँगा?
सुन, अपना नियम सुनाऊँगा—
एकाकी वन-उपवन विहार!

माली, उपवन का खोल द्वार!
विहगों से द्वेष बढ़ाऊँगा?
भ्रमरों को मार भगाऊँगा?
अपने को श्रेष्ठ बताऊँगा?
मैं उनके प्रति स्वर पर निसार।

माली, उपवन का खोल द्वार!
गुरु उनको आज बनाऊँगा,
श्रम युत शिष्यत्व निभाऊँगा,
शिक्षा कुछ उनसे पाऊँगा,
सिखलाएँगे वे चिर उदार!

माली, उपवन का खोल द्वार!
लतिका पर प्राण झुलाऊँगा,
पल्लव दल में छिप जाऊँगा,
कुछ ऐसे गीत सुनाऊँगा,
जो चिर सुन्दर, चिर निर्विकार!

माली, उपवन का खोल द्वार!
परिमल को हृदय लगाऊँगा,
कलि-कुसुमों पर मँडराऊँगा,
पर फड़काकर उड़ जाऊँगा,
फिर चहक-चहक दो-चार बार!

गीत-विहंग

गीत मेरे खग बाल!
हृदय के प्रांगण में सुविशाल
भावना-तरु की फैली डाल,
उसी पर प्रणय-नीड़ में पाल
रहा मैं सुविहग बाल!

पूर्ण खग से संसार,
स्वरों में जिनके स्वर्गिक गान,
परों में उडगण-उच्च उड़ान,
देख-सुन इनको ये अनजान
कँप रहे विहग कुमार।

कल्पना - चलित बयार
खोलकर प्रणय-नीड़ का द्वार,
इन्हें बाहर लाई पुचकार,
उड़े उगते लघु पंख पसार,
गिरे पर तन के भार।

धरा कितनी विकराल!
झुलाती मंद-मृदुल वह डाल,
कठोरा यह काँटों की जाल,
यहाँ पर आँखें लाल निकाल
तक रहे वृद्ध बिडाल!

प्रथम रोदन का गान
बनाता स्त्री का सफल सुहाग,
पुरुष का जाग्रत करता भाग,
मिटा, पर, इनका रोदन-राग
शून्य में हो लयमान।

भला मानव संसार,
तोतले जो सुन शिशु के बोल,
विहँसकर गाँठ हृदय की खोल,
विश्व की सब निधियाँ अनमोल
लुटाने को तैयार!

हुआ मुखरित अनजान
हृदय का कोई अस्फुट गान,
यहाँ तो, दूर रहा सम्मान,
अनसुनी करते विहग सुजान,
चिढ़ाते मुँह विद्वान।

आज मेरे खग बाल
बोलते अधर सँभाल-सँभाल,
किन्तु कल होकर कल वाचाल,
भरेंगे कलरव से तत्काल
गगन, भूतल, पाताल।

फुदकने की अभिलाष
आज इनके जीवन का सार,
'आज' यदि ये कर पाए पार,
चपल कल ये अपने पर मार
मथेंगे महदाकाश।

भूल करता कवि बाल,
आज ही में जीवन का सार,
मूर्ख लेते कल का आधार,
जगत के कितने सजग विचार
खा गया कल का काल।

सामने गगन अछोर,

उड़ाता इनको निःसंकोच,
हँस रहा है मुझपर जग पोच,
गिरे ये पृथ्वी पर क्या सोच?
उड़े तो नभ की ओर!

तीन रुबाइयाँ

मैं एक जगत को भूला,
मैं भूला एक ज़माना,
कितने घटना-चक्रों में
भूला मैं आना-जाना,
पर सुख-दुख की वह सीमा
मैं भूल न पाया, साक़ी,
जीवन के बाहर जाकर
जीवन में तेरा आना।

तेरे पथ में हैं काँटे
था पहले ही से जाना,
आसान मुझे था, साक़ी,
फूलों की दुनिया पाना,
मृदु परस जगत का मुझको
आनन्द न उतना देता,
जितना तेरे काँटों से
पग-पग परपद बिंधवाना।

सुख तो थोड़े से पाते,
दुख सबके ऊपर आता,
सुख से वंचित बहुतेरे,
बच कौन दुखों से पाता;
हर कलिका की क़िस्मत में
जग-जाहिर, व्यर्थ बताना,
खिलना न लिखा हो लेकिन
है लिखा हुआ मुरझाना!

मधुशाला

मृदु भावों के अंगूरों की
आज बना लाया हाला,
प्रियतम, अपने ही हाथों से
आज पिलाऊँगा प्याला;
पहले भोग लगा लूँ तेरा,
फिर प्रसाद जग पाएगा;
सबसे पहले तेरा स्वागत
करती मेरी मधुशाला।

प्रियतम, तू मेरी हाला है,
मैं तेरा प्यासा प्याला,
अपने को मुझमें भरकर तू
बनता है पीनेवाला,
मैं तुझको छक छलका करता,
मस्त मुझे पी तू होता;
एक दूसरे को हम दोनों
आज परस्पर मधुशाला।

मदिरालय जाने को घर से
चलता है पीनेवाला,
'किस पथ से जाऊँ?' असमंजस
में है वह भोलाभाला;
अलग-अलग पथ बतलाते सब
पर मैं यह बतलाता हूँ—
'राह पकड़ तू एक चला चल,
पा जाएगा मधुशाला।'

हाथों में आने से पहले
नाज़ दिखाएगा प्याला,
अधरों पर आने से पहले
अदा दिखाएगी हाला,
बहुतेरे इन्कार करेगा
साक़ी आने से पहले;
पथिक, न घबरा जाना, पहले
मान करेगी मधुशाला।

लाल सुरा की धार लपट-सी
कह न इसे देना ज्वाला,
फेनिल मदिरा है, मत इसको
कह देना उर का छाला,
दर्द नशा है इस मदिरा का,
विगतस्मृतियाँ साक़ी हैं;
पीड़ा में आनन्द जिसे हो,
आए मेरी मधुशाला।

एक बरस में एक बार ही
जगती होली की ज्वाला,
एक बार ही लगती बाज़ी,
जलती दीपों की माला;
दुनियावालो, किन्तु, किसी दिन
आ मदिरालय में देखो,
दिन को होली, रात दिवाली,
रोज़ मनाती मधुशाला!

दो दिन ही मधु मुझे पिलाकर
ऊब उठी साक़ीबाला,
भरकर अब खिसका देती है
वह मेरे आगे प्याला,
नाज़, अदा, अंदाज़ों से अब,
हाय, पिलाना दूर हुआ;
अब तो कर देती है केवल
फ़र्ज़ - अदाई मधुशाला।

छोटे-से जीवन में कितना
प्यार करूँ, पी लूँ हाला,
आने के ही साथ जगत में
कहलाया 'जा ने वा ला'
स्वागत के ही साथ विदा की
होती देखी तैयारी,
बंद लगी होने खुलते ही
मेरी जीवन - मधुशाला।

कर ले, कर ले कंजूसी तू
मुझको देने में हाला,
दे ले, दे ले तू मुझको बस
यह टूटा - फूटा प्याला,
मैं सब्र इसी पर करता
तू पीछे पछताएगी;
जब न रहूँगा मैं तब मेरी
याद करेगी मधुशाला।

ध्यान मान का, अपमानों का
छोड़ दिया जब पी हाला,
गौरव भूला आया कर में
जब से मिट्टी का प्याला;
साक़ी की अंदाज़ - भरी
झिड़की में क्या अपमान धरा;
दुनिया-भर की ठोकर खाकर
पाई मैंने मधुशाला।

गिरती जाती है दिन-प्रतिदिन
प्रणयिनि, प्राणों की हाला,
भग्न हुआ जाता दिन-प्रतिदिन,
सुभगे, मेरा तन-प्याला,
रूठ रहा है मुझसे, रूपसि,
दिन-दिन यौवन का साक़ी,
सूख रही है दिन-दिन, सुंदरि,
मेरी जीवन - मधुशाला।

यम आएगा साक़ी बनकर
साथ लिए काली हाला,
पी न होश में फिर आएगा
सुरा - विसुध यह मतवाला;
यह अन्तिम बेहोशी, अंतिम
साक़ी, अंतिम प्याला है;
पथिक, प्यार से पीना इसको
फिर न मिलेगी मधुशाला।

ढलक रही हो तन के घट से
संगिनि, जब जीवन-हाला,
पात्र गरल का ले जब अंतिम
साक़ी हो आनेवाला,
हाथ परस भूले प्याले का,
स्वाद - सुरा जिह्वा भूले,
कानों में तुम कहती रहना
मधुकण, प्याला, मधुशाला।

मेरे अधरों पर हो अंतिम
वस्तु न तुलसीदल, प्याला,
मेरी जिह्वा पर हो अंतिम
वस्तु न गंगाजल, हाला,
मेरे शव के पीछे चलने-
वालो, याद इसे रखना—
'राम नाम है सत्य' न कहना,
कहना 'सच्ची मधुशाला।'

मेरे शव पर वह रोए, हो
जिसके आँसू में हाला,
आह भरे वह, जो हो सुरभित
मदिरा पीकर मतवाला,
दें मुझको वे कंधा, जिनके
पद मद-डगमग होते हों,
और जलूँ उस ठौर, जहाँ पर
कभी रही हो मधुशाला।

और चिता पर जाय उँडेला
पात्र न घृत का, पर प्याला,
घंट बँधे अंगूरलता में,
मध्य न जल हो, पर हाला,
प्राणप्रिये, यदि श्राद्ध करो तुम
मेरा, तो ऐसे करना—
पीनेवालों को बुलवाकर
खुलवा देना मधुशाला।

देख रहा हूँ अपने आगे
कब से माणिक-सी हाला,
देख रहा हूँ अपने आगे
कब से कंचन का प्याला,
'बस अब पाया !'—कह-कह
कब से दौड़ रहा इसके पीछे,
किंतु रही है दूर क्षितिज-सी
मुझसे मेरी मधुशाला।

कभी निराशा का तम घिरता,
छिप जाता मधु का प्याला,
छिप जाती मदिरा की आभा,
छिप जाती साक़ीबाला,
कभी उजाला आशा करके
प्याला फिर चमका जाती,
आँखमिचौनी खेल रही है
मुझसे मेरी मधुशाला।

मिले न पर ललचा-ललचा क्यों
आकुल करती है हाला,
मिले न पर तरसा-तरसाकर
क्यों तड़पाता है प्याला,
हाय, नियति की विषम लेखनी
मस्तक पर यह खोद गई—
'दूर रहेगी मधु की धारा,
पास रहेगी मधुशाला !'

क़िस्मत में था ख़ाली खप्पर,
खोज रहा था मैं प्याला;
ढूँढ़ रहा था मैं मृगनयनी,
क़िस्मत में थी मृगछाला;
किसने अपना भाग्य समझने
में मुझ-सा धोखा खाया।
क़िस्मत में था अवघट मरघट,
ढूँढ़ रहा था मधुशाला !

उस प्याले से प्यार मुझे जो
दूर हथेली से प्याला,
उस हाला से चाव मुझे जो
दूर अधर से है हाला;
प्यार नहीं पा जाने में है,
पाने के अरमानों में !
पा जाता तब, हाय, न इतनी
प्यारी लगती मधुशाला।

जिसने मुझको प्यासा रक्खा,
बनी रहे वह भी हाला,
जिसने जीवन-भर दौड़ाया,
बना रहे वह भी प्याला;
मतवालों की जिह्वा से हैं
कभी निकलते शाप नहीं;
दुखी बनाया जिसने मुझको
सुखी रहे वह मधुशाला।

क्या मुझको आवश्यकता है
साक़ी से माँगूँ हाला,
क्या मुझको आवश्यकता है
साक़ी से चाहूँ प्याला,
पीकर मदिरा मस्त हुआ तो
प्यार किया क्या मदिरा से !
मैं तो पागल हो उठता हूँ
सुन लेता यदि मधुशाला।

कितनी जल्दी रंग बदलती
है अपना चंचल हाला,
कितनी जल्दी घिसने लगता
हाथों में आकर प्याला,
कितनी जल्दी साक़ी का
आकर्षण घटने लगता है;
प्रात नहीं थी वैसी जैसी
रात लगी थी मधुशाला।

छोड़ा मैंने पंथ-मतों को
तब कहलाया मतवाला,
चली सुरा मेरा पग धोने
तोड़ा मैंने जब प्याला;
अब मानी मधुशाला मेरे
पीछे - पीछे फिरती है;
क्या कारण? अब छोड़ दिया है
मैंने जाना मधुशाला।

कितनी आई और गई पी
इस मदिरालय में हाला,
कितनी टूट चुकी है अब तक
मादक प्यालों की माला,
कितने साक़ी अपना-अपना
काम ख़तम कर दूर गए,
कितने पीनेवाले आए,
किंतु वही है मधुशाला।

दर-दर घूम रहा था तब मैं
चिल्लाता—हाला ! हाला !
मुझे न मिलता था मदिरालय,
मुझे न मिलता था प्याला;
मिलन हुआ, पर नहीं मिलन-सुख
लिखा हुआ था क़िस्मत में,
मैं अब जमकर बैठ गया हूँ,
घूम रही है मधुशाला।

मैं मदिरालय के अन्दर हूँ,
मेरे हाथों में प्याला,
प्याले में मदिरालय बिंबित
करनेवाली है हाला;
इस उधेड़-बुन में ही मेरा
सारा जीवन बीत गया—
मैं मधुशाला के अन्दर या
मेरे अन्दर मधुशाला।

वह हाला, कर शांत सके जो
मेरे अंतर की ज्वाला,
जिसमें मैं बिंबित-प्रतिबिंबित
प्रतिपल, वह मेरा प्याला;
मधुशाला वह नहीं जहाँ पर
मदिरा बेची जाती है,
भेंट जहाँ मस्ती की मिलती
मेरी तो वह मधुशाला।

कहाँ गया वह स्वर्गिक साक़ी,
कहाँ गई सुरभित हाला,
कहाँ गया स्वप्निल मदिरालय,
कहाँ गया स्वर्णिम प्याला !
पीनेवालों ने मदिरा का
मूल्य, हाय, कब पहचाना?
फूट चुका जब मधु का प्याला,
टूट चुकी जब मधुशाला।

अपने युग में सब को अनुपम
ज्ञात हुई अपनी हाला,
अपने युग में सब को अद्‌भुत
ज्ञात हुआ अपना प्याला,
फिर भी वृद्धों से जब पूछा
एक यही उत्तर पाया—
अब न रहे वे पीनेवाले,
अब न रही वह मधुशाला।

कितने मर्म जता जाती है
बार-बार आकर हाला,
कितने भेद बता जाता है
बार - बार आकर प्याला,
कितने अर्थों को संकेतों
से बतला जाता साक़ी,
फिर भी पीनेवालों को है
एक पहेली मधुशाला।

जितनी दिल की गहराई हो
उतना गहरा है प्याला,
जितनी मन की मादकता हो
उतनी मादक है हाला,
जितनी उर की भावुकता हो
उतना सुंदर साक़ी है,
जितना ही जो रसिक, उसे है
उतनी रसमय मधुशाला।

मेरी हाला में सब ने
पाई अपनी-अपनी हाला,
मेरे प्याले में सब ने
पाया अपना-अपना प्याला,
मेरे साक़ी में सब ने
अपना प्यारा साक़ी देखा;
जिसकी जैसी रुचि थी उसने
वैसी देखी मधुशाला।

कुचल हसरतें कितनी अपनी,
हाय, बना पाया हाला,
कितने अरमानों को करके
ख़ाक बना पाया प्याला !
पी पीनेवाले चल देंगे,
हाय, न कोई जानेगा,
कितने मन के महल ढहे तब
खड़ी हुई यह मधुशाला !

मधुबाला

मैं मधुबाला मधुशाला की,
मैं मधुशाला की मधुबाला !

: 1 :

मैं मधु-विक्रेता की प्यारी,
मधु के घट मुझ पर बलिहारी,
प्यालों की मैं सुषमा सारी,
मेरा रुख देखा करती है
मधु-प्यासे नयनों की माला।
मैं मधुशाला की मधुबाला !

: 2 :

इस नीले अंचल की छाया
में जग-ज्वाला का झुलसाया
आकर शीतल करता काया,
मधु-मरहम का मैं लेपन कर
अच्छा करती उर का छाला
मैं मधुशाला की मधुबाला !

: 3 :

मधुघट ले जब करती नर्तन,
मेरे नूपुर की छूम-छनन
में लय होता जग का क्रंदन,

झूमा करता मानव-जीवन
का क्षण-क्षण बनकर मतवाला।
मैं मधुशाला की मधुबाला !

: 4 :

मैं इस आँगन की आकर्षण,
मधु से सिंचित मेरी चितवन,
मेरी वाणी में मधु के कण,
मदमत्त बनाया मैं करती,
यश लूटा करती मधुशाला।
मैं मधुशाला की मधुबाला !

: 5 :

था एक समय, थी मधुशाला,
था मिट्टी का घट, था प्याला,
थी, किंतु, नहीं साक़ीबाला,
था बैठा ठाला विक्रेता
दे बंद कपाटों पर ताला।
मैं मधुशाला की मधुबाला !

: 6 :

तब इस घर में था तम छाया,
था भय छाया, था भ्रम छाया,
था मातम छाया, गम छाया,
ऊषा का दीप लिए सिर पर
मैं आई, करती उजियाला।
मैं मधुशाला की मधुबाला !

: 7 :

सोने की मधुशाला चमकी,
माणिक द्युति से मदिरा दमकी,
मधुगंध दिशाओं में गमकी,

चल पड़ा लिए कर में प्याला
प्रत्येक सुरा पीनेवाला।
मैं मधुशाला की मधुबाला !

: 8 :

थे मदिरा के मृत-मूक घड़े,
थे मूर्ति सदृश मधुपात्र खड़े,
थे जड़वत् प्याले भूमि पड़े
जादू के हाथों से छूकर
मैंने इनमें जीवन डाला।
मैं मधुशाला की मधुबाला !

: 9 :

मुझको छूकर मधुघट छलके,
प्याले मधु पीने को ललके,
मालिक जागा मलकर पलकें,
अँगड़ाई लेकर उठ बैठी
चिरसुप्त-विमूर्च्छित मधुशाला।
मैं मधुशाला की मधुबाला !

: 10 :

प्यासे आए, मैंने आँका,
वातायन से मैंने झाँका,
पीनेवालों का दल बाँका,
उत्कंठित स्वर से बोल उठा,
'कर दे पागल, भर दे प्याला !'
मैं मधुशाला की मधुबाला !

: 11 :

खुल द्वार गए मदिरालय के
नारे लगते मेरी जय के,
मिट चिह्न गए चिंता-भय के,

हर ओर मचा है शोर यही,
'ला-ला मदिरा, मदिरा ला-ला !
मैं मधुशाला की मधुबाला !

: 12 :

हर एक तृप्ति का दास यहाँ,
पर एक बात है खास यहाँ,
पीने से बढ़ती प्यास यहाँ,
सौभाग्य, मगर, मेरा देखो,
देने से बढ़ती है हाला।
मैं मधुशाला की मधुबाला !

: 13 :

चाहे जितनी मैं दूँ हाला,
चाहे जितना तू पी प्याला,
चाहे जितना बन मतवाला,
सुन, भेद बताती हूँ अंतिम,
यह शांत नहीं होगी ज्वाला।
मैं मधुशाला की मधुबाला !

: 14 :

मधु कौन यहाँ पीने आता,
है किसका प्यालों से नाता,
जग देख मुझे है मदमाता,
जिसके चिर तंद्रिल नयनों पर
तनती मैं स्वप्नों का जाला।
मैं मधुशाला की मधुबाला !

: 15 :

यह स्वप्न-विनिर्मित मधुशाला,
यह स्वप्न-रचित मधु का प्याला,
स्वप्निल तृष्णा, स्वप्निल हाला,

स्वप्नों की दुनिया में भूला
फिरता मानव भोलाभाला।
मैं मधुशाला की मधुबाला !

प्याला

मिट्टी का तन, मस्ती का मन,
क्षण भर जीवन—मेरा परिचय!

: 1 :

कल काल-रात्रि के अंधकार
में थी मेरी सत्ता विलीन,
इस मूर्तिमान जग में महान
था मैं विलुप्त कल रूप - हीन,
कल मादकता की भरी नींद
थी जड़ता से ले रही होड़,
किन सरस करों का परस आज
करता जाग्रत जीवन नवीन?
मिट्टी से मधु का पात्र बनूँ—
किस कुम्भकार का यह निश्चय?
मिट्टी का तन, मस्ती का मन,
क्षणभर जीवन—मेरा परिचय!

: 2 :

भ्रम भूमि रही थी जन्म-काल,
था भ्रमित हो रहा आसमान,
उस कलावान का कुछ रहस्य
होता फिर कैसे भासमान।
जब खुली आँख, तब हुआ ज्ञात,
थिर है सब मेरे आसपास;
समझा था सबको भ्रमित, किंतु
भ्रम स्वयं रहा था मैं अजान।

भ्रम से ही जो उत्पन्न हुआ,
क्या ज्ञान करेगा वह संचय!
मिट्टी का तन, मस्ती का मन,
क्षणभर जीवन—मेरा परिचय!

: 3 :

जो रस लेकर आया भू पर
जीवन - आतप ले गया छीन,
खो गया पूर्व गुण, रंग, रूप
हो जग की ज्वाला के अधीन;
मैं चिल्लाया, 'क्यों ले मेरी
मृदुला करतीं मुझको कठोर?'
लपटें बोलीं, 'चुप, बजा-ठोंक
लेगी तुझको जगती प्रवीण।'
यह, लो, मीना बाज़ार लगा,
होता है मेरा क्रय-विक्रय।
मिट्टी का तन, मस्ती का मन,
क्षणभर जीवन—मेरा परिचय!

: 4 :

मुझको न सके ले धन-कुबेर
दिखलाकर अपना ठाट-बाट,
मुझको न सके ले नृपति मोल
दे माल-खज़ाना, राज-पाट,
अमरों ने अमृत दिखलाया,
दिखलाया अपना अमर लोक,
ठुकराया मैंने दोनों को
रखकर अपना उन्नत ललाट,
बिक, मगर, गया मैं मोल बिना
जब आया मानव सरस-हृदय।
मिट्टी का तन, मस्ती का मन,
क्षणभर जीवन—मेरा परिचय!

: 5 :

बस एक बार पूछा जाता,
यदि अमृत से पड़ता पाला;
यदि पात्र हलाहल का बनता,
बस एक बार जाता ढाला;
चिर जीवन औ' चिर मृत्यु जहाँ,
लघु जीवन की चिर प्यास कहाँ;
जो फिर-फिर होंठों तक जाता
वह तो बस मदिरा का प्याला;
मेरा घर है अरमानों से
परिपूर्ण जगत का मदिरालय।
मिट्टी का तन, मस्ती का मन,
क्षणभर जीवन—मेरा परिचय!

: 6 :

मैं सखी सुराही का साथी,
सहचर मधुबाला का ललाम;
अपने मानस की मस्ती से
उफनाया करता आठयाम;
कल क्रूर काल के गालों में
जाना होगा—इस कारण ही
कुछ और बढ़ा दी है मैंने
अपने जीवन की धूमधाम;
इन मेरी उल्टी चालों पर
संसार खड़ा करता विस्मय।
मिट्टी का तन, मस्ती का मन,
क्षणभर जीवन—मेरा परिचय!

: 7 :

मेरे पथ में आ-आ करके
तू पूछ रहा है बार-बार,
'क्यों तू दुनिया के लोगों में
करता है मदिरा का प्रचार?'

मैं वाद-विवाद करूँ तुझसे
अवकाश कहाँ इतना मुझको,
'आनंद करो'—यह व्यंग्य-भरी
है किसी दग्ध-उर की पुकार;
कुछ आग बुझाने को पीते
ये भी, कर मत इन पर संशय।
मिट्टी का तन, मस्ती का मन,
क्षणभर जीवन—मेरा परिचय!

: 8 :

मैं देख चुका जा मस्जिद में
झुक-झुक मोमिन पढ़ते नमाज़,
पर अपनी इस मधुशाला में
पीता दीवानों का समाज;
वह पुण्य कृत्य, यह पाप कर्म,
कह भी दूँ, तो दूँ क्या सबूत;
कब कंचन मस्जिद पर बरसा,
कब मदिरालय पर गिरी गाज़?
यह चिर अनादि से प्रश्न उठा,
मैं आज करूँगा क्या निर्णय?
मिट्टी का तन, मस्ती का मन,
क्षणभर जीवन—मेरा परिचय!

: 9 :

सुनकर आया हूँ मंदिर में
रटते हरिजन थे राम-राम,
पर अपनी इस मधुशाला में
जपते मतवाले जाम-जाम;
पंडित मदिरालय से रूठा,
मैं कैसे मंदिर से रूठूँ,
मैं फ़र्क़ बाहरी क्या देखूँ;
मुझको मस्ती से महज़ काम।
भय-भ्रांति-भरे जग में दोनों
मन को बहलाने के अभिनय।

मिट्टी का तन, मस्ती का मन,
क्षणभर जीवन—मेरा परिचय!

: 10 :

संसृति की नाटकशाला में
है पड़ा तुझे बनना ज्ञानी,
है पड़ा मुझे बनना प्याला,
होना मदिरा का अभिमानी;
संघर्ष यहाँ किसका किससे,
यह तो सब खेल-तमाशा है,
वह देख, यवनिका गिरती है,
समझा, कुछ अपनी नादानी !
छिप जाएँगे हम दोनों ही
लेकर अपने-अपने आशय।
मिट्टी का तन, मस्ती का मन,
क्षणभर जीवन—मेरा परिचय!

: 11 :

पल में मृत पीने वाले के
कर से गिर भू पर आऊँगा,
जिस मिट्टी से था मैं निर्मित
उस मिट्टी में मिल जाऊँगा;
अधिकार नहीं जिन बातों पर,
उन बातों की चिंता करके
अब तक जग ने क्या पाया है,
मैं कर चर्चा, क्या पाऊँगा?
मुझको अपना ही जन्म-निधन
'है सृष्टि प्रथम, है अंतिम' लय।
मिट्टी का तन, मस्ती का मन,
क्षणभर जीवन—मेरा परिचय!

हाला

उल्लास-चपल, उन्माद-तरल,
प्रति पल पागल—मेरा परिचय!

: 1 :

जग ने ऊपर की आँखों से
देखा मुझको बस लाल-लाल,
कह डाला मुझको जल्दी से
द्रव माणिक या पिघला प्रवाल,
जिसको साक़ी के अधरों ने
चुंबित करके स्वादिष्ट किया,
कुछ मनमौजी मजनूँ जिसको
ले - ले प्यालों में रहे ढाल;
मेरे बारे में है फैला
दुनिया में कितना भ्रम-संशय।
उल्लास-चपल, उन्माद-तरल,
प्रति पल पागल—मेरा परिचय!

: 2 :

वह भ्रांत महा जिसने समझा
मेरा घर था जलधर अथाह,
जिसकी हिलोर में देवों ने
पहचाना मेरा लघु प्रवाह;
अंशावतार वह था मेरा,
मेरा तो सच्चा रूप और;
विश्वास अगर मुझ पर, मानो—
मेरा दो कण वह महोत्साह,
जो सुरासुरों ने उर में धर
मथ डाला वारिधि वृहत्‌हृदय।
उल्लास-चपल, उन्माद-तरल,
प्रति पल पागल—मेरा परिचय!

: 3 :

मेरी मादकता से ही तो
मानव सब सुख-दुख सका झेल,
कर सकी मानवों की पृथ्वी
शशि-रवि सुदूर से हेल-मेल,
मेरी मस्ती से रहे नाच
ग्रह गण, करता है गगन गान,
वह महोन्माद मैं ही जिससे
यह सृष्टि-प्रलय का खेल खेल,
दुःसह चिर जीवन सह सकता
वह चिर एकाकी लीलामय।
उल्लास-चपल, उन्माद-तरल,
प्रति पल पागल—मेरा परिचय!

: 4 :

अवतरित रूप में भी तो मैं
इतनी महान, इतनी विशाल,
मेरी दो नन्हीं बूँदों ने
रँग दिया उषा का चीर लाल;
संध्या की चर्चा क्या, वह तो
उसके दुकूल का एक छोर,
जिसकी छाया से ही रंजित
पाटल-कुटुम्ब का मृदुल गाल;
कर नहीं मुझे सकता बंदी
दर-दीवारों में मदिरालय।
उल्लास-चपल, उन्माद-तरल,
प्रति पल पागल—मेरा परिचय!

: 5 :

अवतीर्ण रूप में भी तो है
मेरा इतना सुरभित शरीर,
दो साँस बहा देती मेरी
जग-पतझड़ में मधुऋतु समीर,

जो पिक-प्राणों में कर प्रवेश
तनता नभ में स्वर का वितान,
लाता कमलों की महफ़िल में
नर्तन करने को भ्रमर-भीड़;
मधुबाला के पग-पायल क्या
पाएँगे मेरे मन पर जय।
उल्लास-चपल, उन्माद-तरल,
प्रति पल पागल—मेरा परिचय!

: 6 :

लवलेश लास लेकर मेरा
झरना झूमा करता गिरि पर,
सर हिल्लोलित होता रह-रह,
सरि बढ़ती लहरा-लहराकर,
मेरी चंचलता की करता
रहता है सिंधु नक़ल असफल;
अज्ञानी को यह ज्ञात नहीं,
मैं भर सकती कितने सागर।
कर पाएँगे प्यासे मेरा
कितना इन प्यालों में संचय।
उल्लास-चपल, उन्माद-तरल,
प्रति पल पागल—मेरा परिचय!

: 7 :

हूँ आज प्रवाहित मैं ऐसे,
जैसे कवि के हृदयोद्‌गार;
तुम रोक नहीं सकते मुझको,
कर नहीं सकोगे मुझे पार;
यह अपनी काग़ज़ की नावें
तट पर बाँधो, आगे न बढ़ो,
ये तुम्हें डुबा देंगी गलकर
हे श्वेत-केश-धर कर्णधार;
बह सकता जो मेरी गति से
पा सकता वह मेरा आश्रय।

उल्लास-चपल, उन्माद-तरल,
प्रति पल पागल—मेरा परिचय!

: 8 :

उद्दाम तरंगों से अपनी
मस्जिद, गिरजाघर, देवालय
मैं तोड़ गिरा दूँगी पल में—
मानव के बंदीगृह निश्चय।
जो कूल किनारे, तट करते
संकुचित मनुज के जीवन को,
मैं काट सबों को डालूँगी
किसका डर मुझको? मैं निर्भय।
मैं ढहा-बहा दूँगी क्षण में
पाखंडों के गुरु गढ़ दुर्जय।
उल्लास-चपल, उन्माद-तरल,
प्रति पल पागल—मेरा परिचय!

: 9 :

फिर मैं नभ-गुंबद के नीचे
नव-निर्मल द्वीप बनाऊँगी,
जिस पर हिलमिलकर बसने को
संपूर्ण जगत को लाऊँगी;
उन्मुक्त वायुमंडल में अब
आदर्श बनेगी मधुशाला;
प्रिय प्रकृति-परी के हाथों से
ऐसा मधुपान कराऊँगी,
चिर जरा-जीर्ण मानव फिर से
पाएगा नूतन यौवन वय।
उल्लास-चपल, उन्माद-तरल,
प्रति पल पागल—मेरा परिचय!

: 10 :

रे वक्र भ्रुओं वाले योगी!
दिखला मत मुझको वह मरुथल,

जिसमें जाकर खो जाएगी
मेरी द्रुत गति, मेरी ध्वनि कल।
है ठीक अगर तेरा कहना,
मैं और चलूँगी इठलाकर;
संदेहों में क्यों व्यर्थ पड़ूँ?
मेरा तो है विश्वास अटल—
मैं जिस जड़ मरु में पहुँचूँगी,
कर दूँगी उसको जीवनमय।
उल्लास-चपल, उन्माद-तरल,
प्रति पल पागल—मेरा परिचय!

: 11 :

लघुतम गुरुतम से संयोजित—
यह जान, मुझे जीवन प्यारा,
परमाणु कँपा जब करता है
हिल उठता नभ-मंडल सारा!
यदि एक वस्तु भी सदा रही,
तो सदा रहेगी वस्तु सभी,
त्रैलोक्य बिना जलहीन हुए
सकती न सूख कोई धारा;
सब सृष्टि नष्ट हो जाएगी,
हो जाएगा जब मेरा क्षय।
उल्लास-चपल, उन्माद-तरल,
प्रति पल पागल—मेरा परिचय!

बुलबुल

सुरा पी, मद पी, कर मधुपान,
रही बुलबुल डालों पर बोल!

: 1 :

लिए मादकता का संदेश
फिरा मैं कब से जग के बीच,

कहीं पर कहलाया विक्षिप्त,
कहीं पर कहलाया मैं नीच;
सुरीले कंठों का अपमान
जगत में कर सकता है कौन?
स्वयं, लो प्रकृति उठी है बोल
विदा कर अपना चिर व्रत मौन।
अरे, मिट्टी के पुतलो, आज
सुनो अपने कानों को खोल,
सुरा पी, मद पी, कर मधुपान,
रही बुलबुल डालों पर बोल!

: 2 :

यही श्यामल नभ का संदेश
रहा जो तारों के संग झूम,
यही उज्ज्वल शशि का संदेश
रहा जो भू के कण-कण चूम,
यही मलयानिल का संदेश
रहे जिससे पल्लव-दल डोल,
यही कलि-कुसुमों का संदेश
रहे जो गाँठ सुरभि की खोल,
यही ले-ले उठतीं संदेश
सलिल की सहज हिलोरें लोल;
प्रकृति की प्रतिनिधि बनकर आज
रही बुलबुल डालों पर बोल!

: 3 :

अरुण हाला से प्याला पूर्ण
ललकता, उत्सुकता के साथ
निकट आया है तेरे आज
सुकोमल मधुबाला के हाथ;
सुरा-सुषमा का पा यह योग
नहीं यदि पीने का अरमान,
भले तू कह अपने को भक्त,
कहूँगा मैं तुझको पाषाण;

हमें लघु मानव को क्या लाज,
गए मुनि-देवों के मन डोल;
सरसता से संयम को जीत
रही बुलबुल डालों पर बोल!

: 4 :

कहीं दुर्जय देवों का कोप—
कहीं तूफ़ान, कहीं भूचाल,
कहीं पर प्रलयकारिणी बाढ़,
कहीं पर सर्वभक्षिणी ज्वाल;
कहीं मानव के अत्याचार,
कहीं दीनों की दैन्य पुकार,
कहीं दुश्चिंताओं के भार
दबा क्रंदन करता संसार;
करे, आओ, मिल हम दो-चार
जगत-कोलाहल में कल्लोल;
दुखों से पागल होकर आज
रही बुलबुल डालों पर बोल!

: 5 :

विभाजत करती मानव जाति
धरा पर देशों की दीवार,
ज़रा ऊपर तो उठकर देख,
वही जीवन है इस-उस पार;
घृणा का देते हैं उपदेश
यहाँ धर्मों के ठेकेदार
खुला है सब के हित, सब काल
हमारी मधुशाला का द्वार;
करें आओ विस्मृत के भेद,
रहे जो जीवन में विष घोल;
क्रांति की जिह्वा बनकर आज,
रही बुलबुल डालों पर बोल!

: 6 :

एक क्षण पात-पात से प्रेम,
एक क्षण डाल-डाल पर खेल,
एक क्षण फूल-फूल से स्नेह,
एक क्षण विहग-विहग से मेल;
अभी है जिस क्षण का अस्तित्व,
दूसरे क्षण बस उसकी याद,
याद करनेवाला यदि शेष;
नहीं क्या संभव क्षण भर बाद
उड़ें अज्ञात दिशा की ओर
पखेरू प्राणों के पर खोल
सजग करती जगती को आज
रही बुलबुल डालों पर बोल!

: 7 :

हमारा अमर सुखों का स्वप्न,
जगत का, पर, विपरीत विधान,
हमारी इच्छा के प्रतिकूल
पड़ा है आ हम पर अनजान;
झुकाकर इसके आगे शीश
नहीं मानव ने मानी हार?
मिटा सकने में यदि असमर्थ,
भुला सकते हम यह संसार;
हमारी लाचारी की एक
सुरा ही औषध है अनमोल;
लिए निज वाणी में विद्रोह
रही बुलबुल डालों पर बोल!

: 8 :

जिन्हें जग-जीवन से संतोष,
उन्हें क्यों भाए इसका गान?
जिन्हें जग-जीवन से वैराग्य,
उन्हें क्यों भाए इसकी तान?

हमें जग-जीवन से अनुराग,
हमें जग-जीवन से विद्रोह;
इसे क्या समझेंगे वे लोग,
जिन्हें सीमा-बंधन का मोह;
करे कोई निंदा दिन-रात
सुयश का पीटे कोई ढोल,
किए कानों को अपने बंद,
रही बुलबुल डालों पर बोल!

इस पार—उस पार

इस पार, प्रिये, मधु है, तुम हो,
उस पार न जाने क्या होगा!

: 1 :

यह चाँद उदित होकर नभ में
कुछ ताप मिटाता जीवन का
लहरा-लहरा यह शाखाएँ
कुछ शोक भुला देतीं मन का,
कल मुरझानेवाली कलियाँ
हँसकर कहती हैं, मग्न रहो,
बुलबुल तरु की फुनगी पर से
संदेह सुनाती यौवन का,
तुम देकर मदिरा के प्याले
मेरा मन बहला देती हो,
उस पार मुझे बहलाने का
उपचार न जाने क्या होगा।
इस पार, प्रिये, मधु है, तुम हो,
उस पार न जाने क्या होगा!

: 2 :

जग में रस की नदियाँ बहतीं,
रसना दो बूँदें पाती है,

जीवन की झिलमिल-सी झाँकी
नयनों के आगे आती है,
स्वर-तालमयी वीणा बजती,
मिलती है बस झंकार मुझे,
मेरे सुमनों की गंध कहीं
यह वायु उड़ा ले जाती है;
ऐसा सुनता, उस पार, प्रिये,
ये साधन भी छिन जाएँगे;
तब मानव की चेतनता का
आधार न जाने क्या होगा!
इस पार, प्रिये, मधु है, तुम हो,
उस पार न जाने क्या होगा!

: 3 :

प्याला है, पर पी पाएँगे,
है ज्ञात नहीं इतना हमको,
इस पार नियति ने भेजा है
असमर्थ बना कितना हमको;
कहनेवाले, पर, कहते हैं,
हम कर्मों में स्वाधीन सदा;
करनेवालों की परवशता
है ज्ञात किसे, जितनी हमको;
कह तो सकते हैं, कहकर ही
कुछ दिल हल्का कर लेते हैं;
उस पार अभागे मानव का
अधिकार न जाने क्या होगा!
इस पार, प्रिये, मधु है, तुम हो,
उस पार न जाने क्या होगा!

: 4 :

कुछ भी न किया था जब उसका,
उसने पथ में काँटे बोए,
वे भार दिए धर कंधों पर
जो रो-रोकर हमने ढोए;

महलों के स्वप्नों के भीतर
जर्जर खँडहर का सत्य भरा,
उर में ऐसी हलचल भर दी,
दो रात न हम सुख से सोए;
अब तो हम अपने जीवन भर
उस क्रूर-कठिन को कोस चुके;
उस पार नियति का मानव से
व्यवहार न जाने क्या होगा!
इस पार, प्रिये, मधु है, तुम हो,
उस पार न जाने क्या होगा!

: 5 :

संसृति के जीवन में, सुभगे,
ऐसी भी घड़ियाँ आएँगी,
जब दिनकर की तमहर किरणें
तम के अन्दर छिप जाएँगी,
जब निज प्रियतम का शव, रजनी
तम की चादर से ढँक देगी,
तब रवि-शशि-पोषित यह पृथिवी
कितने दिन खैर मनाएगी;
जब इस लंबे-चौड़े जग का
अस्तित्व न रहने पाएगा,
तब हम दोनों का नन्हा-सा
संसार न जाने क्या होगा!
इस पार, प्रिये, मधु है, तुम हो,
उस पार न जाने क्या होगा!

: 6 :

ऐसा चिर पतझड़ आएगा,
कोयल न कुहुक फिर पाएगी,
बुलबुल न अँधेरे में गा-गा
जीवन की ज्योति जगाएगी,
अगणित मृदु-नव पल्लव के स्वर
'मर-मर' न सुने फिर जाएँगे,

अलि-अवली कलि-दल पर गुंजन
करने के हेतु न आएगी;
जब इतनी रसमय ध्वनियों का
अवसान, प्रिये, हो जाएगा,
तब शुष्क हमारे कंठों का
उद्‌गार न जाने क्या होगा!
इस पार, प्रिये, मधु है, तुम हो,
उस पार न जाने क्या होगा!

: 7 :

सुन काल प्रबल का गुरु गर्जन
निर्झरिणी भूलेगी नर्तन
निर्झर भूलेगा निज 'टल-मल'
सरिता, अपना 'कल-कल' गायन,
वह गायक-नायक सिंधु कहीं
चुप हो छिप जाना चाहेगा,
मुंह खोल खड़े रह जाएँगे
गंधर्व, अप्सरा, किन्नरगण;
संगीत सजीव हुआ जिनमें,
जब मौन वही हो जाएँगे,
तब, प्राण, तुम्हारी तंत्री का
जड़ तार न जाने क्या होगा!
इस पार, प्रिये, मधु है, तुम हो,
उस पार न जाने क्या होगा!

: 8 :

उतरे इन आँखों के आगे
जो हार चमेली ने पहने,
वह छीन रहा, देखो, माली
सुकुमार लताओं के गहने,
दो दिन में खींची जाएगी
ऊषा की सारी सिंदूरी,
पट इंद्रधनुष का सतरंगा
पाएगा कितने दिन रहने;

जब मूर्तिमती सत्ताओं की
शोभा - सुषमा लुट जाएगी,
तब कवि के कल्पित स्वप्नों का
शृंगार न जाने क्या होगा!
इस पार, प्रिये, मधु है, तुम हो,
उस पार न जाने क्या होगा!

: 9 :

दृग देख जहाँ तक पाते हैं
तम का सागर लहराता है,
फिर भी उस पार खड़ा कोई
हम सबको खींच बुलाता है;
मैं आज चला, तुम आओगी
कल, परसों सब संगी-साथी,
दुनिया रोती-धोती रहती,
जिसको जाना है, जाता है!
मेरा तो होता मन डग - मग
तट पर के ही हलकोरों से,
जब मैं एकाकी पहुँचूँगा
मँझधार, न जाने क्या होगा।
इस पार, प्रिये, मधु है, तुम हो,
उस पार न जाने क्या होगा!

पाँच पुकार

गूँजी मदिरालय भर में
लो, 'पियो, पियो' की बोली !

: 1 :

संकेत किया यह किसने,
यह किसकी भौंहें घूमीं?
सहसा मधुबालाओं ने
मदभरी सुराही चूमी;

फिर चलीं इन्हें सब लेकर,
होकर प्रतिबिंबित इनमें,
चेतन का कहना ही क्या,
जड़ दीवारें भी झूमीं;
सबने ज्योंही कलि-मुख की
मृदु अधर - पंखुरियाँ खोलीं,
गूँजी मदिरालय भर में
लो, 'पियो, पियो' की बोली !

: 2 :

जिस अमृतमय वाणी से
जड़ में जीवन जग जाता,
रुकता सुनकर वह कैसे
रसिकों का दल मदमाता;
आँखों के आगे पाकर
अपने जीवन का सपना,
हर एक उसे छूने को
आया निज कर फैलाता;
पा सत्य, कलोल उठी कर
मधु के प्यासों की टोली,
गूँजी मदिरालय भर में
लो, 'बढ़ो, बढ़ो' की बोली !

: 3 :

सारी साधें जीवन की
अधरों में आज समाईं,
सुख, शान्ति जगत की सारी
छनकर मदिरा में आई,
इच्छित स्वर्गों की प्रतिमा
साकार हुई, सखि, तुम हो;
अब ध्येय विसुधि, विस्मृति है,
है मुक्ति यही सुखदायी,
पल भर की चेतनता भी
अब सह्य नहीं, ओ भोली,

गूँजी मदिरालय भर में
लो, 'भरो, भरो' की बोली !

: 4 :

मधुघट कंधों से उतरे,
आशा से आँखें चमकीं,
छल-छल कह माणिक मदिरा
प्यालों के अंदर दमकी,
दानी मधुबालाओं ने
ली झुका सुराही अपनी,
'आरंभ करो' कहती - सी
मधुगंध चतुर्दिक गमकी,
आशीष वचन कहने को
मधुपों की जिह्वा डोली;
गूँजी मदिरालय भर में
लो, 'जियो, जियो' की बोली !

: 5 :

दो दौर न चल पाए थे
इस तृष्णा के आँगन में,
डूबा मदिरालय सारा
मतवालों के क्रंदन में;
यमदूत द्वार पर आया
ले चलने का परवाना,
गिर - गिर टूटे घट - प्याले,
बुझ दीप गए सब क्षण में;
सब चले किए सिर नीचे
ले अरमानों की झोली।
गूँजी मदिरालय भर में
लो, 'चलो, चलो' की बोली !

पगध्वनि

पहचानी वह पगध्वनि मेरी,
वह पगध्वनि मेरी पहचानी!

: 1 :

नंदन वन में उगनेवाली
मेहँदी जिन तलवों की लाली
बनकर भू पर आई, आली;
मैं उन तलवों से चिर परिचित,
मैं उन तलवों का चिर ज्ञानी।
वह पगध्वनि मेरी पहचानी!

: 2 :

ऊषा ले अपनी अरुणाई,
ले कर - किरणों की चतुराई,
जिनमें जावक रचने आई,
मैं उन चरणों का चिर प्रेमी,
मैं उन चरणों का चिर ध्यानी।
वह पगध्वनि मेरी पहचानी!

: 3 :

उन मृदु चरणों का चुंबन कर
ऊसर भी हो उठता उर्वर,
तृण-कलि-कुसुमों से जाता भर,
मरुथल मधुवन बन लहराते,
पाषाण पिघल होते पानी।
वह पगध्वनि मेरी पहचानी!

: 4 :

उन चरणों की मंजुल उँगली
पर नख-नक्षत्रों की अवली,
जीवन के पथ की ज्योति भली,

जिसका अवलंबन कर जग ने
सुख - सुषमा की नगरी जानी।
वह पगध्वनि मेरी पहचानी!

: 5 :

उन पद-पद्मों के प्रभ रजकण
का अंजित कर मंत्रित अंजन
खुलते कवि के चिर अंध नयन,
तम से आकर उर से मिलती
स्वप्नों की दुनिया की रानी।
वह पगध्वनि मेरी पहचानी!

: 6 :

उन सुन्दर चरणों का अर्चन
करते आँसू से सिंधु-नयन,
पद-रेखा में उच्छ्वास पवन
देखा करता अंकित अपनी
सौभाग्य सुरेखा कल्याणी।
वह पगध्वनि मेरी पहचानी!

: 7 :

उन चल चरणों की कल छम-छम
से ही था निकला नाद प्रथम,
गति से, मादक तालों का क्रम,
निकली स्वर-लय की लहर जिसे
जग ने सुख की भाषा मानी।
वह पगध्वनि मेरी पहचानी!

: 8 :

हो शांत, जगत के कोलाहल!
रुक जा, री, जीवन की हलचल!
मैं दूर पड़ा सुन लूँ दो पल,

संदेश नया जो लाई है
यह चाल किसी की मस्तानी।
वह पगध्वनि मेरी पहचानी!

: 9 :

किसके तमपूर्ण प्रहर भागे?
किसके चिर सोए दिन जागे?
सुख-स्वर्ग हुआ किसके आगे?
होगी किसके कंपित कर से
इन शुभ चरणों की अगवानी?
वह पगध्वनि मेरी पहचानी!

: 10 :

बढ़ता जाता घुंघरू का रव;
क्या यह भी हो सकता संभव?
यह जीवन का अनुभव अभिनव;
पदचाप शीघ्र, पग-राग तीव्र,
स्वागत को उठ, रे कवि मानी!
वह पगध्वनि मेरी पहचानी!

: 11 :

ध्वनि पास चली मेरे आती
सब अंग शिथिल, पुलकित छाती,
लो, गिरतीं पलकें दानती,
पग को परिरंभण करने की,
पर, इन युग बाँहों ने ठानी।
वह पगध्वनि मेरी पहचानी!

: 12 :

रव गूँजा भू पर, अंबर में,
सर में, सरिता में, सागर में,
प्रत्येक श्वास में, प्रति स्वर में

किस-किसका आश्रय ले फैलें,
मेरे हाथों की हैरानी।
वह पगध्वनि मेरी पहचानी!

: 13 :

ये ढूँढ़ रहे ध्वनि का उद्गम,
मंजीर-मुखर-युत पद निर्मम,
है ठौर सभी जिनकी ध्वनि सम,
इनको पाने का यत्न वृथा,
श्रम करना केवल नादानी।
वह पगध्वनि मेरी पहचानी!

: 14 :

ये कर नभ-जल-थल में भटके,
आकर मेरे उस पर अटके,
जो पग द्वय थे अन्दर घर के,
थे ढूँढ़ रहे उनको बाहर
ये युग कर मेरे अज्ञानी।
वह पगध्वनि मेरी पहचानी!

: 15 :

उर के ही मधुर अभाव चरण
बन करते स्मृति-पट पर नर्तन,
मुखरित होता रहता बत-बन
मैं ही इन चरणों में नूपुर,
नूपुर-ध्वनि मेरी ही वाणी।
वह पगध्वनि मेरी पहचानी!

मधुकलश

है आज भरा जीवन मुझमें,
है आज भरी मेरी गागर!

: 1 :

सर में जीवन है, इससे ही
वह लहराता रहता प्रति पल,
सरिता में जीवन, इससे ही
वह गाती जाती है कल-कल
निर्झर में जीवन, इससे ही
वह झर-झर झरता रहता है,
जीवन ही देता रहता है
नद को द्रुतगति, नद को हलचल,
लहरें उठतीं, लहरें गिरतीं,
लहरें बढ़तीं, लहरें हटतीं;
जीवन से चंचल हैं लहरें,
जीवन से अस्थिर है सागर।
है आज भरा जीवन मुझमें,
है आज भरी मेरी गागर।

: 2 :

नभ का जीवन प्रति रजनी में
कर उठता है जगमग-जगमग,
जलकर तारक-दल-दीपों में;
सज नीलम का प्रासाद सुभग,

दिन में पट रंग-बिरंगे औ'
सतरंगे बनकर तन ढँकता,
प्रातः-सायं कलरव करता
बन चंचल-पर दल के दल खग,
प्रावृट में विद्युत में हँसता,
रोता बादल की बूँदों में,
करती है व्यक्त धरा जीवन,
होकर तृणमय, होकर उर्वर।
है आज भरा जीवन मुझमें,
है आज भरी मेरी गागर।

: 3 :

मारुत का जीवन बहता है
गिरि-कानन पर करता हर-हर,
तरुवर-लतिकाओं का जीवन
कर उठता है मर्मर-मर्मर,
पल्लव का, पर बन अंबर में
उड़ जाने की इच्छा करता,
शाखाओं का, झूमा करता
दाएँ-बाएँ नीचे-ऊपर,
तृण शिशु, जिनका हो पाया है
अब तक मुखरित कल कंठ नहीं,
दिखला देते अपना जीवन
फड़का अपने अनजान अधर।
है आज भरा जीवन मुझमें,
है आज भरी मेरी गागर।

: 4 :

जल में, थल में, नभमंडल में
है जीवन की धारा बहती,
संसृति के कूल-किनारों को
प्रतिक्षण सिंचित करती रहती,
इस धारा के तट पर ही है
मेरी यह सुंदर-सी बस्ती–

सुंदर-सी नगरी जिसको है
सब दुनिया मधुशाला कहती;
मैं हूँ इस नगरी की रानी,
इसकी देवी, इसकी प्रतिमा,
इससे मेरा संबंध अटल,
इससे मेरा संबंध अमर।
है आज भरा जीवन मुझमें,
है आज भरी मेरी गागर।

: 5 :

पल ड्योढ़ी पर, पल आँगन में,
पल छज्जों और झरोखों पर
मैं क्यों न रहूँ जब आने को
मेरे मधु के प्रेमी सुंदर,
जब खोज किसी की हों करते
दृग दूर क्षितिज पर ओर सभी,
किस विधि से मैं गंभीर बनूँ
अपने नयनों को नीचे कर,
मरु की नीरवता का अभिनय
मैं कर ही कैसे सकती हूँ,
जब निष्कारण ही आज रहे
मुसकान-हँसी के निर्झर झर।
है आज भरा जीवन मुझमें,
है आज भरी मेरी गागर।

: 6 :

मैं थिर होकर कैसे बैठूं,
जब हो उठते हैं पाँव चपल,
मैं मौन खड़ी किस भाँति रहूँ,
जब हैं बज उठते पग-पायल,
जब मधुघट के आधार बने,
कर क्यों न झुकें, झूमें, घूमें
किस भाँति रहूँ मैं मुख मूँदे,
जब उड़-उड़ जाता है अंचल;

मैं नाच रही मदिरालय में
मैं और नहीं कुछ कर सकती,
है आज गया कोई मेरे
तन में, प्राणों में यौवन भर।
है आज भरा जीवन मुझमें,
है आज भरी मेरी गागर।

: 7 :

भावों से ऐसा पूर्ण हृदय
बातें भी मेरी साधारण
उर से उठकर मुख तक आते-
आते बन जाती हैं गायन;
जब लौट प्रतिध्वनि आती है
अचरज होता है तब मुझको—
हो आज गईं मधु सौरभ से
क्या जड़ दीवारें भी चेतन!
गुंजित करती मदिरालय को
लाचार यही मैं करने को,
अपने से ही फूटा पड़ता
मुझमें लय-ताल-बँधा मधु स्वर।
है आज भरा जीवन मुझमें,
है आज भरी मेरी गागर।

: 8 :

गिरि में न समा उन्माद सका
तब झरनों में बाहर आया,
झरनों की ही थी मादकता
जिसको सर-सरिता ने पाया,
जब सँभल सका उल्लास नहीं
नदियों से, अंबुधि को आई,
अंबुधि की उमड़ी मस्ती को
नीरद ने भू पर बरसाया;
मलयानिल को निज सौरभ दे
मधुवन कुछ हल्का हो जाता,
मैं कर देती मदिरा वितरित

जाता उर से कुछ भार उतर।
है आज भरा जीवन मुझमें,
है आज भरी मेरी गागर।

: 9 :

तन की क्षणभंगुर नौका पर
चढ़कर, हे यात्री, तू आया,
तू ने नानाविधि नगरों को
होगा जीवन-तट पर पाया,
जड़ शुष्क उन्हें देखा होगा
रक्षित-सीमित प्राचीरों से,
इस नगरी में पाई होगी
अपने उर की स्वप्निल छाया;
है शुष्क सत्य यदि उपयोगी
तो सुखदायक है स्वप्न सरस;
सुख भी जीवन का अंश अमर,
मत जग से डर, कुछ देर ठहर।
है आज भरा जीवन मुझमें,
है आज भरी मेरी गागर।

: 10 :

जीवन में दोनों आते हैं
मिट्टी के पल, सोने के क्षण,
जीवन से दोनों जाते हैं
पाने के पल, खोने के क्षण;
हम जिस क्षण में जो करते हैं
हम बाध्य वही हैं करने को,
हँसने के क्षण पाकर हँसते,
रोते हैं पा रोने के क्षण;
विस्मृति की आई है बेला,
कर, पांथ, न इसकी अवहेला,
आ, भूलें हास-रुदन दोनों
मधुमय होकर दो-चार पहर।
है आज भरा जीवन मुझमें,
है आज भरी मेरी गागर।

कवि की वासना

कह रहा जग वासनामय
हो रहा उद्‌गार मेरा!

: 1 :

सृष्टि के प्रारंभ में
मैंने उषा के गाल चूमे,
बाल रवि के भाग्यवाले
दीप्त भाल विशाल चूमे,
प्रथम संध्या के अरुण दृग
चूमकर मैंने सुलाए,
तारिका-कलि से सुसज्जित
नव निशा के बाल चूमे,
वायु के रसमय अधर
पहले सके छू होंठ मेरे
मृत्तिका की पुतलियों से
आज क्या अभिसार मेरा!
कह रहा जग वासनामय
हो रहा उद्‌गार मेरा!

: 2 :

विगत-बाल्य वसुंधरा के
उच्च तुंग-उरोज उभरे,
तरु उगे हरिताभ पट धर
काम के ध्वज मत्त फहरे,
चपल उच्छृंखल करों ने
जो किया उत्पात उस दिन,
है हथेली पर लिखा वह,
पढ़ भले ही विश्व हहरे;
प्यास वारिधि से बुझाकर
भी रहा अतृप्त हूँ मैं,
कामिनी के कुच-कलश से
आज कैसा प्यार मेरा!

कह रहा जग वासनामय
हो रहा उद्गार मेरा!

: 3 :

इंद्रधनु पर शीश धरकर
बादलों की सेज सुख पर
सो चुका हूँ नींद भर मैं
चंचला को बाहु में भर,
दीप रवि-शशि-तारकों ने
बाहरी कुछ केलि देखी,
देख, पर, पाया न कोई
स्वप्न वे सुकुमार, सुन्दर
जो पलक पर कर निछावर
थी गई मधु यामिनी वह,
यह समाधि बनी हुई है,
यह न शयनागार मेरा!
कह रहा जग वासनामय
हो रहा उद्गार मेरा!

: 4 :

आज मिट्टी से घिरा हूँ
पर उमंगे हैं पुरानी
सोमरस जो पी चुका है
आज उसके हाथ पानी,
होंठ प्यालों पर झुके तो
थे विवश इसके लिए वे,
प्यास का व्रत धार बैठा
आज है मन, किन्तु, मानी;
मैं नहीं हूँ देह-धर्मों से
बँधा, जग, जान ले तू,
तन विकृत हो जाय लेकिन
मन सदा अविकार मेरा!
कह रहा जग वासनामय
हो रहा उद्गार मेरा!

: 5 :

निष्परिश्रम छोड़ जिनको
मोह लेता विश्व भर को
मानवों को, सुर-असुर को,
वृद्ध ब्रह्मा, विष्णु हर को,
भंग कर देता तपस्या
सिद्ध, ऋषि, मुनि सत्तमों की,
वे सुमन के बाण मैंने
ही दिए थे पंचशर को;
शक्ति रख कुछ पास अपने
ही दिया यह दान मैंने,
जीत पाएगा इन्हीं से
आज क्या मन मार मेरा!
कह रहा जग वासनामय
हो रहा उद्‌गार मेरा!

: 6 :

प्राण प्राणों से, सकें मिल
किस तरह, दीवार है तन,
काल है घड़ियाँ न गिनता,
बेड़ियों का शब्द झन-झन,
वेद - लोकाचार प्रहरी
ताकते हर चाल मेरी,
बद्ध इस वातावरण में
क्या करे अभिलाष यौवन!
अल्पतम इच्छा यहाँ,
मेरी बनी बंदी पड़ी है,
विश्व क्रीड़ास्थल नहीं रे
विश्व कारागार मेरा!
कह रहा जग वासनामय
हो रहा उद्‌गार मेरा!

: 7 :

थी तृषा जब शीत जल की
खा लिए अंगार मैंने,

चीथड़ों से उस दिवस था
कर लिया शृंगार मैंने
राजसी पट पहनने की
जब हुई इच्छा प्रबल थी
चाह - संचय में लुटाया
था भरा भंडार मैंने;
वासना जब तीव्रतम थी
बन गया था संयमी मैं,
है रही मेरी क्षुधा ही
सर्वदा आहार मेरा!
कह रहा जग वासनामय
हो रहा उद्गार मेरा!

: 8 :

कल छिड़ी, होगी ख़तम कल
प्रेम की मेरी कहानी,
कौन हूँ मैं, जो रहेगी
विश्व में मेरी निशानी?
क्या किया मैंने नहीं जो
कर चुका संसार अब तक?
वृद्ध जग को क्यों अखरती
है क्षणिक मेरी जवानी?
मैं छिपाना जानता तो
जग मुझे साधू समझता,
शत्रु मेरा बन गया है
छल - रहित व्यवहार मेरा!
कह रहा जग वासनामय
हो रहा उद्गार मेरा!

कवि का गीत

गीत कह इसको न, दुनिया,
यह दुखों की माप मेरे!

: 1 :

काम क्या समझूँ न हो यदि
गाँठ उर की खोलने को?
संग क्या समझूँ किसी का
हो न मन यदि बोलने को?
जानता क्या क्षीण जीवन ने
उठाया भार कितना,
बाट में रखता न यदि
उच्छ्वास अपने तोलने को?
हैं वही उच्छ्वास कल के
आज सुखमय राग जग में,
आज मधुमय गान, कल के
दग्ध - कंठ प्रलाप मेरे।
गीत कह इसको न, दुनिया,
यह दुखों की माप मेरे!

: 2 :

उच्चतम गिरि के शिखर को
लक्ष्य जब मैंने बनाया,
गर्व से उन्मत्त होकर
शीश मानव ने उठाया,
ध्येय पर पहुँचा, विजय के
नाद से संसार गूँजा,
खूब गूँजा किन्तु कोई
गीत का सुन स्वर न पाया;
आज कण-कण से ध्वनित
झंकार होगी नूपुरों की,
खड्ग - जीवन - धार पर अब
हैं उठे पद काँप मेरे।
गीत कह इसको न, दुनिया,
यह दुखों की माप मेरे!

: 3 :

गान हो जब गूँजने को
विश्व में, क्रन्दन करूँ मैं,

हो गमकने को सुरभि जब
विश्व में, आहें भरूँ मैं,
विश्व बनने को सरस हो
जब, गिराऊँ अश्रु मैं तब,
विश्व-जीवन-ज्योति जागे,
इसलिए जलकर मरूँ मैं!
बोल किस आवेश में तू
स्वर्ग से यह माँग बैठा?—
पुण्य जब जग के उदय हों
तब उदय हों पाप मेरे!
गीत कह इसको न, दुनिया,
यह दुखों की माप मेरे!

: 4 :

चुभ रहा था जो हृदय में
एक तीखा शूल बनकर,
विश्व के कर में पड़ा वह
कल्पतरु का फूल बनकर,
सीखता संसार अब है
ज्ञान का प्रिय पाठ जिससे,
प्राप्त वह मुझको हुई थी
एक भीषण भूल बनकर;
था जगत का और मेरा
यदि कभी संबंध तो यह—
विश्व को वरदान थे जो
थे वही अभिशाप मेरे!
गीत कह इसको न, दुनिया,
यह दुखों की माप मेरे!

: 5 :

भावना के पुष्प अपनी
सूत्र-वाणी में पिरोकर
धर दिए मैंने खुशी से
विश्व के विस्तीर्ण पथ पर;

कौन है सिर पर चढ़ाता,
कौन ठुकराता पगों से;
कौन है करता उपेक्षा,
मुड़ कभी देखा न पल भर;
थी बड़ी नाज़ुक धरोहर,
था बड़ा दायित्व मुझ पर;
अब नहीं चिंता इन्हें
झुलसा न दें संताप मेरे।
गीत कह इसको न, दुनिया,
यह दुखों की माप मेरे!

पथभ्रष्ट

हैं कुपथ पर पाँव मेरे
आज दुनिया की नज़र में!

: 1 :

पार तम के दीख पड़ता
एक दीपक झिलमिलाता,
जा रहा उस ओर हूँ मैं
मत्त-मधुमय गीत गाता,
इस कुपथ पर या सुपथ पर
मैं अकेला ही नहीं हूँ,
जानता हूँ, क्यों जगत फिर
उँगलियाँ मुझ पर उठाता—
मौन रहकर इस लहर के
साथ संगी बह रहे हैं,
एक मेरी ही उमंगें
हो उठी हैं व्यक्त स्वर में
हैं कुपथ पर पाँव मेरे
आज दुनिया की नज़र में!

: 2 :

क्यों बताऊँ पोत कितने
पार हैं इसने लगाए?
क्यों बताऊँ वृक्ष कितने
तीर के इसने गिराए?
उर्वरा कितनी धरा को
कर चुकी यह क्यों बताऊँ?
क्यों बताऊँ गीत कितने
इस लहर ने हैं लिखाए
कूल पर बैठे हुए कवि से
किसी दुख की घड़ी में?
क्या नहीं पर्याप्त इतना
जानना, गति है लहर में?
हैं कुपथ पर पाँव मेरे
आज दुनिया की नज़र में!

: 3 :

फल-भरे तरु तोड़ डाले
शांत मत लेकिन पवन हो,
वज्र घन चाहे गिराए
किंतु मत सूना गगन हो,
बढ़ बहा दे बस्तियों को
पर न हो जलहीन सरिता,
हो न ऊसर देश चाहे
कंटकों का एक वन हो!
पाप की ही गैल पर
चलते हुए ये पाँव मेरे
हँस रहे हैं उन पगों पर
जो बँधे हैं आज घर में।
हैं कुपथ पर पाँव मेरे
आज दुनिया की नज़र में!

: 4 :

यह नहीं, सुनता नहीं, जो
शंख की ध्वनि आ रही है,

देव-मंदिर में जनों को
साधिकार बुला रही है,
कान में आतीं अज़ानें,
मस्जिदों का यह निमंत्रण,
और ही संदेश देती
किंतु बुलबुल गा रही है!
रक्त से सींची गई है
राह मंदिर-मस्जिदों की,
किन्तु रखना चाहता मैं
पाँव मधु-सिंचित डगर में।
हैं कुपथ पर पाँव मेरे
आज दुनिया की नज़र में!

: 5 :

है न वह व्यक्तित्व मेरा
जिस तरफ़ मेरा क़दम हो,
उस तरफ़ जाना जगत के
वास्ते कल से नियम हो,
औलिया-आचार्य बनने की
नहीं अभिलाष मेरी,
किसलिए संसार तुझको
देख मेरी चाल ग़म हो!
जो चले युग-युग चरण ध्रुव
धर मिटे पद-चिह्न उनके,
पद प्रकंपित, हाय, अंकित
क्या करेंगे दो प्रहर में!
हैं कुपथ पर पाँव मेरे
आज दुनिया की नज़र में!

: 6 :

मैं कहाँ हूँ और वह
आदर्श मधुशाला कहाँ है!
विस्मरण दे जागरण के
साथ, मधुबाला कहाँ है!

है कहाँ प्याला कि जो दे
चिर तृषा चिर तृप्ति में भी!
जो डुबो तो ले मगर दे
पार कर, हाला कहाँ है!
देख भीगे होंठ मेरे
और कुछ संदेह मत कर,
रक्त मेरे ही हृदय का
है लगा मेरे अधर में!
हैं कुपथ पर पाँव मेरे
आज दुनिया की नज़र में!

: 7 :

सोचता है विश्व, कवि ने
कक्ष में बहु विधि सजाए,
मदिर-नयना यौवना को
गोद में अपनी बिठाए
होंठ से उसके विचुंबित
प्यालियों को रिक्त करते,
झूमते उन्मत्तता से
ये सुरा के गान गाए!
राग के पीछे छिपा
चीत्कार कह देगा किसी दिन,
हैं लिखे मधुगीत मैंने
हो खड़े जीवन समर में!
हैं कुपथ पर पाँव मेरे
आज दुनिया की नज़र में!

: 8 :

पाँव चलने को विवश थे
जब विवेक-विहीन था मन,
आज तो मस्तिष्क दूषित
कर चुके पथ के मलिन कण,
मैं इसी से क्या करूँ
अच्छे-बुरे का भेद, भाई

लौटना भी तो कठिन है
चल चुका युग एक जीवन;
हो नियति इच्छा तुम्हारी
पूर्ण, मैं चलता चलूँगा,
पथ सभी मिल एक होंगे
तम-घिरे यम के नगर में!
हैं कुपथ पर पाँव मेरे
आज दुनिया की नज़र में!

लहरों का निमंत्रण

तीर पर कैसे रुकूँ मैं,
आज लहरों में निमंत्रण!

: 1 :

रात का अंतिम प्रहर है,
झिलमिलाते हैं सितारे,
वक्ष पर युग बाहु बाँधे
मैं खड़ा सागर किनारे,
वेग से बहता प्रभंजन
केश-पट मेरे उड़ाता,
शून्य में भरता उदधि-
उर की रहस्यमयी पुकारें;
इन पुकारों की प्रतिध्वनि
हो रही मेरे हृदय में,
है प्रतिच्छायित जहाँ पर
सिंधु का हिल्लोल-कंपन।
तीर पर कैसे रुकूँ मैं,
आज लहरों में निमंत्रण!

: 2 :

विश्व की संपूर्ण पीड़ा
सम्मिलित हो रो रही है,

शुष्क पृथ्वी आँसुओं से
पाँव अपने धो रही है,
इस धरा पर जो बसी दुनिया
यही अनुरूप उसके—
इस व्यथा से हो न विचलित
नींद सुख की सो रही है;
क्यों धरणि अब तक न गलकर
लीन जलनिधि में गई हो?
देखते क्यों नेत्र कवि के
भूमि पर जड़-तुल्य जीवन?
तीर पर कैसे रुकूँ मैं,
आज लहरों में निमंत्रण!

: 3 :

जड़ जगत में वास कर भी
जड़ नहीं व्यवहार कवि का,
भावनाओं से विनिर्मित
और ही संसार कवि का,
बूँद के उच्छ्वास को भी
अनसुनी करता नहीं वह
किस तरह होता उपेक्षा—'
पात्र पारावार कवि का,
विश्व-पीड़ा से, सुपरिचित
हो तरल बनने, पिघलने,
त्यागकर आया यहाँ कवि
स्वप्न-लोकों के प्रलोभन।
तीर पर कैसे रुकूँ मैं,
आज लहरों में निमंत्रण!

: 4 :

जिस तरह मरु के हृदय में
है कहीं लहरा रहा सर,
जिस तरह पावस-पवन में
है पपीहे का छिपा स्वर,

जिस तरह से अश्रु-आहों से
भरी कवि की निशा में
नींद की परियाँ बनातीं
कल्पना का लोक सुखकर,
सिंधु के इस तीव्र हाहा-
कार ने, विश्वास मेरा,
है छिपा रक्खा कहीं पर
एक रस-परिपूर्ण गायन।
तीर पर कैसे रुकूँ मैं,
आज लहरों में निमंत्रण!

: 5 :

नेत्र सहसा आज मेरे
तम-पटल के पार जाकर
देखते हैं रत्न-सीपी से
बना प्रासाद सुंदर,
है खड़ी जिसमें उषा ले
दीप कुंचित रश्मियों का;
ज्योति में जिसकी सुनहली
सिंधु कन्याएँ मनोहर
गूढ़ अर्थों से भरी मुद्रा
बनाकर गान करतीं
और करतीं अति अलौकिक
ताल पर उन्मत्त नर्तन।
तीर पर कैसे रुकूँ मैं,
आज लहरों में निमंत्रण!

: 6 :

मौन हो गंधर्व बैठे
कर श्रवण इस गान का स्वर,
वाद्य-यन्त्रों पर चलाते
हैं नहीं अब हाथ किन्नर,
अप्सराओं के उठे जो
पग उठे ही रह गए हैं,

कर्ण उत्सुक, नेत्र अपलक
साथ देवों के पुरंदर
एक अद्‌भुत और अविचल
चित्र - सा है जान पड़ता,
देव - बालाएँ विमानों से
रहीं कर पुष्प - वर्षण।
तीर पर कैसे रुकूँ मैं,
आज लहरों में निमंत्रण!

: 7 :

दीर्घ उर में भी जलधि के
है नहीं खुशियाँ समातीं,
बोल सकता कुछ न उठती
फूल बारंबार छाती;
हर्ष रत्नागार अपना
कुछ दिखा सकता जगत को
भावनाओं से भरी यदि
यह फफककर फूट जाती;
सिंधु जिस पर गर्व करता
और जिसकी अर्चना को
स्वर्ग झुकता, क्यों न उसके
प्रति करे कवि अर्घ्य अर्पण।
तीर पर कैसे रुकूँ मैं,
आज लहरों में निमंत्रण!

: 8 :

आज अपने स्वप्न को मैं
सच बनाना चाहता हूँ,
दूर की इस कल्पना के
पास जाना चाहता हूँ,
चाहता हूँ तैर जाना
सामने अंबुधि पड़ा जो,
कुछ विभा उस पार की
इस पार लाना चाहता हूँ;

स्वर्ग के भी स्वप्न भू पर
देख उनसे दूर ही था,
किंतु पाऊँगा नहीं कर
आज अपने पर नियंत्रण।
तीर पर कैसे रुकूँ मैं,
आज लहरों में निमंत्रण!

: 9 :

लौट आया यदि वहाँ से
तो यहाँ नव युग लगेगा,
नव प्रभाती गान सुनकर
भाग्य जगती का जगेगा,
शुष्क जड़ता शीघ्र बदलेगी
सरस चैतन्यता में,
यदि न पाया लौट, मुझको
लाभ जीवन का मिलेगा;
पर पहुँच ही यदि न पाया
व्यर्थ क्या प्रस्थान होगा?
कर सकूँगा विश्व में फिर
भी नए पथ का प्रदर्शन।
तीर पर कैसे रुकूँ मैं,
आज लहरों में निमंत्रण!

: 10 :

स्थल गया है भर पथों से
नाम कितनों के गिनाऊँ,
स्थान बाकी है कहाँ पथ
एक अपना भी बनाऊँ?
विश्व तो चलता रहा है
थाम राह बनी-बनाई,
किंतु इन पर किस तरह मैं
कवि-चरण अपने बढ़ाऊँ?
राह जल पर भी बनी है
रूढ़ि, पर, न हुई कभी वह,

एक तिनका भी बना सकता
यहाँ पर मार्ग नूतन!
तीर पर कैसे रुकूँ मैं,
आज लहरों में निमंत्रण!

: 11 :

देखता हूँ आँख के आगे
नया यह क्या तमाशा—
कर निकलकर दीर्घ जल से
हिल रहा करता मना-सा,
है हथेली-मध्य चित्रित
नीर भग्नप्राय बेड़ा!
मैं इसे पहचानता हूँ,
है नहीं क्या यह निराशा?
हो पड़ीं उद्दाम इतनी
उर-उमंगें, अब न उनको
रोक सकता भय निराशा का,
न आशा का प्रवंचन।
तीर पर कैसे रुकूँ मैं,
आज लहरों में निमंत्रण!

: 12 :

पोत अगणित इन तरंगों ने
डुबाए मानता मैं
पार भी पहुँचे बहुत से—
बात यह भी जानता मैं,
किंतु होता सत्य यदि यह
भी, सभी जलयान डूबे,
पार जाने की प्रतिज्ञा
आज बरबस ठानता मैं,
डूबता मैं किंतु उतराता
सदा व्यक्तित्व मेरा,
हों युवक डूबे भले ही
है कभी डूबा न यौवन!

तीर पर कैसे रुकूँ मैं,
आज लहरों में निमंत्रण!

: 13 :

आ रहीं प्राची क्षितिज से
खींचने वाली सदाएँ
मानवों के भाग्य-निर्णायक
सितारो! दो दुआएँ,
नाव, नाविक, फेर ले जा,
है नहीं कुछ काम इसका,
आज लहरों से उलझने को
फड़कती हैं भुजाएँ;
प्राप्त हो उस पार भी इस
पार-सा चाहे अँधेरा,
प्राप्त हो युग की उषा
चाहे लुटाती नव किरण-धन।
तीर पर कैसे रुकूँ मैं,
आज लहरों में निमंत्रण!

निशा-निमंत्रण

एक

दिन जल्दी - जल्दी ढलता है!

हो जाय न पथ में रात कहीं,
मंजिल भी तो है दूर नहीं–
यह सोच थका दिन का पंथी भी जल्दी-जल्दी चलता है!
दिन जल्दी - जल्दी ढलता है!

बच्चे प्रत्याशा में होंगे,
नीड़ों से झाँक रहे होंगे–
यह ध्यान परों में चिड़ियों के भरता कितनी चंचलता है!
दिन जल्दी - जल्दी ढलता है!

मुझसे मिलने को कौन विकल?
मैं होऊँ किसके हित चंचल?–
यह प्रश्न शिथिल करता पद को, भरता उर में विह्वलता है!
दिन जल्दी - जल्दी ढलता है!

दो

संध्या सिंदूर लुटाती है !

रँगती स्वर्णिम रज से सुंदर
निज नीड़-अधीर खगों के पर,

तरुओं की डाली - डाली में कंचन के पात लगाती है!
संध्या सिंदूर लुटाती है !

करती सरिता का जल पीला,
जो था पल भर पहले नीला,
नावों के पालों को सोने की चादर-सा चमकाती है!
संध्या सिंदूर लुटाती है !

उपहार हमें भी मिलता है,
शृंगार हमें भी मिलता है,
आँसू की बूँद कपोलों पर शोणित की-सी बन जाती है!
संध्या सिंदूर लुटाती है !

तीन

बीत चली संध्या की वेला !

धुंधली प्रति पल पड़नेवाली
एक रेख में सिमटी लाली
कहती है, समाप्त होता है सतरंगे बादल का मेला!
बीत चली संध्या की वेला !

नभ में कुछ द्युतिहीन सितारे
माँग रहे हैं हाथ पसारे–
'रजनी आए, रवि किरणों से हमने है दिन भर दुख झेला'!
बीत चली संध्या की वेला !

अंतरिक्ष में आकुल-आतुर,
कभी इधर उड़, कभी उधर उड़,
पंथ नीड़ का खोज रहा है पिछड़ा पंछी एक–अकेला!
बीत चली संध्या की वेला !

चार

तुम तूफान समझ पाओगे?

गीले बादल, पीले रजकण,
सूखे पत्ते, रूखे तृण घन
लेकर चलता करता 'हरहर'—इसका गान समझ पाओगे?
तुम तूफान समझ पाओगे?

गंध-भरा यह मंद पवन था,
लहराता इससे मधुवन था,
सहसा इसका टूट गया जो स्वप्न महान, समझ पाओगे?
तुम तूफान समझ पाओगे?

तोड़-मरोड़ विपट-लतिकाएँ;
नोच-खसोट कुसुम-कलिकाएँ,
जाता है अज्ञात दिशा को! हटो विहंगम, उड़ जाओगे!
तुम तूफान समझ पाओगे?

पाँच

है यह पतझड़ की शाम, सखे!

नीलम-से पल्लव टूट गए,
मरकत-से साथी छूट गए,
अटके फिर भी दो पीत पात जीवन-डाली को थाम, सखे!
है यह पतझड़ की शाम, सखे!

लुक-छिप करके गानेवाली,
मानव से शरमानेवाली
कू-कू कर कोयल माँग रही नूतन घूँघट अविराम, सखे!
है यह पतझड़ की शाम, सखे!

नंगी डालों पर नीड़ सघन,
नीड़ों में है कुछ-कुछ कंपन,
मत देख, नज़र लग जाएगी; यह चिड़ियों के सुखधाम, सखे!
है यह पतझड़ की शाम, सखे!

छह

कहते हैं, तारे गाते हैं!

सन्नाटा वसुधा पर छाया,
नभ में हमने कान लगाया,
फिर भी अगणित कंठों का यह राग नहीं हम सुन पाते हैं!
कहते हैं, तारे गाते हैं!

स्वर्ग सुना करता यह गाना,
पृथ्वी ने तो बस यह जाना,
अगणित ओस-कणों में तारों के नीरव आँसू आते हैं!
कहते हैं, तारे गाते हैं!

ऊपर देव, तले मानवगण,
नभ में दोनों गायन-रोदन,
राग सदा ऊपर को उठता, आँसू नीचे झर जाते हैं!
कहते हैं, तारे गाते हैं!

सात

साथी, सो न, कर कुछ बात!

बोलते उडुगण परस्पर,
तरु दलों में मंद 'मरमर',
बात करतीं सरि-लहरियाँ कूल से जल-स्नात!
साथी, सो न, कर कुछ बात!

बात करते सो गया तू,
स्वप्न में फिर खो गया तू,
रह गया मैं और आधी बात, आधी रात!
साथी, सो न, कर कुछ बात!

पूर्ण कर दे वह कहानी,
जो शुरू की थी सुनानी,
आदि जिसका हर निशा में, अंत चिर अज्ञात!
साथी, सो न, कर कुछ बात!

आठ

यह पपीहे की रटन है!

बादलों की घिर घटाएँ
भूमि की लेतीं बलाएँ,
खोल दिल देतीं दुआएँ—देख किस उर में जलन है!
यह पपीहे की रटन है!

जो बहा दे, नीर आया,
आग का फिर तीर आया,
वज्र भी बेपीर आया—कब रुका इसका वचन है!
यह पपीहे की रटन है!

यह न पानी से बुझेगी,
यह न पत्थर से दबेगी,
यह न शोलों से डरेगी, यह वियोगी की लगन है!
यह पपीहे की रटन है!

नौ

रात आधी हो गई है!

जागता मैं आँख फाड़े,
हाय, सुधियों के सहारे,
जब कि दुनिया स्वप्न के जादू-भवन में खो गई है!
रात आधी हो गई है!

सुन रहा हूँ, शांति इतनी,
है टपकती बूँद जितनी
ओस की जिनसे द्रुमों का गात रात भिगो गई है?
रात आधी हो गई है!

दे रही कितना दिलासा,
आ झरोखे से ज़रा-सा
चाँदनी पिछले पहर की पास में जो सो गई है!
रात आधी हो गई है!

दस

मैंने खेल किया जीवन से!

सत्य भवन में मेरे आया,
पर मैं उसको देख न पाया,
दूर न कर पाया मैं, साथी, सपनों का उन्माद नयन से!
मैंने खेल किया जीवन से!

मिलता था बेमोल मुझे सुख,
पर मैंने उससे फेरा मुख,
मैं खरीद बैठा पीड़ा को यौवन के चिर संचित धन से!
मैंने खेल किया जीवन से!

थे बैठे भगवान हृदय में,
देर हुई मुझको निर्णय में,
उन्हें देवता समझा जो थे कुछ भी अधिक नहीं पाहन से!
मैंने खेल किया जीवन से!

ग्यारह

अब वे मेरे गान कहाँ हैं!

टूट गई मरकत की प्याली,
लुप्त हुई मदिरा की लाली,
मेरा व्याकुल मन बहलाने वाले अब सामान कहाँ हैं!
अब वे मेरे गान कहाँ हैं!

जगती के नीरस मरुथल पर
हँसता था मैं जिनके बल पर,
चिर वसंत-सेवित सपनों के मेरे वे उद्यान कहाँ हैं!
अब वे मेरे गान कहाँ हैं!

किस पर अपना प्यार चढ़ाऊँ?
यौवन का उद्गार चढ़ाऊँ?
मेरी पूजा को सह लेने वाले वे पाषाण कहाँ हैं!
अब वे मेरे गान कहाँ हैं!

बारह

बीते दिन कब आनेवाले!

मेरी वाणी का मधुमय स्वर
विश्व सुनेगा कान लगाकर,
दूर गए पर मेरे उर की धड़कन को सुन पानेवाले!

बीते दिन कब आनेवाले!

विश्व करेगा मेरा आदर
हाथ बढ़ाकर, शीश नवाकर,
पर न खुलेंगे नेत्र प्रतीक्षा में जो रहते थे मतवाले!
बीते दिन कब आनेवाले!

मुझमें है देवत्व जहाँ पर,
झुक जाएगा लोक वहाँ पर,
पर न मिलेंगे मेरी दुर्बलता को अब दुलरानेवाले!
बीते दिन कब आनेवाले!

तेरह

मधुप, नहीं अब मधुवन तेरा !

तेरे साथ खिलीं जो कलियाँ,
रूप - रंगमय कुसुमावलियाँ,
वे कब की धरती में सोईं, होगा उनका फिर न सवेरा!
मधुप, नहीं अब मधुवन तेरा !

नूतन मुकुलित कलिकाओं पर,
उपवन की नव आशाओं पर
नहीं सोहता, पागल, तेरा दुर्बल - दीन - अमंगल फेरा!
मधुप, नहीं अब मधुवन तेरा !

जहाँ प्यार बरसा था तुझ पर,
वहाँ दया की भिक्षा लेकर
जीने की लज्जा को कैसे सहता है, मानी, मन तेरा!
मधुप, नहीं अब मधुवन तेरा !

चौदह

आओ, हम पथ से हट जाएँ !

युवती और युवक मदमाते
उत्सव आज मनाने आते,
लिए नयन में स्वप्न, वचन में हर्ष, हृदय में अभिलाषाएँ!
आओ, हम पथ से हट जाएँ !

इनकी इन मधुमय घड़ियों में,
हास-लास की फुलझड़ियों में,
हम न अमंगल शब्द निकालें, हम न अमंगल अश्रु बहाएँ!
आओ, हम पथ से हट जाएँ !

यदि इनका सुख सपना टूटे,
काल इन्हें भी हम-सा लूटे,
धैर्य बँधाएँ इनके उर को हम पथिकों की करुण कथाएँ!
आओ, हम पथ से हट जाएँ !

पन्द्रह

क्या कंकड़-पत्थर चुन लाऊँ;

यौवन के उजड़े प्रदेश के
इस उर के ध्वंसावशेष के
भग्न शिला-खंडों से क्या मैं फिर आशा की भीत उठाऊँ?
क्या कंकड़-पत्थर चुन लाऊँ;

स्वप्नों के इस रंगमहल में
हँसूँ निशा की चहल-पहल में?
या इस खँडहर की समाधि पर बैठ रुदन को गीत बनाऊँ?
क्या कंकड़-पत्थर चुन लाऊँ;

इसमें करुणस्मृतियाँ सोईं,
इसमें मेरी निधियाँ सोईं,
इसका नाम-निशान मिटाऊँ या मैं इस पर दीप जलाऊँ?
क्या कंकड़-पत्थर चुन लाऊँ;

सोलह

किस कर में यह वीणा धर दूँ?

देवों ने था जिसे बनाया,
देवों ने था जिसे बजाया,
मानव के हाथों में कैसे इसको आज समर्पित कर दूँ?
किस कर में यह वीणा धर दूँ?

इसने स्वर्ग रिझाना सीखा,
स्वर्गिक तान सुनाना सीखा,
जगती को खुश करनेवाले स्वर से कैसे इसको भर दूँ?
किस कर में यह वीणा धर दूँ?

क्यों बाकी अभिलाषा मन में,
झंकृत हो यह फिर जीवन में?
क्यों न हृदय निर्मम हो कहता अंगारे अब धर इस पर दूँ?
किस कर में यह वीणा धर दूँ?

सत्रह

क्या भूलूँ, क्या याद करूँ मैं!

अगणित उन्मादों के क्षण हैं,
अगणित अवसादों के क्षण हैं,
रजनी की सूनी घड़ियों को किन-किन से आबाद करूँ मैं!
क्या भूलूँ, क्या याद करूँ मैं!

याद सुखों की आँसू लाती,
दुख की, दिल भारी कर जाती,
दोष किसे दूँ जब अपने से अपने दिन बर्बाद करूँ मैं!
क्या भूलूँ, क्या याद करूँ मैं!

दोनों करके पछताता हूँ,
सोच नहीं, पर, मैं पाता हूँ,
सुधियों के बंधन से कैसे अपने को आज़ाद करूँ मैं!
क्या भूलूँ, क्या याद करूँ मैं!

अट्ठारह

तू क्यों बैठ गया है पथ पर?

ध्येय न हो, पर है मग आगे,
बस धरता चल तू पग आगे,
बैठ न चलनेवालों के दल में तू आज तमाशा बनकर!
तू क्यों बैठ गया है पथ पर?

मानव का इतिहास रहेगा
कहीं, पुकार-पुकार कहेगा—
निश्चय था गिर मर जाएगा चलता किंतु रहा जीवन भर!
तू क्यों बैठ गया है पथ पर?

जीवित भी तू आज मरा-सा
पर मेरी तो यह अभिलाषा—
चिता-निकट भी पहुँच सकूँ मैं अपने पैरों-पैरों चलकर;
तू क्यों बैठ गया है पथ पर?

उन्नीस

जय हो, हे संसार, तुम्हारी !

जहाँ झुके हम वहाँ तनो तुम,
जहाँ मिटे हम वहाँ बनो तुम,

तुम जीतो उस ठौर जहाँ पर हमने बाज़ी हारी !
जय हो, हे संसार, तुम्हारी !

मानव का सच हो सपना सब,
हमें चाहिए और न कुछ अब,
याद रहे हमको बस इतना—मानव जाति हमारी!
जय हो, हे संसार, तुम्हारी !

अनायास निकली यह वाणी,
यह निश्चय होगी कल्याणी,
जग को शुभाशीष देने के हम दुखिया अधिकारी !
जय हो, हे संसार, तुम्हारी !

बीस

जाओ कल्पित साथी मन के !

जब नयनों में सूनापन था,
जर्जर तन था, जर्जर मन था,
तब तुम ही अवलंब हुए थे मेरे एकाकी जीवन के !
जाओ कल्पित साथी मन के !

सच, मैंने परमार्थ न सीखा,
लेकिन मैंने स्वार्थ न सीखा,
तुम जग के हो, रहो न बनकर बन्दी मेरे भुज-बंधन के !
जाओ कल्पित साथी मन के !

जाओ जग में भुज फैलाए,
जिसमें सारा विश्व समाए,
साथी बनो जगत में जाकर मुझ-से अगणित दुखिया जन के !
जाओ कल्पित साथी मन के !

एकांत संगीत

एक

अब मत मेरा निर्माण करो !

तुमने न बना मुझको पाया,
युग-युग बीते, मैं घबराया;
भूलो मेरी विह्वलता को, निज लज्जा का तो ध्यान करो !
अब मत मेरा निर्माण करो !

इस चक्की पर खाते चक्कर
मेरा तन-मन-जीवन जर्जर,
हे कुंभकार, मेरी मिट्टी को और न अब हैरान करो !
अब मत मेरा निर्माण करो !

कहने की सीमा होती है,
सहने की सीमा होती है;
कुछ मेरे भी वश में, मेरा कुछ सोच-समझ अपमान करो !
अब मत मेरा निर्माण करो !

दो

कोई गाता, मैं सो जाता !

संसृति के विस्तृत सागर पर
सपनों की नौका के अंदर

सुख-दुख की लहरों पर उठ-गिर बहता जाता मैं सो जाता !
कोई गाता, मैं सो जाता !

आँखों में भरकर प्यार अमर,
आशीष हथेली में भरकर
कोई मेरा सिर गोदी में रख सहलाता, मैं सो जाता !
कोई गाता, मैं सो जाता !

मेरे जीवन का खारा जल,
मेरे जीवन का हालाहल
कोई अपने स्वर में मधुमय कर बरसाता, मैं सो जाता !
कोई गाता, मैं सो जाता !

तीन

कोई नहीं, कोई नहीं !

यह भूमि है हाला-भरी,
मधुपात्र - मधुबाला - भरी,
ऐसा बुझा जो पा सके मेरे हृदय की प्यास को–
कोई नहीं, कोई नहीं !

सुनता, समझता है गगन,
वन के विहंगों के वचन,
ऐसा समझ जो पा सके मेरे हृदय - उच्छ्वास को–
कोई नहीं, कोई नहीं !

मधुऋतु समीरण चल पड़ा,
वन ले नए पल्लव खड़ा,
ऐसा फिरा जो ला सके मेरे गए विश्वास को–
कोई नहीं, कोई नहीं !

चार

मैं जीवन में कुछ कर न सका !

जग में अँधियाला छाया था,
मैं ज्वाला लेकर आया था,
मैंने जलकर दी आयु बिता, पर जगती का तम हर न सका !
मैं जीवन में कुछ कर न सका !

अपनी ही आग बुझा लेता,
तो जी को धैर्य बँधा देता,
मधु का सागर लहराता था, लघु प्याला भी मैं भर न सका !
मैं जीवन में कुछ कर न सका !

बीता अवसर क्या आएगा,
मन जीवन भर पछताएगा,
मरना तो होगा ही मुझको जब मरना था तब मर न सका !
मैं जीवन में कुछ कर न सका !

पाँच

किसके लिए? किसके लिए?

जीवन मुझे जो ताप दे,
जग जो मुझे अभिशाप दे,
जो काल भी संताप दे, उसको सदा सहता रहूँ,
किसके लिए? किसके लिए?

चाहे सुने कोई नहीं,
हो प्रतिध्वनित न कभी कहीं,
पर नित्य अपने गीत में निज वेदना कहता रहूँ,
किसके लिए? किसके लिए?

क्यों पूछता दिनकर नहीं,
क्यों पूछता गिरिवर नहीं,
क्यों पूछता निर्झर नहीं,
मेरी तरह, जलता रहूँ, गलता रहूँ, बहता रहूँ
किसके लिए? किसके लिए?

छह

किस ओर मैं ? किस ओर मैं ?

है एक ओर असित निशा,
है एक ओर अरुण दिशा,
पर आज स्वप्नों में फँसा, यह भी नहीं मैं जानता–
किस ओर- मैं ? किस ओर मैं ?

है एक ओर अगम्य जल,
है एक ओर सुरम्य थल,
पर आज लहरों से ग्रसा, यह भी नहीं मैं जानता–
किस ओर मैं ? किस ओर मैं ?

है हार एक तरफ पड़ी,
है जीत एक तरफ खड़ी,
संघर्ष-जीवन में धँसा यह भी नहीं मैं जानता–
किस ओर मैं ? किस ओर मैं ?

सात

सोचा, हुआ परिणाम क्या ?

जब सुप्त बड़वानल जगा,
जब खौलने सागर लगा,
उमड़ीं तरंगे ऊर्ध्वगा,

लें तारकों को भी डुबा, तुमने कहा—हो शीत, जम !
सोचा, हुआ परिणाम क्या ?

जब उठ पड़ा मारुत मचल
हो अग्निमय, रजमय, सजल,
झोंके चले ऐसे प्रबल,
दें पर्वतों को भी उड़ा, तुमने कहा—हो मौन, थम !
सोचा, हुआ परिणाम क्या ?

जब जग पड़ी तृष्णा अमर,
दृग में फिरी विद्युत् लहर,
आतुर हुए ऐसे अधर,
पी लें अतल मधु-सिंधु को, तुमने कहा—मदिरा खतम !
सोचा, हुआ परिणाम क्या ?

आठ

पूछता, पाता न उत्तर !

जब चला जाता उजाला,
लौटती जब विहग-माला
"प्रात को मेरा विहग जो उड़ गया था, लौट आया?—"
पूछता, पाता न उत्तर !

जब गगन में रात आती,
दीप मालाएँ जलाती,
"अस्त जो मेरा सितारा था हुआ, फिर जगमगाया?—"
पूछता, पाता न उत्तर !

पूर्व में जब प्रात आता,
भृंग-दल मधुगीत गाता,
"मौन जो मेरा भ्रमर था हो गया, फिर गुनगुनाया?—"
पूछता, पाता न उत्तर !

नौ

तब रोक न पाया मैं आँसू !

जिसके पीछे पागल होकर
मैं दौड़ा अपने जीवन-भर,
जब मृगजल में परिवर्तित हो मुझ पर मेरा अरमान हँसा !
तब रोक न पाया मैं आँसू !

जिसमें अपने प्राणों को भर
कर देना चाहा अजर-अमर,
जब विस्मृति के पीछे छिपकर मुझ पर मेरा मधुगान हँसा !
तब रोक न पाया मैं आँसू !

मेरे पूजन-आराधन को,
मेरे सम्पूर्ण समर्पण को,
जब मेरी कमज़ोरी कहकर मेरा पूजित पाषाण हँसा !
तब रोक न पाया मैं आँसू !

दस

मिट्टी दीन कितनी, हाय !

हृदय की ज्वाला जलाती,
अश्रु की धारा बहाती,
और उर - उच्छ्वास में यह काँपती निरुपाय !
मिट्टी दीन कितनी, हाय !

शून्यता एकांत मन की,
शून्यता जैसे गगन की,
थाह पाती है न इसका मृत्तिका असहाय !
मिट्टी दीन कितनी, हाय !

वह किसे दोषी बताए,
और किसको दुख सुनाए,
जब कि मिट्टी साथ मिट्टी के करे अन्याय !
मिट्टी दीन कितनी, हाय !

ग्यारह

क्षतशीश मगर नतशीश नहीं !

बनकर अदृश्य मेरा दुश्मन,
करता है मुझ पर वार सघन,
लड़ लेने की मेरी हवसें मेरे उर के ही बीच रहीं !
क्षतशीश मगर नतशीश नहीं !

मिट्‌टी है अश्रु बहाती है,
मेरी सत्ता तो गाती है;
अपनी? ना-ना, उसकी पीड़ा की ही मैंने कुछ बात कहीं !
क्षतशीश मगर नतशीश नहीं !

चोटों से घबराऊँगा कब,
दुनिया ने भी जाना है जब,
निज हाथ-हथौड़े से मैंने निज वक्षस्थल पर चोट सही !
क्षतशीश मगर नतशीश नहीं !

बारह

त्राहि, त्राहि कर उठता जीवन !

जब रजनी के सूने क्षण में,
तन - मन के एकाकीपन में
कवि अपनी विह्वल वाणी से अपना व्याकुल मन बहलाता,
त्राहि, त्राहि कर उठता जीवन !

जब उर की पीड़ा से रोकर,
फिर कुछ सोच-समझ चुप होकर
विरही अपने ही हाथों से अपने आँसू पोंछ हटाता,
त्राहि, त्राहि कर उठता जीवन !

पंथी चलते-चलते थककर
बैठ किसी पथ के पत्थर पर
जब अपने ही थकित करों से अपना विथकित पाँव दबाता,
त्राहि, त्राहि कर उठता जीवन !

तेरह

तुम्हारा लौह चक्र आया !

कुचल चला अचला के वन घन,
बसे नगर सब निपट निठुर बन,
चूर हुई चट्टान, क्षार पर्वत की दृढ़ काया !
तुम्हारा लौह चक्र आया !

अगणित ग्रह-नक्षत्र गगन के
टूट पिसे, मरु-सिकता-कण के
रूप उड़े, कुछ धुआँ-धुआँ-सा अंबर में छाया !
तुम्हारा लौह चक्र आया !

तुमने अपना चक्र उठाया,
अचरज से निज मुख फैलाया,
दंत-चिह्न केवल मानव का जब उस पर पाया !
तुम्हारा लौह चक्र आया !

चौदह

अग्नि पथ! अग्नि पथ! अग्नि पथ!
वृक्ष हों भले खड़े,
हों घने, हों बड़े,
एक पत्र-छाँह भी माँग मत, माँग मत, माँग मत!
अग्नि पथ! अग्नि पथ! अग्नि पथ!

तू न थकेगा कभी!
तू न थमेगा कभी!
तू न मुड़ेगा कभी!—कर शपथ, कर शपथ, कर शपथ!
अग्नि पथ! अग्नि पथ! अग्नि पथ!

यह महान दृश्य है—
चल रहा मनुष्य है
अश्रु-स्वेद-रक्त से लथपथ, लथपथ, लथपथ!
अग्नि पथ! अग्नि पथ! अग्नि पथ!

पन्द्रह

जीवन शाप या वरदान?

सुप्त को तुमने जगाया,
मौन को मुखरित बनाया,
करुण क्रंदन को बताया क्यों मधुरतम गान?
जीवन शाप या वरदान?

सजग फिर से सुप्त होगा,
गीत फिर से गुप्त होगा,
मध्य में अवसाद का ही क्यों किया सम्मान?
जीवन शाप या वरदान?

पूर्ण भी जीवन करोगे,
हर्ष से क्षण क्षण भरोगे,

तो न कर दोगे उसे क्या एक दिन बलिदान?
जीवन शाप या वरदान ?

सोलह

जीवन में शेष विषाद रहा !

कुछ टूटे सपनों की बस्ती,
मिटनेवाली यह भी हस्ती,
अवसाद बसा जिस खँडहर में, क्या उसमें ही उन्माद रहा !
जीवन में शेष विषाद रहा !

यह खँडहर ही था रंगमहल,
जिसमें थी मादक चहल-पहल,
लगता है यह खँडहर जैसे पहले न कभी आबाद रहा !
जीवन में शेष विषाद रहा !

जीवन में थे सुख के दिन भी,
जीवन में थे दुख के दिन भी,
पर, हाय, हुआ ऐसा कैसे, सुख भूल गया, दुख याद रहा !
जीवन में शेष विषाद रहा !

सत्रह

अग्नि देश से आता हूँ मैं !

झुलस गया तन, झुलस गया मन,
झुलस गया कवि-कोमल जीवन,
किन्तु अग्नि-वीणा पर अपने दग्ध कंठ से गाता हूँ मैं !
अग्नि देश से आता हूँ मैं !

स्वर्ण शुद्ध कर लाया जग में,
उसे लुटाना आया मग में,

दीनों का मैं वेश किए, पर दीन नहीं हूँ, दाता हूँ मैं !
अग्नि देश से आता हूँ मैं !

तुमने अपने कर फैलाए,
लेकिन देर बड़ी कर आए,
कंचन तो लुट चुका, पथिक, अब लूटो राख लुटाता हूँ मैं !
अग्नि देश से आता हूँ मैं !

अट्ठारह

विष का स्वाद बताना होगा !

ढाली थी मदिरा की प्याली,
चूसी थी अधरों की लाली,
कालकूट आनेवाला अब, देख नहीं घबराना होगा !
विष का स्वाद बताना होगा !

आँखों से यदि अश्रु छनेगा,
कटुतर यह कटु पेय बनेगा,
ऐसे पी सकता है कोई, तुझको पी मुसकाना होगा !
विष का स्वाद बताना होगा !

गरल पान करके तू बैठा,
फेर पुतलियाँ कर-पग ऐंठा,
यह कोई कर सकता, मुर्दे, तुझको अब उठ गाना होगा !
विष का स्वाद बताना होगा !

उन्नीस

प्रार्थना मत कर, मत कर, मत कर !

युद्धक्षेत्र में दिखला भुजबल,
रहकर अविजित, अविचल प्रतिपल,

मनुज-पराजय के स्मारक हैं मठ, मस्जिद, गिरजाघर !
प्रार्थना मत कर, मत कर, मत कर !

मिला नहीं जो स्वेद बहाकर,
निज लोहू से भीग-नहाकर,
वर्जित उसको, जिसे ध्यान है जग में कहलाए नर !
प्रार्थना मत कर, मत कर, मत कर !

झुकी हुई अभिमानी गर्दन,
बँधे हाथ, नत-निष्प्रभ लोचन !
यह मनुष्य का चित्र नहीं है, पशु का है, रे कायर !
प्रार्थना मत कर, मत कर, मत कर !

बीस

कितना अकेला आज मैं !

संघर्ष में टूटा हुआ,
दुर्भाग्य से लूटा हुआ,
परिवार से छूटा हुआ? कितना अकेला आज मैं !
कितना अकेला आज मैं !

भटका हुआ संसार में,
अकुशल जगत व्यवहार में,
असफल सभी व्यापार में, कितना अकेला आज मैं !
कितना अकेला आज मैं !

खोया सभी विश्वास है,
भूला सभी उल्लास है,
कुछ खोजती हर साँस है, कितना अकेला आज मैं !
कितना अकेला आज मैं !

आकुल अंतर

एक

लहर सागर का नहीं शृंगार,
उसकी विकलता है;
अनिल अंबर का नहीं खिलवार,
उसकी विकलता है;
विविध रूपों में हुआ साकार,
रंगों से सुरंजित,
मृत्तिका का यह नहीं संसार,
उसकी विकलता है।

गंध कलिका का नहीं उद्‌गार,
उसकी विकलता है;
फूल मधुवन का नहीं गलहार,
उसकी विकलता है;
कोकिला का कौन-सा व्यवहार,
ऋतुपति को न भाया?
कूक कोयल की नहीं मनुहार,
उसकी विकलता है।

गान गायक का नहीं व्यापार,
उसकी विकलता है;
राग वीणा की नहीं झंकार,
उसकी विकलता है;
भावनाओं का मधुर आधार
साँसों से विनिर्मित,

गीत कवि-उर का नहीं उपहार
उसकी विकलता है।

दो

जानकर अनजान बन जा।

पूछ मत आराध्य कैसा,
जब कि पूजा-भाव उमड़ा;
मृत्तिका के पिंड से कह दे
कि तू भगवान बन जा।
जानकर अनजान बन जा।

आरती बनकर जला तू
पथ मिला, मिट्टी सिधारी,
कल्पना की वंचना से
सत्य से अज्ञान बन जा।
जानकर अनजान बन जा।

किंतु दिल की आग का
संसार में उपहास कब तक?
किंतु होना, हाय, अपने आप
हतविश्वास कब तक?
अग्नि को अंदर छिपाकर,
हे हृदय, पाषाण बन जा।
जानकर अनजान बन जा।

तीन

कैसे भेंट तुम्हारी ले लूँ?
क्या तुम लाई हो चितवन में,
क्या तुम लाई हो चुंबन में,

अपने कर में क्या तुम लाई,
क्या तुम लाई अपने मन में,
क्या तुम नूतन लाई जो मैं
फिर से बंधन झेलूँ?
कैसे भेंट तुम्हारी ले लूँ?

अश्रु पुराने, आह पुरानी,
युग बाँहों की चाह पुरानी,
उथले मन की थाह पुरानी,
वही प्रणय की राह पुरानी,
अर्घ्य प्रणय का कैसे अपनी
अंतर्ज्वाला में लूँ?
कैसे भेंट तुम्हारी ले लूँ?

खेल चुका मिट्टी के घर से,
खेल चुका मैं सिंधु लहर से,
नभ के सूनेपन से खेला,
खेला झंझा के झर-झर से;
तुम में आग नहीं है तब क्या
संग तुम्हारे खेलूँ?
कैसे भेंट तुम्हारी ले लूँ?

चार

क्या है मेरी बारी में।

जिसे सींचना था मधुजल से
सींचा खारे पानी से,
नहीं उपजता कुछ भी ऐसी
विधि में जीवन-क्यारी में।
क्या है मेरी बारी में।

आँसू-जल से सींच-सींचकर
बेलि विवश हो बोता हूँ,

स्रष्टा का क्या अर्थ छिपा है
मेरी इस लाचारी में।
क्या है मेरी बारी में।

टूट पड़े मधुऋतु मधुवन में
कल ही तो क्या मेरा है,
जीवन बीत गया सब मेरा
जीने की तैयारी में।
क्या है मेरी बारी में।

पाँच

वह नभ कंपनकारी समीर,
जिसने बादल की चादर को
दो झटके में कर तार-तार,
दृढ़ गिरि शृंगों की शिला हिला,
डाले अनगिनत तरुवर उखाड़;
होता समाप्त अब वह समीर
कलि की मुसकानों पर मलीन!
वह नभ कंपनकारी समीर।

वह जल प्रवाह उद्धत-अधीर,
जिसने क्षिति के वक्षस्थल को
निज तेजधार से दिया चीर,
कर दिए अनगिनत नगर-ग्राम-
घर बेनिशान कर मग्न-नीर,
होता समाप्त अब वह प्रवाह
तट-शिला-खंड पर क्षीण-क्षीण!
वह जल प्रवाह उद्धत-अधीर।

मेरे मानस की महा पीर,
जो चली विधाता के सिर पर
गिरने को बनकर वज्र शाप,
जो चली भस्म कर देने को

यह निखिल सृष्टि बन प्रलय ताप;
होती समाप्त अब वही पीर,
लघु-लघु गीतों में शक्तिहीन!
मेरे मानस की महा पीर।

छह

लो दिन बीता, लो रात गई,

सूरज ढलकर पच्छिम पहुँचा,
डूबा, संध्या आई, छाई,
सौ संध्या-सी वह संध्या थी,
क्यों उठते-उठते सोचा था,
दिन में होगी कुछ बात नई।
लो दिन बीता, लो रात गई।

धीमे-धीमे तारे निकले,
धीरे-धीरे नभ में फैले,
सौ रजनी-सी वह रजनी थी,
क्यों संध्या को यह सोचा था,
निशि में होगी कुछ बात नई।
लो दिन बीता, लो रात गई।

चिड़ियाँ चहकीं, कलियाँ महकीं,
पूरब से फिर सूरज निकला,
जैसे होती थी सुबह हुई,
क्यों सोते-सोते सोचा था,
होगी प्रातः कुछ बात नई।
लो दिन बीता, लो रात गई।

सात

दोनों चित्र सामने मेरे।

1. सिर पर बाल घने, घुंघराले,
काले, कड़े, बड़े, बिखरे-से,
मस्ती, आज़ादी, बेफिकरी,
बेखबरी के हैं संदेसे।

माथा उठा हुआ ऊपर को,
भौंहों में कुछ टेढ़ापन है,
दुनिया को है एक चुनौती,
कभी नहीं झुकने का प्रण है।

नयनों में छाया-प्रकाश की
आँख-मिचौनी छिड़ी परस्पर,
बेचैनी में, बेसबरी में
लुके-छिपे हैं सपने सुंदर

2. सिर पर बाल कढ़े कंघी से
तरतीबी से, चिकने काले,
जग की रूढ़ि-रीति ने जैसे
मेरे ऊपर फंदे डाले।

भौंहें झुकी हुईं नीचे को,
माथे के ऊपर है रेखा,
अंकित किया जगत ने जैसे
मुझ पर अपनी जय का लेखा।

नयनों के दो द्वार खुले हैं,
समय दे गया ऐसी दीक्षा,
स्वागत सबके लिए यहाँ पर,
नहीं किसी के लिए प्रतीक्षा।

आठ

चाँद-सितारो, मिलकर गाओ !
आज अधर से अधर मिले हैं,
आज बाँह से बाँह मिली,
आज हृदय से हृदय मिले हैं,
मन से मन की चाह मिली;
चाँद-सितारो, मिलकर गाओ !

चाँद-सितारे, मिलकर बोले !
कितनी बार गगन के नीचे
प्रणय-मिलन व्यापार हुआ है,
कितनी बार धरा पर प्रेयसि-
प्रियतम का अभिसार हुआ है !
चाँद-सितारे, मिलकर बोले !

चाँद-सितारो, मिलकर रोओ !
आज अधर से अधर अलग है,
आज बाँह से बाँह अलग
आज हृदय से हृदय अलग है,
मन से मन की चाह अलग;
चाँद-सितारो, मिलकर रोओ !

चाँद-सितारे, मिलकर बोले !
कितनी बार गगन के नीचे
अटल प्रणय के बंधन टूटे,
कितनी बार धरा के ऊपर
प्रेयसि-प्रियतम के प्रण टूटे?
चाँद-सितारे, मिलकर बोले !

नौ

इतने मत उन्मत्त बनो।
जीवन मधुशाला से मधु पी
बनकर तन - मन - मतवाला,

गीत सुनाने लगा झूमकर
चूम-चूमकर मैं प्याला—
शीश हिलाकर दुनिया बोली,
पृथ्वी पर हो चुका बहुत यह,
इतने मत उन्मत्त बनो।

इतने मत संतप्त बनो।
जीवन मरघट पर अपने सब
अरमानों की कर होली,
चला राह में रोदन करता
चिता-राख से भर झोली—
शीश हिलाकर दुनिया बोली,
पृथ्वी पर हो चुका बहुत यह,
इतने मत संतप्त बनो।

इतने मत उत्तप्त बनो।
मेरे प्रति अन्याय हुआ है
ज्ञात हुआ मुझको जिस क्षण,
करने लगा अग्नि-आनन हो
गुरु गर्जन, गुरुतर तर्जन—
शीश हिलाकर दुनिया बोली,
पृथ्वी पर हो चुका बहुत यह,
इतने मत उत्तप्त बनो।

दस

क्या करूँ संवेदना लेकर तुम्हारी?
क्या करूँ?

मैं दुखी जब - जब हुआ
संवेदना तुमने दिखाई,
मैं कृतज्ञ हुआ हमेशा
रीति दोनों ने निभाई,
किंतु इस आभार का अब

हो उठा है बोझ भारी;
क्या करूँ संवेदना लेकर तुम्हारी?
क्या करूँ?

एक भी उच्छ्वास मेरा
हो सका किस दिन तुम्हारा?
उस नयन से बह सकी कब
इस नयन की अश्रु-धारा?
सत्य को मूँदे रहेगी
शब्द की कब तक पिटारी?
क्या करूँ संवेदना लेकर तुम्हारी?
क्या करूँ?

कौन है जो दूसरे को
दुःख अपना दे सकेगा?
कौन है जो दूसरे से
दुःख उसका ले सकेगा?
क्यों हमारे बीच धोखे
का रहे व्यापार जारी?
क्या करूँ संवेदना लेकर तुम्हारी?
क्या करूँ?

क्यों न हम लें मान, हम हैं
चल रहे ऐसी डगर पर,
हर पथिक जिस पर अकेला,
दुःख नहीं बँटते परस्पर,
दूसरों की वेदना में
वेदना जो है दिखाता,
वेदना से मुक्ति का निज
हर्ष केवल वह छिपाता,
तुम दुःखी हो तो सुखी मैं
विश्व का अभिशाप भारी!
क्या करूँ संवेदना लेकर तुम्हारी?
क्या करूँ?

ग्यारह

काल क्रम से—
जिसके आगे झंझा रुकते,
जिसके आगे पर्वत झुकते—
प्राणों का प्यारा धन-कंचन
सहसा अपहृत हो जाने पर
जीवन में जो कुछ बचता है,
उसका भी है कुछ आकर्षण।

नियति नियम से—
जिसको समझा सुकरात नहीं—
जिसको बूझा बुकरात नहीं—
क़िस्मत का प्यारा धन-कंचन
सहसा अपहृत हो जाने पर
जीवन में जो कुछ बचता है,
उसका भी है कुछ आकर्षण।

आत्म भ्रम से—
जिससे योगी ठग जाते हैं,
गुरु ज्ञानी धोखा खाते हैं—
स्वप्नों का प्यारा धन-कंचन
सहसा अपहृत हो जाने पर
जीवन में जो कुछ बचता है,
उसका भी है कुछ आकर्षण।

कालक्रम से, नियति-नियति से,
आत्म भ्रम से
रह न गया जो, मिल न सका जो,
सच न हुआ जो,
प्रिय जन अपना, प्रिय धन अपना,
अपना सपना,
इन्हें छोड़कर जीवन जितना,
उसमें भी आकर्षक कितना !

•

बारह

मैं जीवन की शंका महान !

युग-युग संचालित राह छोड़,
युग-युग संचित विश्वास तोड़ !
मैं चला आज युग-युग सेवित,
पाखंड-रूढ़ि से बैर ठान।
मैं जीवन की शंका महान !

होगी न हृदय में शांति व्यापक,
कर लेता जब तक नहीं प्राप्त,
जग-जीवन का कुछ नया अर्थ,
जग-जीवन का कुछ नया ज्ञान।
मैं जीवन की शंका महान !

गहनांधकार में पाँव धार,
युग नयन फाड़, युग कर पसार,
उठ-उठ, गिर-गिरकर बार-बार
मैं खोज रहा हूँ अपना पथ,
अपनी शंका का समाधान।
मैं जीवन की शंका महान !

सतरंगिनी

नागिन

नर्तन कर, नर्तन कर, नागिन,
मेरे जीवन के आँगन में !

1. तू प्रलय काल के मेघों का
कज्जल-सा कालापन लेकर,
तू नवल सृष्टि की ऊषा की
नव द्युति अपने अंगों में भर,
बड़वाग्नि-विलोड़ित अंबुधि की
उत्तुंग तरंगों से गति ले,
रथ युत रवि-शशि को बंदी कर
दृग-कोयों का रच बंदीघर,
कौंधती तड़ित को जिह्वा-सी
विष-मधुमय दाँतों में दाबे,
तू प्रकट हुई सहसा कैसे
मेरी जगती में, जीवन में?
नर्तन कर, नर्तन कर, नागिन,
मेरे जीवन के आँगन में !

2. तू मनोमोहिनी रंभा-सी,
तू रूपवती रति रानी-सी,
तू मोहमयी उर्वशी सदृश,
तू मानमयी इंद्राणी-सी,
तू दयामयी जगदंबा-सी
तू मृत्यु सदृश कटु, क्रूर, निठुर,

तू लयंकरी कालिका सदृश,
तू भयंकरी रुद्राणी-सी,
तू प्रीति, भीति, आसक्ति, घृणा
की एक विषम संज्ञा बनकर,
परिवर्तित होने को आई
मेरे आगे क्षण-प्रतिक्षण में।
नर्तन कर, नर्तन कर, नागिन,
मेरे जीवन के आँगन में !

3. प्रलयंकर शंकर के सिर पर
जो धूलि-धूसरित जटाजूट,
उसमें कल्पों से सोई थी
पी कालकूट का एक घूँट,
सहसा समाधि कर भंग शंभु
जब तांडव में तल्लीन हुए,
निद्रालसमय, तंद्रानिमग्न
तू धूमकेतु-सी पड़ी छूट;
अब घूम जलस्थल-अंबर में,
अब घूम लोक-लोकांतर में
तू किसको खोजा करती है,
तू है किसके अन्वीक्षण में?
नर्तन कर, नर्तन कर, नागिन,
मेरे जीवन के आँगन में !

4. तू नागयोनि नागिनी नहीं,
तू विश्व विमोहक वह माया,
जिसके इंगित पर युग-युग से
यह निखिल विश्व नचता आया,
अपने तप के तेजोबल से
दे तुझको व्याली की काया,
धूर्जटि ने अपने जटिल जूट—
व्यूहों में तुझको भरमाया,
पर मदनकदन कर महायतन
भी तुझे न सब दिन बाँध सके,

तू फिर स्वतंत्र बन फिरती है
सबके लोचन में, तन-मन में;
नर्तन कर, नर्तन कर, नागिन,
मेरे जीवन के आँगन में !

5\. तू फिरती चंचल फिरकी-सी
अपने फन में फुफकार लिए,
दिग्गज भी जिससे काँप उठे
ऐसा भीषण हुंकार लिए,
पर पल में तेरा स्वर बदला,
पल में तेरी मुद्रा बदली,
तेरा रूठा है कौन कि तू
अधरों पर मृदु मनुहार लिए,
अभिनंदन करती है उसका,
अभिवादन करती है उसका,
लगती है कुछ भी देर नहीं
तेरे मन के परिवर्तन में;
नर्तन कर, नर्तन कर, नागिन,
मेरे जीवन के आँगन में !

6\. प्रेयसि का जग के तापों से
रक्षा करनेवाला अंचल,
चंचल यौवन कल पाता है
पाकर जिसकी छाया शीतल,
जीवन का अंतिम वस्त्र कफ़न
जिसको नख से शिख तक तनकर
वह सोता ऐसी निद्रा में
है होता जिसके हेतु न कल,
जिसको मन तरसा करता है,
जिससे मन डरपा करता है,
दोनों की झलक मुझे मिलती
तेरे फन के अवगुंठन में !
नर्तन कर, नर्तन कर, नागिन,
मेरे जीवन के आँगन में !

7\. जाग्रत जीवन का कंपन है
तेरे अंगों के कंपन में,
पागल प्राणों का स्पंदन है
तेरे अंगों के स्पंदन में
तेरी द्रुत दोलित काया में
मतवाली घड़ियों की धड़कन,
उन्मद सांसों की सिहरन है
तेरी काया के सिहरन में,
अल्हड़ यौवन करवट लेता
जब तू भू पर लुंठित होती,
अलमस्त जवानी अँगड़ाती
तेरे अंगों की ऐंठन में;
नर्तन कर, नर्तन कर, नागिन,
मेरे जीवन के आँगन में!

8\. तू उच्च महत्वाकांक्षा-सी
नीचे से उठती ऊपर को,
निज मुकुट बना लेगी जैसे
तारावलि - मंडित अंबर को,
तू विनत प्रार्थना-सी झुककर
ऊपर से नीचे को आती,
जैसे कि किसी की पद-रज से
ढँकने को है अपने सिर को,
तू आसा-सी आगे बढ़ती,
तू लज्जा-सी पीछे हटती,
जब एक जगह टिकती, लगती
दृढ़ निश्चय-सी निश्चल मन में।
नर्तन कर, नर्तन कर, नागिन,
मेरे जीवन के आँगन में!

9\. मलयाचल से मलयानिल-सी
पल भर खाती, पल इतराती
तू जब आती, युग-युग दहती
शीतल हो जाती है छाती,
पर जब चलती उद्वेग भरी
उत्तप्त मरुस्थल की लू-सी

चिर संचित, सिंचित अंतर के
नंदन में आग लगा जाती;
शत हिम शिखरों की शीतलता,
शत ज्वालामुखियों की दहकन,
दोनों आभासित होती हैं
मुझको तेरे आलिंगन में!
नर्तन कर, नर्तन कर, नागिन,
मेरे जीवन के आँगन में!

10. इस पुतली के अंदर चित्रित
जग के अतीत की करुण कथा,
जग के यौवन का संघर्षण,
जग के जीवन की दुसह व्यथा;
है झूम रही उस पुतली में
ऐसे सुख-सपनों की झाँकी,
जो निकली है जब आशा ने
दुर्गम भविष्य का गर्भ मथा;
हो क्षुब्ध-मुग्ध पल-पल क्रम से
लंगर-सा हिल-हिल वर्तमान
मुख अपना देखा करता है
तेरे नयनों के दर्पण में;
नर्तन कर, नर्तन कर, नागिन,
मेरे जीवन के आँगन में!

11. तेरे आनन का एक नयन
दिनमणि-सा दिपता उस पथ पर,
जो स्वर्ग लोक को जाता है,
जो चिर संकटमय, चिर दुस्तर;
तेरे आनन का एक नेत्र
दीपक-सा उस मग पर जगता,
जो नरक लोक को जाता है,
जो चिर सुखमायमय, चिर सुखकर;
दोनों के अंदर आमंत्रण,
दोनों के अंदर आकर्षण,
खुलते-मुंदते हैं स्वर्ग-नरक
के दर तेरी हर चितवन में!

नर्तन कर, नर्तन कर, नागिन,
मेरे जीवन के आँगन में !

12. सहसा यह तेरी भृकुटि झुकी,
नभ से करुणा की वृष्टि हुई,
मृत - मूर्च्छित पृथ्वी के ऊपर
फिर से जीवन की सृष्टि हुई,
सहसा यह तेरी भृकुटि तनी,
नभ से अंगारे बरस पड़े,
जग के आँगन में लपट उठी,
स्वप्नों की दुनिया नष्ट हुई;
स्वेच्छाचारिणि, है निष्कारण
सब तेरे मन का क्रोध, कृपा,
जग मिटता - बनता रहता है
तेरे भ्रू के संचालन में;
नर्तन कर, नर्तन कर, नागिन,
मेरे जीवन के आँगन में !

13. अपने प्रतिकूल गुणों की सब
माया तू संग दिखाती है,
भ्रम, भय, संशय, संदेहों से
काया विजड़ित हो जाती है,
फिर एक लहर - सी आती है,
फिर होश अचानक होता है,
विश्वासमयी आशा, निष्ठा,
श्रद्धा पलकों पर छाती है;
तू मार अमृत से सकती है,
अमरत्व गरल से दे सकती,
मेरी मति सब सुध - बुध भूली
तेरे छलनामय लक्षण में;
नर्तन कर, नर्तन कर, नागिन,
मेरे जीवन के आँगन में !

14. विपरीत क्रियाएँ मेरी भी
अब होती हैं तेरे आगे,

पग तेरे पास चले आए
जब वे तेरे भय से भागे,
मायाविनि, क्या कर देती है
सीधा उलटा हो जाता है,
जब मुक्ति चाहता था अपनी
तुझसे मैंने बंधन माँगे,
अब शांति दुसह-सी लगती है,
अब मन अशांति में रमता है,
अब जलन सुहाती है उर को,
अब सुख मिलता उत्पीड़न में;
नर्तन कर, नर्तन कर, नागिन,
मेरे जीवन के आँगन में !

15. तूने आँखों में आँख डाल
है बाँध लिया मेरे मन को,
मैं तुझे कीलने चला मगर
कीला तूने मेरे तन को,
तेरी परछाईं - सा बन मैं
तेरे सँग हिलता-डुलता हूँ,
मैं नहीं समझता अलग-अलग
अब तेरे - अपने जीवन को,
मैं तन - मन का दुर्बल प्राणी,
ज्ञानी, ध्यानी भी बड़े-बड़े
हो दास चुके तेरे, मुझको
क्या लज्जा आत्म-समर्पण में;
नर्तन कर, नर्तन कर, नागिन,
मेरे जीवन के आँगन में !

16. तुझ पर न सका चल कोई भी
मेरा प्रयोग मारण - मोहन,
तेरा न फिरा मन और कहीं
फेंका भी मैंने उच्चाटन,
सब मंत्र, तंत्र, अभिचारों पर
तू हुई विजयिनी निष्प्रयत्न,
उलटा तेरे वश में आया
मेरा परिचालित वशीकरण;

कर यत्न थका, तू सध न सकी
मेरे गीतों से गायन में,
कर यत्न थका, तू बँध न सकी
मेरे छंदों के बंधन में;
नर्तन कर, नर्तन कर, नागिन,
मेरे जीवन के आँगन में !

17. सब साम-दाम औ' दंड-भेद
तेरे आगे बेकार हुआ,
जप, तप, व्रत, संयम, साधन का
असफल सारा व्यापार हुआ,
तू दूर न मुझसे भाग सकी,
मैं दूर न तुझसे भाग सका,
अनिवारिणि, करने को अंतिम
निश्चय, ले, मैं तैयार हुआ—
अब शांति, अशांति, मरण, जीवन
या इनसे भी कुछ भिन्न अगर,
सब तेरे विषमय चुंबन में,
सब तेरे मधुमय दंशन में !
नर्तन कर, नर्तन कर, नागिन,
मेरे जीवन के आँगन में !

मयूरी

मयूरी,
नाच, मगन - मन नाच !

1. गगन में सावन घन छाए,
न क्यों सुधि साजन की आए;
मयूरी, आँगन-आँगन नाच !
मयूरी,
नाच, मगन - मन नाच !

2. धरणि पर छाई हरियाली,
सजी कलि - कुसुमों से डाली;
मयूरी, मधुवन, मधुवन नाच !
मयूरी,
नाच, मगन - मन नाच !

3. समीरण सौरभ सरसाता,
घुमड़ घन मधुकण बरसाता;
मयूरी, नाच मदिर-मन नाच !
मयूरी,
नाच, मगन - मन नाच !

4. निछावर इंद्रधनुष तुझ पर,
निछावर, प्रकृति-पुरुष तुझ पर,
मयूरी, उन्मन-उन्मन नाच !
मयूरी, छूम - छनाछन नाच !
मयूरी, नाच, मगन-मन नाच !

अँधेरे का दीपक

है अँधेरी रात पर
दीवा जलाना कब मना है?

1. कल्पना के हाथ से कम-
नीय जो मंदिर बना था,
भावना के हाथ ने जिसमें
वितानों को तना था,
स्वप्न ने अपने करों से
था जिसे रुचि से सँवारा
स्वर्ग के दुष्प्राप्य रंगों
से, रसों से जो सना था,
ढह गया वह तो जुटाकर
ईंट, पत्थर, कंकड़ों को
एक अपनी शांति की
कुटिया बनाना कब मना है?

है अँधेरी रात पर
दीवा जलाना कब मना है?

2. बादलों के अश्रु से धोया
गया नभ-नील नीलम
का बनाया था गया मधु-
पात्र मनमोहक, मनोरम
प्रथम ऊषा की किरण की
लालिमा - सी लाल मदिरा
थी उसी में चमचमाती
नव घनों में चंचला सम,
वह अगर टूटा मिलाकर
हाथ की दोनों हथेली,
एक निर्मल स्रोत से
तृष्णा बुझाना कब मना है?
है अँधेरी रात पर
दीवा जलाना कब मना है?

3. क्या घड़ी थी, एक भी
चिंता नहीं थी पास आई,
कालिमा तो दूर, छाया
भी पलक पर थी न छाई,
आँख से मस्ती झपकती,
बात से मस्ती टपकती,
थी हँसी ऐसी जिसे सुन
बादलों ने शर्म खाई,
वह गई तो ले गई
उल्लास के आधार, माना,
पर अथिरता पर समय की
मुसकराना कब मना है?
है अँधेरी रात पर
दीवा जलाना कब मना है?

4. हाय, वे उन्माद के झोंके
कि जिनमें राग जागा,

वैभवों से फेर आँखें
गान का वरदान माँगा,
एक अंतर से ध्वनित हों
दूसरे में जो निरंतर,
भर दिया अंबर-अवनि को
मत्तता के गीत गा-गा
अंत उनका हो गया तो
मन बहलने के लिए ही,
ले अधूरी पंक्ति कोई
गुनगुनाना कब मना है?
है अँधेरी रात पर
दीवा जलाना कब मना है?

5. हाय, वे साथी कि चुंबक-
लौह-से जो पास आए,
पास क्या आए, हृदय के
बीच ही गोया समाए,
दिन कटे ऐसे कि कोई
तार वीणा के मिलाकर
एक मीठा और प्यारा
ज़िंदगी का गीत गाए,
वे गए तो सोचकर यह
लौटनेवाले नहीं वे,
खोज मन का मीत कोई
लौ लगाना कब मना है?
है अँधेरी रात पर
दीवा जलाना कब मना है?

6. क्या हवाएँ थीं कि उजड़ा
प्यार का वह आशियाना,
कुछ न आया काम तेरा
शोर करना, गुल मचाना,
नाश की उन शक्तियों के
साथ चलता ज़ोर किसका,
किंतु ऐ निर्माण के
प्रतिनिधि, तुझे होगा बताना,

जो बसे हैं वे उजड़ते
हैं प्रकृति के जड़ नियम से,
पर किसी उजड़े हुए को
फिर बसाना कब मना है?
है अँधेरी रात पर
दीवा जलाना कब मना है?

जो बीत गई

जो बीत गई सो बात गई !

1. जीवन में एक सितारा था,
माना, वह बेहद प्यारा था,
वह डूब गया तो डूब गया;
अंबर के आनन को देखो,
कितने इसके तारे टूटे,
कितने इसके प्यारे छूटे,
जो छूट गए फिर कहाँ मिले;
पर बोलो टूटे तारों पर
कब अंबर शोक मनाता है !
जो बीत गई सो बात गई !

2. जीवन में वह था एक कुसुम,
थे उस पर नित्य निछावर तुम,
वह सूख गया तो सूख गया;
मधुवन की छाती को देखो,
सूखीं कितनी इसकी कलियाँ,
मुरझाईं कितनी वल्लरियाँ,
जो मुरझाईं फिर कहाँ खिलीं;
पर बोलो सूखे फूलों पर
कब मधुवन शोर मचाता है;
जो बीत गई सो बात गई !

3. जीवन में मधु का प्याला था,
तुमने तन-मन दे डाला था,
वह टूट गया तो टूट गया;
मदिरालय का आँगन देखो,
कितने प्याले हिल जाते हैं,
गिर मिट्टी में मिल जाते हैं,
जो गिरते हैं कब उठते हैं;
पर बोलो टूटे प्यालों पर
कब मदिरालय पछताता है!
जो बीत गई सो बात गई!

4. मृदु मिट्टी के हैं बने हुए,
मधुघट फूटा ही करते हैं,
लघु जीवन लेकर आए हैं,
प्याले टूटा ही करते हैं,
फिर भी मदिरालय के अंदर
मधु के घट हैं, मधुप्याले हैं,
जो मादकता के मारे हैं,
वे मधु लूटा ही करते हैं;
वह कच्चा पीने वाला है
जिसकी ममता घट-प्यालों पर,
जो सच्चे मधु से जला हुआ
कब रोता है, चिल्लाता है!
जो बीत गई सो बात गई!

अजेय

अजेय तू अभी बना!

1. न मंज़िलें मिलीं कभी,
न मुश्किलें हिलीं कभी,
मगर क़दम थमें नहीं,
क़रार-क़ौल जो ठना।
अजेय तू अभी बना।

2. सफल न एक चाह भी,
सुनी न एक आह भी,
मगर नयन भूला सके
कभी न स्वप्न देखना।
अजेय तू अभी बना!

3. अतीत याद है तुझे,
कठिन विषाद है तुझे,
मगर भविष्य से रुका
न अँखमुदौल खेलना।
अजेय तू अभी बना!

4. सुरा समाप्त हो चुकी,
सुपात्र - माल खो चुकी,
मगर मिटी, हटी, दबी
कभी न प्यास - वासना।
अजेय तू अभी बना!

5. पहाड़ टूटकर गिरा,
प्रलय पयोद भी गिरा,
मनुष्य है कि देव है
कि मेरुदंड है तना !
अजेय तू अभी बना!

निर्माण

नीड़ का निर्माण फिर-फिर,
नेह का आह्वान फिर-फिर !

1. वह उठी आँधी कि नभ में
छा गया सहसा अँधेरा,
धूलि धूसर बादलों ने
भूमि को इस भाँति घेरा,

रात-सा दिन हो गया, फिर
रात आई और काली,
लग रहा था अब न होगा
इस निशा का फिर सवेरा,
रात के उत्पात-भय से
भीत जन-जन, भीत कण-कण
किंतु प्राची से उषा की
मोहिनी मुसकान फिर-फिर!
नीड़ का निर्माण फिर-फिर,
नेह का आह्वान फिर-फिर !

2. वह चले झोंके कि काँपे
भीम कायावान भूधर,
जड़ समेत उखड़-पुखड़कर
गिर पड़े, टूटे विटप वर,
हाय, तिनकों से विनिर्मित
घोंसलों पर क्या न बीती,
डगमगाए जबकि कंकड़,
ईंट, पत्थर के महल-घर;
बोल आशा के विहंगम,
किस जगह पर तू छिपा था,
जो गगन पर चढ़ उठाता
गर्व से निज तान फिर-फिर!
नीड़ का निर्माण फिर-फिर,
नेह का आह्वान फिर-फिर !

3. क्रुद्ध नभ के वज्र दंतों
में उषा है मुसकराती,
घोर गर्जनमय गगन के
कंठ में खग पंक्ति गाती;
एक चिड़िया चोंच में तिनका
लिए जो जा रही है,
वह सहज में ही पवन
उंचास को नीचा दिखाती !
नाश के दुख से कभी
दबता नहीं निर्माण का सुख

प्रलय की निस्तब्धता से
सृष्टि का नव गान फिर-फिर!
नीड़ का निर्माण फिर-फिर,
नेह का आह्वान फिर-फिर !

दो नयन

दो नयन जिनसे कि फिर मैं
विश्व का शृंगार देखूँ।

1. स्वप्न की जलती हुई नगरी
धुआँ जिनमें गई भर,
ज्योति जिनकी जा चुकी है
आँसुओं के साथ झर-झर,
मैं उन्हीं से किस तरह फिर
ज्योति का संसार देखूँ,
दो नयन जिनसे कि फिर मैं
विश्व का शृंगार देखूँ।

2. देखते युग-युग रहे जो
विश्व का वह रूप अपलक,
जो उपेक्षा, छल, घृणा में
मग्न था नख से शिखा तक,
मैं उन्हीं से किस तरह फिर
प्यार का संसार देखूँ,
दो नयन जिनसे कि फिर मैं
विश्व का शृंगार देखूँ।

3. संकुचित दृग की परिधि थी
बात यह मैं मान लूँगा,
विश्व का इससे जुदा जब
रूप भी मैं जान लूँगा,

दो नयन जिनसे कि मैं
संसार का विस्तार देखूँ;
दो नयन जिनसे कि फिर मैं
विश्व का शृंगार देखूँ।

नई झनकार

1\. छू गया है कौन मन के तार,
वीणा बोलती है !
मौन तम के पार से यह कौन
तेरे पास आया,
मौत में सोए हुए संसार
को किसने जगाया,
कर गया है कौन फिर भिनसार,
वीणा बोलती है,
छू गया है कौन मन के तार,
वीणा बोलती है !

2\. रश्मियों में रँग पहन ली आज
किसने लाल सारी,
फूल-कलियों से प्रकृति ने माँग
है किसकी सँवारी,
कर रहा है कौन फिर शृंगार,
वीणा बोलती है;
छू गया है कौन मन के तार,
वीणा बोलती है !

3\. लोक के भय ने भले ही रात
का हो भय मिटाया,
किस लगन ने रात-दिन का भेद
ही मन से हटाया,
कौन करता है खुले अभिसार,
वीणा बोलती है;
छू गया है कौन मन के तार,
वीणा बोलती है !

4. तू जिसे लेने चला था भूल–
कर अस्तित्व अपना,
तू जिसे लेने चला था बेच–
कर अपनत्व अपना,
दे गया है कौन वह उपहार
वीणा बोलती है;
छू गया है कौन मन के तार,
वीणा बोलती है !

5. जो करुण विनती मधुर मनुहार
से न कभी पिघलते,
टूटते कर, फूट जाते शीश
तिल भर भी न हिलते,
खुल कभी जाते स्वयं वे द्वार,
वीणा बोलती है;
छू गया है कौन मन के तार,
वीणा बोलती है !

6. भूल तू जा अब पुराना गीत
औ' गाथा पुरानी,
भूल तू जा अब दुखों का राग
दुर्दिन की कहानी,
ले नया जीवन, नई झनकार,
वीणा बोलती है;
छू गया है कौन मन के तार,
वीणा बोलती है !

मुझे पुकार लो

इसीलिए खड़ा रहा
कि तुम मुझे पुकार लो !

1. ज़मीन है न बोलती,
न आसमान बोलता,

जहान देखकर मुझे
नहीं ज़बान खोलता,
नहीं जगह कहीं जहाँ
न अजनबी गिना गया,
कहाँ-कहाँ न फिर चुका
दिमाग-दिल टटोलता;
कहाँ मनुष्य है कि जो
उमीद छोड़कर जिया,
इसीलिए अड़ा रहा
कि तुम मुझे पुकार लो;
इसीलिए खड़ा रहा
कि तुम मुझे पुकार लो !

2. तिमिर - समुद्र कर सकी
न पार नेत्र की तरी,
विनष्ट स्वप्न से लदी,
विषाद याद से भरी,
न कूल भूमि का मिला,
न कोर भोर की मिली,
न कट सकी, न घट सकी
विरह-घिरी विभावरी;
कहाँ मनुष्य है जिसे
कमी खली न प्यार की,
इसीलिए खड़ा रहा
कि तुम मुझे दुलार लो !
इसीलिए खड़ा रहा
कि तुम मुझे पुकार लो !

3. उजाड़ से लगा चुका
उमीद मैं बहार की,
निदाघ से उमीद की,
वसंत के बयार की,
मरुस्थली मरीचिका
सुधामयी मुझे लगी,
अँगार से लगा चुका
उमीद मैं तुषार की;

कहाँ मनुष्य है जिसे
न भूल शूल-सी गड़ी,
इसीलिए खड़ा रहा
कि भूल तुम सुधार लो !
इसीलिए खड़ा रहा कि तुम मुझे पुकार लो !
पुकार कर दुलार लो, दुलार कर सुधार लो !

कौन तुम हो?

1. ले प्रलय की नींद सोया
जिन दृगों में था अँधेरा,
आज उनमें ज्योति बनकर
ला रही हो तुम सवेरा,
सृष्टि की पहली उ़षा की
यदि नहीं मुसकान तुम हो,
कौन तुम हो?

2. आज परिचय की मधुर
मुसकान दुनिया दे रही है,
आज सौ-सौ बात के
संकेत मुझसे ले रही है
विश्व से मेरी अकेली
यदि नहीं पहचान तुम हो,
कौन तुम हो?

3. हाय किसकी थी कि मिट्टी
में मिला संसार मेरा,
हास किसका है कि फूलों-
सा खिला संसार मेरा,
नाश को देती चुनौती
यदि नहीं निर्माण तुम हो,
कौन तुम हो?

4\. मैं पुरानी यादगारों
से विदा भी ले न पाया
था कि तुमने ला नए ही
लोक में मुझको बसाया,
यदि नहीं तूफ़ान तुम हो,
जो नहीं उठकर ठहरता
कौन तुम हो?

5\. तुम किसी बुझती चिता की
जो लुकाठी खींच लाती
हो, उसी से ब्याह-मंडप,
के तले दीपक जलाती,
मृत्यु पर फिर-फिर विजय की
यदि नहीं दृढ़ आन तुम हो,
कौन तुम हो?

6\. यह इशारे हैं कि जिन पर
काल ने भी चाल छोड़ी,
लौट मैं आया अगर तो
कौन-सी सौगंध तोड़ी,
सुन जिसे रुकना असंभव
यदि नहीं आह्वान तुम हो,
कौन तुम हो?

7\. कर परिश्रम कौन तुमको
आज तक अपना सका है,
खोजकर कोई तुम्हारा
कब पता भी पा सका है,
देवताओं का अनिश्चित
यदि नहीं वरदान तुम हो,
कौन तुम हो?

तुम गा दो

तुम गा दो, मेरा गान अमर हो जाए !

1. मेरे वर्ण-वर्ण विशृंखल,
चरण - चरण भरमाए,
गूँज-गूँजकर मिटनेवाले
मैंने गीत बनाए;
कूक हो गई हूक गगन की
कोकिल के कंठों पर,
तुम गा दो, मेरा गान अमर हो जाए !

2. जब-जब जग ने कर फैलाए,
मैंने कोष लुटाया,
रंक हुआ मैं निज निधि खोकर
जगती ने क्या पाया।
भेंट न जिसमें मैं कुछ खोऊँ
पर तुम सब कुछ पाओ,
तुम ले लो, मेरा दान अमर हो जाए !
तुम गा दो, मेरा गान अमर हो जाए !

3. सुंदर और असुंदर जग में
मैंने क्या न सराहा,
इतनी ममतामय दुनिया में
मैं केवल अनचाहा;
देखूँ अब किसकी रुकती है
आ मुझ पर अभिलाषा,
तुम रख लो, मेरा मान अमर हो जाए !
तुम गा दो, मेरा गान अमर हो जाए !

4. दुख से जीवन बीता फिर भी
शेष अभी कुछ रहता,
जीवन की अंतिम घड़ियों में
भी तुमसे यह कहता,

सुख की एक साँस पर होता
है अमरत्व निछावर,
तुम छू दो, मेरा प्राण अमर हो जाए !
तुम गा दो, मेरा गान अमर हो जाए !

नव वर्ष

नव वर्ष
हर्ष नव
जीवन उत्कर्ष नव।
नव उमंग,
नव तरंग,
जीवन का नव प्रसंग।
नवल चाह,
नवल राह,
जीवन का नव प्रवाह।
गीत नवल,
प्रीति नवल,
जीवन की रीति नवल,
जीवन की नीति नवल,
जीवन की जीत नवल !

कर्तव्य

1. देवि, गया है जोड़ा यह जो
मेरा और तुम्हारा नाता,
नहीं तुम्हारा मेरा केवल,
जग-जीवन से मेल कराता।

2. दुनिया अपनी, जीवन अपना,
सत्य, नहीं केवल मन-सपना;
मन-सपने-सा इसे बनाने
का, आओ, हम-तुम प्रण ठानें।

3. जैसी हमने पाई दुनिया,
आओ, उससे बेहतर छोड़ें,
शुचि-सुंदरतर इसे बनाने
से मुंह अपना कभी न मोड़ें।

4. क्योंकि नहीं बस इससे नाता
जब तक जीवन-काल हमारा,
खेल, कूद, पढ़, बढ़ इसमें ही
रहने को है लाल हमारा।

विश्वास

1. पंथ जीवन की चुनौती
दे रहा है हर कदम पर,
आख़िरी मंज़िल नहीं होती
कहीं भी दृष्टिगोचर,
धूलि से लद, स्वेद से सिंच
हो गई है देह भारी,
कौन सा विश्वास मुझको
खींचता जाता निरंतर ?—
पंथ क्या, पथ की थकन क्या,
स्वेद कण क्या,
दो नयन मेरी प्रतीक्षा में खड़े हैं।

2. एक भी संदेश आशा
का नहीं देते सितारे,
प्रकृति ने मंगल शकुन पथ
में नहीं मेरे सँवारे,
विश्व का उत्साहवर्धक
शब्द भी मैंने सुना कब,
किंतु बढ़ता जा रहा हूँ
लक्ष्य पर किसके सहारे ?—
विश्व की अवहेलना क्या,
अपशकुन क्या,
दो नयन मेरी प्रतीक्षा में खड़े हैं।

3. चल रहा है पर पहुँचना
लक्ष्य पर इसका अनिश्चित,
कर्म कर भी कर्म फल से
यदि रहा यह पांथ वंचित,
विश्व तो उस पर हँसेगा
खूब भूला, खूब भटका!
किंतु गा यह पंक्तियाँ दो
वह करेगा धैर्य संचित–
व्यर्थ जीवन, व्यर्थ जीवन,
की लगन क्या,
दो नयन मेरी प्रतीक्षा में खड़े हैं।

4. अब नहीं उस पार का भी
भय मुझे कुछ भी सताता,
उस तरफ के लोक से भी
जुड़ चुका है एक नाता,
मैं उसे भूला नहीं तो
वह नहीं भूली मुझे भी,
मृत्यु - पथ पर भी बढ़ूँगा
मोद से यह गुनगुनाता–
अंत यौवन, अंत जीवन
का, मरण क्या,
दो नयन मेरी प्रतीक्षा में खड़े हैं।

बंगाल का काल

पड़ गया बंगाले में काल,
भरी कंगालों से धरती,
भरी कंकालों से धरती !

क्या कहा ?
कहाँ पड़ गया काल,
कहाँ कंगाल,
कहाँ कंकाल,
क्या कहा, कालत्रस्त बंगाल !

वही बंगाल–
जिस पर छाए सजल घनों की
छाया में लह-लह लहराते
खेत धान के दूर-दूर तक,
जहाँ कहीं भी गति नयनों की।

जिस पर फैले नदी-सरोवर,
नद-नाले वर,
निर्मल निर्झर
सिंचित करते वसुन्धरा का
आँगन उर्वर।
जिसमें उगते-बढ़ते तरुवर,
लदे दलों से,
फँदे फलों से,
सजे कली-कुसुमों से सुन्दर।

वही बंगाल—
देख जिसे पुलकित नेत्रों से
भरे कंठ से,
गद्गद् स्वर से
कवि ने गाया राष्ट्र गान वह—
वन्दे मातरम्,
सुजलाम्, सुफलाम्, मलयज शीतलाम्,
शस्य श्यामलाम्, मातरम्।..

वही बंगाल—
जिसकी एक साँस ने भर दी
मरे देश में जान,
आत्म सम्मान,
आज़ादी की आन,
आज,
काल की गति भी कैसी, हाय,
स्वयं असहाय,
स्वयं निरुपाय
स्वयं निष्प्राण,
मृत्यु के मुख का होकर ग्रास,
गिन्न रहा है जीवन की साँस-साँस।

हे कवि, तेरे अमर गान की
सुजला, सुफला,
मलय गंधिता
शस्य श्यामला,
फुल्ल कुसुमिता,
द्रुम सुसज्जिता,
चिर सुहासिनी,
मधुर भाषिणी,
धरणी भरणी,
जगत वन्दिता
बंग भूमि अब नहीं रही वह !

बंग भूमि अब

शस्य हीन है,
दीन क्षीण है,
चिर मलीन है,
भरणी आज हो गई हरणी;
जल दे, फल दे और अन्न दे
जो करती थी जीवन दान,
मरघट-सा अब रूप बनाकर
अजगर-सा अब मुंह फैलाकर
खा लेती अपनी संतान !

बोल बंग की वीर मेदिनी,
अब वह तेरी आग कहाँ है,
आज़ादी का राग कहाँ है,
लगन कहाँ है, लाग कहाँ है !

बोल बंग की वीर मेदिनी,
अब तेरे सिरताज कहाँ हैं,
अब तेरे जाँबाज़ कहाँ हैं,
अब तेरी आवाज़ कहाँ है !

बंकिम ने गर्वोन्नत ग्रीवा
उठा विश्व से
था यह पूछा,
'के बोले मा, तुमि अबले ?'

मैं कहता हूँ,
तू अबला है।
तू होती, मा,
अगर न निर्बल,
अगर न दुर्बल,
तो तेरे यह लक्ष-लक्ष सुत
वंचित रहकर उसी अन्न से,
उसी धान्य से
जिस पर है अधिकार इन्हीं का,
क्योंकि इन्होंने अपने श्रम से

जोता, बोया,
इसे उगाया,
सींच स्वेद से
इसे बढ़ाया,
काटा, माड़ा, ढोया,
भूख-भूख कर,
सूख-सूखकर,
पंजर-पंजर,
गिर धरती पर
यों न तोड़ देते अपना दम
और नपुंसक मृत्यु न मरते।
भूखे बंग देश के वासी !

छाई है मुरदनी मुखों पर,
आँखों में है धँसी उदासी;
विपद् ग्रस्त हो,
क्षुधा त्रस्त हो,
चारों ओर भटकते फिरते,
लस्त-पस्त हो
ऊपर को तुम हाथ उठाते।

मुझसे सुन लो,
नहीं स्वर्ग से अन्न गिरेगा,
नहीं गिरेगी नभ से रोटी;
किन्तु समझ लो,
इस दुनिया की प्रति रोटी में,
इस दुनिया के हर दाने में
एक तुम्हारा भाग लगा है,
एक तुम्हारा निश्चित हिस्सा,
उसे बँटाने,
उसको लेने,
उसे छीनने,
औ' अपनाने
को जो कुछ भी तुम करते हो,
सब कुछ जायज़,

सब कुछ रायज़।

नए जगत में आँखें खोलो,
नए जगत की चालें देखो,
नहीं बुद्धि से कुछ समझा तो
ठोकर खाकर तो कुछ सीखो,
और भुलाओ पाठ पुराने।

मन से अब संतोष हटाओ,
असंतोष का नाद उठाओ,
करो क्रान्ति का नारा ऊँचा,
भूखो, अपनी भूख बढ़ाओ,
और भूख की ताक़त समझो,
हिम्मत समझो,
जुर्रत समझो,
कूबत समझो;
देखो कौन तुम्हारे आगे
नहीं झुका देता सिर अपना।

हमें भूख का अर्थ बताना,
भूखो, इसको आज समझ लो,
मरने का यह नहीं बहाना !

फिर से जीवित,
फिर से जाग्रत,
फिर से उन्नत
होने का है भूख निमंत्रण,
है आवाहन।

भूख नहीं दुर्बल, निर्बल है,
भूख सबल है,
भूख प्रबल है,
भूख अटल है,
भूख कालिका है, काली है;
या काली सर्व भूतेषु
क्षुधा रूपेण संस्थिता,

नमस्तस्यै, नमस्तस्यै,
            नमस्तस्यै, नमोनमः!
भूख प्रचंड शक्तिशाली है;
या चंडी सर्व भूतेषु
            क्षुधा रूपेण संस्थिता,
नमस्तस्यै, नमस्तस्यै,
            नमस्तस्यै, नमोनमः!
भूख अखंड शौर्यशाली है;
या देवी सर्व भूतेषु
            क्षुधा रूपेण संस्थिता,
नमस्तस्यै, नमस्तस्यै, नमस्तस्यै, नमोनमः!

भूख भवानी भयावनी है,
अगणित पद, मुख, कर वाली है,
बड़े विशाल उदरवाली है।
भूख धरा पर जब चलती है
वह डगमग-डगमग हिलती है।
वह अन्याय चबा जाती है,
अन्यायी को खा जाती है,
और निगल जाती है पल में
आततायियों का दुःशासन,
हड़प चुकी अब तक कितने ही
अत्याचारी सम्राटों के
छत्र, किरीट, दंड, सिंहासन !

हलाहल

1\. जगत-घट को विष से कर पूर्ण
किया जिन हाथों ने तैयार,
लगाया उसके मुख पर, नारि,
तुम्हारे अधरों का मधु सार,
नहीं तो कब का देता तोड़
पुरुष विष-घट यह ठोकर मार,
इसी मधु का लेने को स्वाद
हलाहल पी जाता संसार !

2\. जगत-घट, तुझको दूँ यदि फोड़
प्रलय हो जाएगा तत्काल,
मगर सुमदिर, सुन्दरि, सुकुमारि,
तुम्हारा आता मुझको ख्याल;
न तुम होतीं तो, मानो ठीक,
मिटा देता मैं अपनी प्यास,
वासना है मेरी विकराल,
अधिक पर, अपने पर विश्वास !

3\. हिचकते औ' होते भयभीत
सुरा को जो करते स्वीकार,
उन्हें वह मस्ती का उपहार
हलाहल बनकर देता मार;
मगर जो उत्सुक-मन, झुक-झूम
हलाहल पी जाते साह्लाद,
उन्हें इस विष में होता प्राप्त
अमर मदिरा का मादक स्वाद।

4. हुई थी मदिरा मुझको प्राप्त
नहीं, पर, थी वह भेंट, न दान,
अमृत भी मुझको अस्वीकार
अगर कुंठित हो मेरा मान;
दृगों ने मोती की निधि खोल
चुकाया था मधुकण का मोल,
हलाहल आया है यदि पास
हृदय का लोहू दूँगा तोल !

5. कि जीवन आशा का उल्लास,
कि जीवन आशा का उपहास,
कि जीवन आशामय उद्गार,
कि जीवन आशाहीन पुकार,
दिशा-निशि की सीमा पर बैठ
निकालूँ भी तो क्या परिणाम,
विहँसता आता है हर प्रात,
बिलखती जाती है हर शाम !

6. जगत है चक्की एक विराट
पाट दो जिसके दीर्घाकार—
गगन जिसका ऊपर फैलाव
अवनि जिसका नीचे विस्तार;
नहीं इसमें पड़ने का खेद,
मुझे तो यह करता हैरान,
कि घिसता है यह यंत्र महान
कि पिसता है यह लघु इंसान !

7. रहे गुंजित सब दिन, सब काल
नहीं ऐसा कोई भी राग,
रहे जगती सब दिन सब काल
नहीं ऐसी कोई भी आग,
गगन का तेजोपुंज, विशाल,
जगत के जीवन का आधार
असीमित नभ मंडल के बीच
सूर्य बुझता-सा एक चिराग़।

8. नहीं है यह मानव की हार
कि दुनिया से करता प्रस्थान,
नहीं है दुनिया में वह तत्व
कि जिसमें मिल जाए इंसान,
पड़ी इस पृथ्वी पर हर कब्र,
चिता की भूभल का हर ढेर,
कड़ी ठोकर का एक निशान
लगा जो वह जाता मुँह फेर।

9. हलाहल और अमिय, मद एक,
एक रस के ही तीनों नाम,
कहीं पर लगता है रतनार,
कहीं पर श्वेत, कहीं पर श्याम,
हमारे पीने में कुछ भेद
कि कोई पड़ता झुक-झुक झूम,
किसी का घुटता तन-मन-प्राण,
अमर पद लेता कोई चूम।

10. सुरा पी थी मैंने दिन चार
उठा था इतने से ही ऊब,
नहीं रुचि ऐसी मुझको प्राप्त
सकूँ सब दिन मधुता में डूब,
हलाहल से की है पहचान,
लिया उसका आकर्षण मान,
मगर उसका भी करके पान
चाहता हूँ मैं जीवन - दान !

11. देखने को मुट्ठीभर धूलि
जिसे यदि फूँको तो उड़ जाय,
अगर तूफ़ानों में पड़ जाय
अवनि-अम्बर के चक्कर खाय,
किन्तु दी किसने उसमें डाल
चार साँसों में उसको बाँध,
धरा को ठुकराने की शक्ति,
गगन को दुलराने की साध !

12. उपेक्षित हो क्षिति से दिन रात
जिसे इसको करना था, प्यार,
कि जिसका होने से मृदु अंश
इसे था उसपर कुछ अधिकार,
अहर्निश मेरा यह आश्चर्य
कहाँ से पाकर बल-विश्वास,
बबूला मिट्टी का लघुकाय
उठाए कंधों पर आकाश !

13. आसरा मत ऊपर का देख,
सहारा मत नीचे का माँग,
यही क्या कम तुझको वरदान
कि तेरे अंतस्तल में राग;
राग से बाँधे चल आकाश,
राग से बाँधे चल पाताल,
धँसा चल अन्धकार को भेद
राग से साधे अपनी चाल !

14. कहीं मैं हो जाऊँ लयमान,
कहाँ लय होगा मेरा राग,
विषम हालाहल का भी पान
बढ़ाएगा ही मेरी आग,
नहीं वह मिटने वाला राग
जिसे लेकर चलती है आग,
नहीं वह बुझने वाली आग
उठाती चलती है जो राग !

15. और यह मिट्टी है हैरान
देखकर तेरे अमित प्रयोग,
मिटाता तू इसको हर बार,
मिटाने का इसका तो ढोंग,
अभी तो तेरी रुचि के योग्य
नहीं इसका कोई आकार,
अभी तो जाने कितनी बार
मिटेगा बन-बनकर संसार !

16. पहुँच तेरे अधरों के पास
हलाहल काँप रहा है, देख,
मृत्यु के मुख के ऊपर दौड़
गई है सहसा भय की रेख,

मरण था भय के अन्दर व्याप्त,
हुआ निर्भय तो विष निस्तत्त्व,
स्वयं हो जाने को है सिद्ध
हलाहल से तेरा अमरत्व !

सूत की माला

एक

नत्थू ख़ैरे ने गांधी का कर अन्त दिया
क्या कहा, सिंह को शिशु मेढक ने लील लिया !
धिक्कार काल, भगवान विष्णु के वाहन को
सहसा लपेटने
में समर्थ हो
गया लवा !
पड़ गया सूर्य क्या ठंडा हिम के पाले से,
क्या बैठ गया गिरि मेरु तूल के गाले से !
प्रभु पाहि देश, प्रभु त्राहि जाति, सुर के तन को
अपने मुँह में
लघु नरक कीट ने
लिया दबा !
यह जितना ही मर्मांतक उतना ही सच्चा,
शांतं पापं, जो बिना दाँत का था बच्चा,
करुणा ममता-सी मूर्तिमान माँ को कच्चा
देखते-देखते
सब दुनिया के
गया चबा !

दो

आओ बापू के अन्तिम दर्शन कर जाओ,
चरणों में श्रद्धांजलियाँ अर्पण कर जाओ,

यह रात आख़िरी उनके भौतिक जीवन की,
कल उसे करेंगी
भस्म चिता की
ज्वालाएँ।
डांडी की यात्रा करने वाले चरण यही,
नोआखाली के संतप्तों की शरण यही,
छू इनको ही क्षिति मुक्त हुई चंपारन की,
इनकी चापों ने
पापों के दल
दहलाए।
यह उदर देश की भूख जाननेवाला था,
जन - दुख - संकट ही इसका नित्य नेवाला था,
इसने पीड़ा बहु बार सही अनशन प्रण की
आघात गोलियों
के ओढ़े
बाएँ-दाएँ।
यह छाती परिचित थी भारत की धड़कन से,
यह छाती विचलित थी भारत की तड़पन से,
यह तनी जहाँ, बैठी हिम्मत गोले-गन की
अचरज ही है
पिस्तौल इसे जो
बिठलाए।
इन आँखों को था बुरा देखना नहीं सहन,
जो नहीं बुरा कुछ सुनते थे ये वही श्रवण,
मुख यही कि जिससे कभी न निकला बुरा वचन,
ये बन्द-मूक
जग छलछुद्रों से
उकताए।
ये देखो बापू की आजानु भुजाएँ हैं,
उखड़े इनसे गोराशाही के पाए हैं,
लाखों इनकी रक्षा - छाया—में आए हैं,
ये हाथ सबल
निज रक्षा में
क्यों सकुचाए।

यह बापू की गर्वीली, ऊँची पेशानी,
बस एक हिमालय की चोटी इसकी सानी,
इससे ही भारत ने अपनी भावी जानी,
जिसने इनको वध करने की मन में ठानी
उसने भारत की किस्मत पर फेरा पानी;
इस देश-जाति
के हुए विधाता
ही बाएँ।

तीन

यह कौन चाहता है बापू जी की काया
कर शीशे की ताबूत-बद्ध रख ली जाए,
जैसे रक्खी है लाश मास्को में अब तक
लेनिन की, रशिया
के प्रसिद्धतम
नेता की।
हम बुत - परस्त मशहूर भूमि के ऊपर हैं,
शव - मोह मगर हमने कब ऐसा दिखलाया,
क्या राम, कृष्ण, गौतम, अशोक या अकबर की
हम, अगर चाहते,
लाश नहीं रख
सकते थे।
आत्मा की अजर-अमरता के हम विश्वासी,
काया को हमने जीर्ण वसन बस माना है,
इस महामोह की बेला में भी क्या हमको
वाजिब अपनी
गीता का ज्ञान
भुलाना है।
काया आत्मा को धरती माता का ऋण है,
बापू को अपना अन्तिम कर्ज़ चुकाने दो,
वे जाति, देश, जग, मानवता से उऋण हुए,
उन पर मृत मिट्टी

का ऋण मत
रह जाने दो।
रक्षा करने की वस्तु नहीं उनकी काया,
उनके विचार संचित करने की चीज़ें हैं,
उनको भी मत जिल्दों में करके बन्द धरो,
उनको जन - जन
मन-मन, कण-कण
में बिखराओ।

चार

अब अर्द्धरात्रि है और अर्द्धजल बेला,
अब स्नान करेगा यह जोधा अलबेला,
लेकिन इसको छेड़ते हुए डर लगता,
यह बहुत अधिक
थककर धरती पर
सोता।
क्या लाए हो जमुना का निर्मल पानी,
परिपाटी के भी होते हैं कुछ मानी,
लेकिन इसकी क्या इसको आवश्यकता,
वीरों का अन्तिम
स्नान रक्त से
होता।
मत यह लोहू से भीगे वस्त्र उतारो
मत मर्द सिपाही का शृंगार बिगाड़ो,
इस गर्द - खून पर चोवा - चन्दन वारो
मानव-पीड़ा-प्रतिबिंबित ऐसों का मुंह,
भगवान स्वयं
अपने हाथों से
धोता।

पाँच

तुम बड़ा उसे आदर दिखलाने आए
चन्दन, कपूर की चिता रचाने आए,
सोचा, किस महारथी की अरथी आती,
सोचा, उसने किस रण में प्राण बिछाए?
लाओ वे फरसे, बरछे, बल्लम, भाले,
जो निर्दोषों के लोहू से हैं काले,
लाओ वे सब हथियार, छुरे, तलवारें,
जिनसे बेकस-मासूम औरतों, बच्चों,
मर्दों के तुमने लाखों शीश उतारे,
लाओ बन्दूकें जिनसे गिरें हजारों,
तब फिर दुखांत, दुर्दांत महाभारत के
इस भीष्म पितामह की हम चिता बनाएँ।
जिससे तुमने घर-घर में आग लगाई,
जिससे तुमने नगरों की पाँत जलाई,
लाओ वह लूकी सत्यानाशी, घाती,
तब हम अपने बापू की चिता जलाएँ।
वे जलें, बनी रह जाए फिरकेबन्दी
वे जलें मगर हो आग न उसकी मंदी,
तो तुम सब जाओ, अपने को धिक्कारो,
गांधी जी ने बेमतलब प्राण गँवाए।

छह

भेद अतीत एक स्वर उठता—
नैनं दहति पावक...:
निकट, निकटतर और निकटतम
हुई चिता के अरथी, हाय,
बापू के जलने का भी अब, आँखें, देखो दृश्य दुसह।
भेद अतीत एक स्वर उठता—
नैनं दहति पावक...:
चन्दन की शैया के ऊपर
लेटी है मिट्टी निरुपाय

लो अब लपटों से अभिभूषित चिता दहकती है दह-दह।
भेद अतीत एक स्वर उठता—
नैनं दहति पावक...:
अगणित भावों की झंझा में
खड़े देखते हम असहाय
और किया भी क्या...ऽ जाय,
क्षार-क्षार होती जाती है बापू की काया रह-रह।
भेद अतीत एक स्वर उठता—
नैनं दहति पावक...:

सात

भारत के सब प्रसिद्ध तीर्थों से, नगरों से
है आज आ रही माँग तपोमय गांधी की
अंतिम धूनी से राख हमें भी चुटकी भर
मिल जाए जिससे उसे सराएँ ले जाकर
पावन करते
निकटस्थ नदी,
नद, सर, सागर।

अपने तन पर अधिकार समझते थे सब दिन
वे भारत की मिट्टी, भारत के पानी का,
जो लोग चाहते हैं ले जाएँ राख आज,
है ठीक वही जिसको चाहे सारा समाज,
संबद्ध जगह जो हो गांधी जी की मिट्टी से
साधना करे
रखने को उनकी
कीर्ति - लाज

हे देश-जाति के दीवानों के चूड़ामणि,
इस चिर यौवनमय, सुन्दर, पावन वसुन्धरा
की सेवा में मनुहार महज करते-करते
दी तुमने अपनी उमर गँवा, दी देह त्याग;
अब राख तुम्हारी आर्यभूमि की भरे माँग,

हो अमर तुम्हें खो
इस तपस्विनी
का सुहाग।

आठ

थैलियाँ समर्पित की सेवा के हित हज़ार,
श्रद्धांजलियाँ अर्पित कीं तुमको लाख बार,
गो तुम्हें न थी इनकी कोई आवश्यकता,
पुष्पांजलियाँ भी तुम्हें देश ने दीं अपार,
अब, हाय, तिलांजलि
देने की आई बारी।

तुम तिल थे लेकिन रहे झुकाते सदा ताड़,
तुम तिल थे लेकिन लिए ओट में थे पहाड़,
शंकर-पिनाक-सी रही तुम्हारी जमी धाक,
तुम हटे न तिल भर, गई दानवी शक्ति हार;
तिल एक तुम्हारे जीवन की
व्याख्या सारी।

तिल-तिल कर तुमने देश कीच से उठा लिया,
तिल-तिल निज को उसकी चिंता में गला दिया,
तुमने स्वदेश का तिलक किया आज़ादी से,
जीवन में क्या, मरकर भी एक तिलस्म किया;
क़ातिल ने महिमा
और तुम्हारी विस्तारी।

तुम कटे मगर तिल भर भी सत्ता नहीं कटी,
तुम लुप्त हुए, तिल मात्र महत्ता नहीं घटी,
तुम देह नहीं थे, तुम थे भारत की आत्मा,
ज़ाहिर बातिल थी, बातिल ज़ाहिर बन प्रकटी,
तिल की अंजलि को आज
मिले तुम अधिकारी।

नौ

बापू की हत्या के चालिस दिन बाद गया
मैं दिल्ली को, देखने गया उस थल को भी
जिस पर बापू जी गोली खाकर सोख गए,
जो रँग उठा
उनके लोहू
की लाली से।

बिरला-घर के बाएँ को है वह लॉन हरा,
प्रार्थना सभा जिस पर बापू की होती थी,
थी एक ओर को छोटी-सी वेदिका बनी,
जिस पर थे गहरे
लाल रंग के
फूल चढ़े।

उस हरे लॉन के बीच देख उन फूलों को
ऐसा लगता था जैसे बापू का लोहू
अब भी पृथ्वी के ऊपर सूख नहीं पाया,
अब भी मिट्टी
के ऊपर
ताज़ा ताज़ा है !

सुन पड़े धड़ाके तीन मुझे फिर गोली के
काँपने लगी पाँवों के नीचे की धरती,
फिर पीड़ा के स्वर में फूटा 'हे राम' शब्द,
चीरता हुआ विद्युत्-सा नभ के स्तर पर स्तर
कर ध्वनित-प्रतिध्वनित दिक्-दिगंत को बार-बार
मेरे अंतर में पैठ मुझे सालने लगा !......

दस

'हे राम'-खचित यह वही चौतरा, भाई,
जिस पर बापू पर ने अंतिम सेज डसाई,

जिस पर लपटों के साथ लिपट वे सोए,
गलती की हमने
जो वह आग
बुझाई।

पारसी अग्नि जो थे फारस से लाए,
हैं आज तलक वे उसे ज्वलन्त बनाए,
जो आग चिता पर बापू के जागी थी
था उचित उसे
हम रहते सदा
जगाए।

है हमको उनकी यादगार बनवानी,
सैकड़ों सुझावे देंगे पंडित-ज्ञानी,
लेकिन यदि हम वह ज्वाल जगाए रहते,
होती उनकी
सबसे उपयुक्त
निशानी।

तम के समक्ष वे ज्योति एक अविचल थे,
आँधी-पानी में पड़कर अडिग-अटल थे,
तप की ज्वाला के अन्दर पल-पल जल-जल
वे स्वयं अग्नि-से
अकलुष थे,
निर्मल थे।

वह ज्वाला हमको उनकी याद दिलाती,
वह ज्वाला हमको उनका पथ दिखलाती,
वह ज्वाला भारत के घर-घर में जाती,
संदेश अग्निमय
जन-जन को
पहुँचाती।

पुश्तहापुश्त यह आग देखने आतीं,
इससे अतीत की सुधियाँ सजग बनातीं,

भारत के अमर तपस्वी की इस धूनी
से ले भभूत
अपने सिर-माथ
चढ़ातीं।

पर नहीं आग की बाकी यहाँ निशानी,
प्रह्लाद - होलिका की फिर घटी कहानी,
बापू ज्वाला से निकल अछूते आए,
मिल गई राख-
मिट्टी में चिता
भवानी।

अब तक दुहरातीं मस्जिद की मीनारें,
अब तक दुहरातीं घर - घर की दीवारें,
दुहरातीं पेड़ों की हर तरफ़ कतारें,
दुहराते दरिया के जल - कूल - कगारे,
चप्पे-चप्पे इस राजघाट के रटते
जो लगे यहाँ थे चिता - शाम को नारे—
हो गए आज से बापू अमर हमारे,
हो गए आज से बापू अमर हमारे !—

खादी के फूल

एक

हो गया क्या देश के
सब से सुनहले दीप का
निर्वाण !

: 1 :

वह जगा क्या जगमगाया देश का
तम से घिरा प्रासाद,
वह जगा क्या था जहाँ अवसाद छाया,
छा गया आह्लाद,
वह जगा क्या बिछ गई आशा किरण
की चेतना सब ओर,
वह जगा क्या स्वप्न से सूने हृदय–
मन हो गए आबाद
वह जगा क्या ऊर्ध्व उन्नति-पथ हुआ
आलोक का आधार,
वह जगा क्या मानवों का स्वर्ग ने
उठकर किया आह्वान,
हो गया क्या देश के
सब से सुनहले दीप का
निर्वाण !

वह जला क्या जग उठी इस जाति की
सोई हुई तक़दीर।
वह जला क्या दासता की गल गई

बन्धन बनी ज़ंजीर,
वह जला क्या जग उठी, आज़ाद होने
की लगन मज़बूत
वह जला क्या हो गई बेकार कारा-
गार की प्राचीर,
वह जला क्या विश्व ने देखा हमें
आश्चर्य से दृग खोल,
वह जला क्या मर्दितों ने क्रांति की
देखी ध्वजा अम्लान,
हो गया क्या देश के
सबसे दमकते दीप का
निर्वाण !

वह हँसा तो मृत मरुस्थल में चला
मधुमास - जीवन-श्वास,
वह हँसा तो क़ौम के रौशन भविष्यत
का हुआ विश्वास,
वह हँसा तो जड़ उमंगों ने किया
फिर से नया श्रृंगार,
वह हँसा तो हँस पड़ा इस देश का
रूठा हुआ इतिहास,
वह हँसा तो रह गया संदेश-शंका
को न कोई ठौर,
वह हँसा तो हिचकिचाहट-भीति-भ्रम का
हो गया अवसान,
हो गया क्या देश के
सब से चमकते दीप का
निर्वाण !

वह उठा तो एक लौ में बन्द होकर
आ गई ज्यों भोर,
वह उठा तो उठ गई सब देश भर की
आँख उसकी ओर,
वह उठा तो उठ पड़ीं सदियाँ विगत
अँगड़ाइयाँ ले साथ,

वह उठा तो उठ पड़े युग-युग दबे
दुखिया, दलित, कमज़ोर
वह उठा तो उठ पड़ीं उत्साह की
लहरें दृगों के बीच
वह उठा तो झुक गए अन्याय,
अत्याचार के अभिमान,
हो गया क्या देश के
सबसे प्रभामय दीप का
निर्वाण !

वह न चाँदी का, न सोने का न कोई
धातु का अनमोल,
थी चढ़ी उस पर न हीरे और मोती
की सजीली खोल,
मृत्तिका की एक मुट्ठी थी कि उपमा
सादगी थी आप,
किन्तु उसका मान सारा स्वर्ग सकता
था कभी क्या तोल?
ताज शाहों के अगर उसने झुकाए
तो तअज्जुब कौन,
कर सका वह निम्नतम, कुचले हुओं का
उच्चतम उत्थान,
हो गया क्या देश के
सबसे मनस्वी दीप का
निर्वाण !

वह चमकता था, मगर था कब लिए
तलवार पानीदार,
वह दमकता था, मगर अज्ञात थे
उसको सदा हथियार,
एक अंजलि स्नेह की थी तरलता में
स्नेह के अनुरूप,
किन्तु उसकी धार में था डूब सकता
देश क्या, संसार।
स्नेह में डूबे हुए ही तो हिफ़ाज़त

से पहुँचते पार,
स्नेह में जलते हुए ही कर सके हैं
ज्योति - जीवनदान,
हो गया क्या देश के
सबसे तपस्वी दीप का
निर्वाण !

स्नेह में डूबा हुआ था हाथ से
काती रुई का सूत,
थी बिखरती देश भर के घर-डगर में
एक आभा पूत,
रोशनी सबके लिए थी, एक को भी
थी नहीं अंगार,
फ़र्क़ अपने औ' पराए में न समझा
शान्ति का यह दूत,
चाँद-सूरज से प्रकाशित एक से हैं
झोंपड़ी - प्रासाद,
एक-सी सबको विभा देते जलाते
जो कि अपने प्राण,
हो गया क्या देश के
सबसे यशस्वी दीप का
निर्वाण !

ज्योति में उसकी हुए हम यात्रा
के लिए तैयार,
कीं उसी के आसरे हमने तिमिर-गिरि
घाटियाँ भी पार,
हम थके माँदे कभी बैठे, कभी
पीछे चले भी लौट,
किन्तु वह बढ़ता रहा आगे सदा
साहस बना साकार,
आँधियाँ आईं, घटा छाई, गिरा
भी वज्र बारंबार,
पर लगाता वह सदा था एक–
अभ्युत्थान ! अभ्युत्थान !

हो गया क्या देश के
सबसे अचंचल दीप का
निर्वाण !

लक्ष्य उसका था नहीं कर दे महज़
इस देश को आज़ाद,
चाहता वह था कि दुनिया आज की
नाशाद हो फिर शाद,
नाचता उसके दृगों में था नए
मानव-जगत का ख़्वाब,
कर गया उसको अचानक कौन औ'
किस वास्ते बर्बाद,
बुझ गया वह दीप जिसकी थी नहीं
जीवन-कहानी पूर्ण,
वह अधूरी क्या रही, इंसानियत का
रुक गया आख्यान।
हो गया क्या देश के
सबसे प्रगतिमय दीप का
निर्वाण !

विष-घृणा से देश का वातावरण
पहले हुआ सविकार,
ख़ून की नदियाँ बहीं, फिर बस्तियाँ
जलकर गईं हो क्षार,
जो दिखाता था अँधेरे में प्रलय के
प्यार की ही राह,
बच न पाया, हाय, वह भी इस घृणा का
क्रूर, निंद्य प्रहार,
सौ समस्याएँ खड़ी हैं, एक का भी
हल नहीं है पास,
क्या गया है रूठ प्यारे देश भारत-
वर्ष से भगवान !
हो गया क्या देश के
सबसे ज़रूरी दीप का
निर्वाण !

दो

वे आत्माजीवी थे काया से कहीं परे,
वे गोली खाकर और जी उठे, नहीं मरे,
जब से तन चढ़कर चिता हो गया राख-धूर,
तब से आत्मा
की और महत्ता
जना गए।

उनके जीवन में था ऐसा जादू का रस,
कर लेते थे वे कोटि-कोटि को अपने बस,
उनका प्रभाव हो नहीं सकेगा कभी दूर,
जाते-जाते
बलि-रक्त-सुरा
वे छना गए।

यह झूठ कि, माता, तेरा आज सुहाग लुटा,
यह झूठ कि तेरे माथे का सिंदूर छुटा,
अपने माणिक लोहू से तेरी माँग पूर
वे अचल सुहागिन
तुझे अभागिन,
बना गए।

तीन

उसने अपना सिद्धान्त न बदला मात्र लेश,
पलटा शासन, कट गई क़ौम, बँट गया देश,
वह एक शिला थी निष्ठा की ऐसी अविकल,
सातों सागर
का बल जिसको
दहला न सका।

छा गया क्षितिज तक अंधक अंधड़-अंधकार,
नक्षत्र, चाँद, सूरज ने भी ली मान हार,
वह दीपशिखा थी एक ऊर्ध्व ऐसी अविचल,
उंचास पवन
का वेग जिसे
बिठला न सका।

पापों की ऐसी चली धार दुर्दम, दुर्धर,
हो गए मलिन निर्मल से निर्मल नद-निर्झर,
वह शुद्ध छीर का ऐसा था सुस्थिर सीकर,
जिसको काँजी
का सिन्धु कभी
बिलगा न सका।

चार

था उचित कि गांधी जी की निर्मम हत्या पर
तारे छिप जाते, काला हो जाता अंबर,
केवल कलंक अवशिष्ट चन्द्रमा रह जाता,
कुछ और नज़ारा
था जब ऊपर
गई नज़र।
अंबर में एक प्रतीक्षा का कौतूहल था,
तारों का आनन पहले से भी उज्ज्वल था,
वे पंथ किसी का जैसे ज्योतित करते हों,
नभ वात किसी के
स्वागत में
फिर चंचल था।
उस महाशोक में भी मन में अभिमान हुआ,
धरती के ऊपर कुछ ऐसा बलिदान हुआ,
प्रतिफलित हुआ धरणी के तप से कुछ ऐसा,
जिसका अमरों
के आँगन में
सम्मान हुआ।
अवनी गौरव से अंकित हों नभ के लेखे,
क्या लिए देवताओं ने ही यश के ठेके,
अवतार स्वर्ग का ही पृथ्वी ने जाना है,
पृथ्वी का अभ्युत्थान
स्वर्ग भी तो
देखे !

पाँच

ऐसा भी कोई जीवन का मैदान कहीं
जिसने पाया कुछ बापू से वरदान नहीं?
मानव के हित जो कुछ भी रखता था माने
बापू ने सबको
गिन-गिनकर
अवगाह लिया।

बापू की छाती की हर साँस तपस्या थी
आती-जाती हल करती एक समस्या थी,
पल बिना दिए कुछ भेद कहाँ पाया जाने,
बापू ने जीवन
के क्षण-क्षण को
थाह लिया।

किसके मरने पर जग भर को पछताव हुआ?
किसके मरने पर इतना हृदय-मथाव हुआ?
किसके मरने का इतना अधिक प्रभाव हुआ?
बनियापन अपना सिद्ध किया सोलह आने,
जीने की कीमत कर वसूल पाई-पाई,
मरने का भी
बापू ने मूल्य
उगाह लिया।

छह

तुम उठा लुकाठी खड़े हुए चौराहे पर;
बोले, वह साथ चले जो अपना दाहे घर;
तुमने था अपना पहले भस्मीभूत किया,
फिर ऐसा नेता
देश कभी क्या
पाएगा?

फिर तुमने अपने हाथों से ही अपना सर
कर अलग देह से रक्खा उसको धरती पर,

फिर उसके ऊपर तुमने अपना पाँव दिया
यह कठिन साधना देख कँपे धरती-अंबर;
है कोई जो
फिर ऐसी राह
बनाएगा?

इस कठिन पंथ पर चलना था आसान नहीं,
हम चले तुम्हारे साथ, कभी अभिमान नहीं,
था, बापू, तुमने हमें गोद में उठा लिया,
यह आने वाला
दिन सबको
बतलाएगा।

सात

गुण तो निःसंशय देश तुम्हारे गाएगा,
तुम-सा सदियों के बाद कहीं फिर पाएगा,
पर जिन आदर्शों को लेकर तुम जिए-मरे,
कितना उनको
कल का भारत
अपनाएगा?

बाएँ था सागर औ' दाएँ था दावानल,
तुम चले बीच दोनों के, साधक, सम्हल-सम्हल,
तुम खड्गधार-सा पंथ प्रेम का छोड़ गए,
लेकिन उस पर
पाँवों को कौन
बढ़ाएगा?

जो पहन चुनौती पशुता को दी थी तुमने,
जो पहन दनुजता से कुश्ती ली थी तुमने,
तुम मानवता का महा कवच तो छोढ़ गए,
लेकिन उसके
बोझे को कौन
उठाएगा?

शासन-सम्राट डरे जिसकी टंकारों से,
घबराई फ़िरकेवारी जिसके वारों से,

तुम सत्य-अहिंसा का अजगव तो छोड़ गए,
लेकिन उस पर
प्रत्यंचा कौन
चढ़ाएगा?

आठ

ओ देशवासियो, बैठ न जाओ पत्थर से,
ओ देशवासियों, रोओ मत यों निर्झर से,
दरख्वास्त करें, आओ, कुछ अपने ईश्वर से
वह सुनता है
ग़मज़दों और
रंजीदों की।
जब सार सरकता-सा लगता जग-जीवन से,
अभिषिक्त करें, आओ, अपने को इस प्रण से—
हम कभी न मिटने देंगे भारत के मन से
दुनिया ऊँचे
आदर्शों की,
उम्मीदों की।
माधना एक युग-युग अन्तर में ठनी रहे
यह भूमि बुद्ध-बापू-से सुत की जनी रहे;
प्रार्थना एक युग-युग पृथ्वी पर बनी रहे
यह जाति
योगियों, सन्तों
और शहीदों की।

नौ

आधुनिक जगत की स्पर्धापूर्ण नुमाइश में
हैं आज दिखावे पर मानवता की क़िस्में,
है भरा हुआ आँखों में कौतूहल-विस्मय,
देखें इनमें

कहलाया जाता
कौन मीर?

दुनिया के तानाशाहों का सर्वोच्च शिखर,
यह फ्रैंको, टोजो, मसोलिनी पर हर हिटलर,
यह रूज़वेल्ट, यह ट्रूमन, जिसकी चेष्टा पर
हीरोशिमा, नागासाकी पर ढहा क़हर,
यह है चियांग, जापान गर्व को मर्दित कर
जो अर्द्ध चीन के साथ आज करता संगर,
यह भीमकाय चर्चिल है जिसको लगी फ़िकर
इंगलिस्तानी साम्राज्य रहा है बिगड़-बिखर,
यह अफ्रीक़ा का स्मट्स ख़बर है जिसे नहीं,
क्या होता, गोरे-काले चमड़े के अन्दर,
यह स्टलिनग्राड
का स्टलिन लौह का
ठोस वोरा।

जग के इस महाप्रदर्शन में नम्रता सहित
सम्पूर्ण सभ्यता भारतीय, सारी संस्कृति
के युग-युग की साधना-तपस्या की परिणति,
हम में जो कुछ सर्वोत्तम है उसका प्रतिनिधि
हम लाए हैं
अपना बूढ़ा-
नंगा फ़क़ीर।

दस

हम गांधी की प्रतिमा के इतने पास खड़े
हम देख नहीं पाते सत्ता उनकी महान,
उनकी आभा से आँखें होतीं चकाचौंध,
गुण-वर्णन में
साबित होती
गूँगी ज़बान।

वे भावी मानवता के हैं आदर्श एक,
असमर्थ समझने में है उनको वर्तमान,
वर्ना सच्चाई और अहिंसा की प्रतिमा
यह जाती दुनिया
से होकर
लोहू, लुहान !

जो सत्यं, शिव, शुभ, सुन्दर, शुचितर होता है
दुनिया रहती है उसके प्रति अन्धी, अजान,
वह उसे देखती, उसके प्रति नतशिर होती
जब कोई कवि
करता उसको
आँखें प्रदान।

जिन आँखों से तुलसी ने राघव को देखा,
जिस अन्तर्दृग से सूरदास ने कान्हा को,
कोई भविष्य कवि गांधी को भी देखेगा,
दर्शाएगा भी
उनकी सत्ता
दुनिया को।

भारत का गांधी व्यक्त नहीं तब तक होगा
भारती नहीं जब तक देती गांधी अपना,
जब वाणी का मेधावी कोई उतरेगा,
तब उतरेगा
पृथ्वी पर गांधी
का सपना।

जायसी, कबीरा, सूरदास, मीरा, तुलसी,
मैथिली, निराला, पंत, प्रसाद, महादेवी,
ग़ालिबोमीर, दर्दोनज़ीर, हाली, अकबर,
इक़बाल, जोश, चकबस्त फिराक़, जिगर, सागर
की भाषा निश्चय वरद पुत्र उपजाएगी
जिसके प्रसाद-माधुर्य-ओजमय वचनों में
मेरी भविष्य
वाणी सच्ची
हो जाएगी।

मिलन यामिनी

एक

चाँदनी फैली गगन में, चाह मन में।

दिवस में सबके लिए बस एक जग है
रात में हर एक की दुनिया अलग है,
कल्पना करने लगी अब राह मन में;
चाँदनी फैली गगन में, चाह मन में।

भूमि का उर तप्त करता चंद्र शीतल
व्योम की छाती जुड़ाती रश्मि कोमल,
किंतु भरतीं भावनाएँ दाह मन में;
चाँदनी फैली गगन में, चाह मन में।

कुछ अँधेरा, कुछ उजाला, क्या समा है!
कुछ करो, इस चाँदनी में सब क्षमा है;
किंतु बैठा मैं सँजोए आह मन में;
चाँदनी फैली गगन में, चाह मन में।

चाँद निखरा, चंद्रिका निखरी हुई है,
भूमि से आकाश तक बिखरी हुई है,
काश मैं भी यों बिखर सकता भुवन में;
चाँदनी फैली गगन में, चाह मन में।

दो

मैं कहाँ पर, रागिनी मेरी कहाँ पर !

है मुझे संसार बाँधे, काल बाँधे
है मुझे ज़ंजीर औ' जंजाल बाँधे,
किंतु मेरी कल्पना के मुक्त पर-स्वर;
मैं कहाँ पर, रागिनी मेरी कहाँ पर !

धूलि के कण शीश पर मेरे चढ़े हैं,
अंक ही कुछ भाल के ऐसे गढ़े हैं,
किंतु मेरी भावना से बद्ध अंबर;
मैं कहाँ पर, रागिनी मेरी कहाँ पर !

मैं कुसुम को प्यार कर सकता नहीं हूँ,
मैं कली पर हाथ धर सकता नहीं हूँ,
किंतु मेरी वासना तृण-तृण निछावर;
मैं कहाँ पर, रागिनी मेरी कहाँ पर !

मूक हूँ, जब साध है सागर उँडेलूँ,
मूर्ति-जड़, जब मन लहर के साथ खेलूँ,
किंतु मेरी रागिनी निर्बंध निर्झर;
मैं कहाँ पर, रागिनी मेरी कहाँ पर !

तीन

आज मन-वीणा, प्रिये, फिर से कसो तो।

मैं नहीं पिछली अभी झंकार भूला,
मैं नहीं पहले दिनों का प्यार भूला,
गोद में ले, मोद से मुझको लसो तो;
आज मन-वीणा, प्रिये, फिर से कसो तो।

हाथ धर दो, मैं नया वरदान पाऊँ,
फूँक दो, बिछुड़े हुए मैं प्राण पाऊँ,
स्वर्ग का उल्लास, पर भर तुम हँसो तो;
आज मन-वीणा, प्रिये, फिर से कसो तो।

मौन के भी कंठ में मैं स्वर भरूँगा,
एक दुनिया ही नई मुखरित करूँगा,
तुम अकेली आज अंतर में बसो तो;
आज मन-वीणा, प्रिये, फिर से कसो तो।

रात भागेगी, सुनहरा प्रात होगा,
जग उषा-मुसकान-मधु से स्नात होगा,
तेज शर बन तुम तिमिर घन में धँसों तो;
आज मन-वीणा, प्रिये, फिर से कसो तो।

चार

आज कितनी वासनामय यामिनी है !

दिन गया तो ले गया बातें पुरानी,
याद मुझको अब नहीं रातें पुरानी,
आज ही पहली निशा मनभावनी है;
आज कितनी वासनामय यामिनी है !

घूँट मधु का है, नहीं झोंका पवन का,
कुछ नहीं मन को पता है आज तन का,
रात मेरे स्वप्न की अनुगामिनी है;
आज कितनी वासनामय यामिनी है !

यह कली का हास आता है किधर से,
यह कुसुम का श्वास जाता है किधर से,
हर लता-तरु में प्रणय की रागिनी है;
आज कितनी वासनामय यामिनी है !

दुग्ध-उज्ज्वल मोतियों से युक्त चादर,
जो बिछी नभ के पलँग पर आज उसपर
चाँद से लिपटी लजाती चाँदनी है;
आज कितनी वासनामय यामिनी है !

पाँच

हास में तेरे नहाई यह जुन्हाई।

आ उजेली रात कितनी बार भागी,
सो उजेली रात कितनी बार जागी,
पर छटा उसकी कभी ऐसी न छाई;
हास में तेरे नहाई यह जुन्हाई।

चाँदनी तेरे बिना जलती रही है,
वह सदा संसार को छलती रही है,
आज ही अपनी तपन उसने मिटाई;
हास में तेरे नहाई यह जुन्हाई।

आज तेरे हास में मैं भी नहाया,
आज अपना ताप मैंने भी मिटाया,
मुसकराया मैं, प्रकृति जब मुसकराई;
हास में तेरे नहाई यह जुन्हाई।

ओ अँधेरे पाख, क्या मुझको डराता,
अब प्रणय की ज्योति के मैं गीत गाता,
प्राण में मेरे समाई यह जुन्हाई;
हास में तेरे नहाई यह जुन्हाई।

छह

प्राण, कह दो, आज तुम मेरे लिए हो।

मैं जगत के ताप से डरता नहीं अब,
मैं समय के शाप से डरता नहीं अब,
आज कुंतल छाँह मुझपर तुम किए हो;
प्राण, कह दो, आज तुम मेरे लिए हो।

रात मेरी, रात का शृङ्गार मेरा,
आज आधे विश्व से अभिसार मेरा,
तुम मुझे अधिकार अधरों पर दिए हो;
प्राण, कह दो, आज तुम मेरे लिए हो।

वह सुरा के रूप से मोहे भला क्या,
वह सुधा के स्वाद से जाए छला क्या,
जो तुम्हारे होंठ का मधु-विष पिए हो;
प्राण, कह दो, आज तुम मेरे लिए हो।

मृत-सजीवन था तुम्हारा तो परस ही,
पा गया मैं बाहु का बंधन सरस भी,
मैं अमर अब, मत कहो केवल जिए हो;
प्राण, कह दो, आज तुम मेरे लिए हो।

सात

प्यार के पल में जलन भी तो मधुर है।

जानता हूँ दूर है नगरी प्रिया की,
पर परीक्षा एक दिन होनी हिया की,
प्यार के पथ की कथन भी तो मधुर है;
प्यार के पल में जलन भी तो मधुर है।

आग ने मानी न बाधा शैल-वन की,
गल रही भुजपाश में दीवार तन की,
प्यार के दर पर दहन भी तो मधुर है;
प्यार के पल में जलन भी तो मधुर है।

साँस में उत्तप्त आँधी चल रही है,
किंतु मुझको आज मलयानिल यही है,
प्यार के शर की शरण भी तो मधुर है;
प्यार के पल में जलन भी तो मधुर है।

तृप्ति क्या होगी अधर के रस कणों से,
खींच लो तुम प्राण ही इन चुंबनों से,
प्यार के क्षण में मरण भी तो मधुर है;
प्यार के पल में जलन भी तो मधुर है।

आठ

मैं प्रतिध्वनि सुन चुका, ध्वनि खोजता हूँ।

मौन मुखरित हो गया, जय हो प्रणय की,
पर नहीं परितृप्त है तृष्णा हृदय की,
पा चुका स्वर, आज गायन खोजता हूँ;
मैं प्रतिध्वनि सुन चुका, ध्वनि खोजता हूँ।

तुम समर्पण बन भुजाओं में पड़ी हो,
उम्र इन उद्भ्रांत घड़ियों की बड़ी हो,
पा गया तन, आज मैं मन खोजता हूँ;
मैं प्रतिध्वनि सुन चुका, ध्वनि खोजता हूँ।

है अधर में रस, मुझे मदहोश कर दो,
किंतु मेरे प्राण में सन्तोष भर दो,
मधु मिला है, मैं अमृतकण खोजता हूँ;
मैं प्रतिध्वनि सुन चुका, ध्वनि खोजता हूँ।

जी उठा मैं, और जीना प्रिय बड़ा है,
सामने, पर, ढेर मुरदों का पड़ा है,
पा गया जीवन, सजीवन खोजता हूँ;
मैं प्रतिध्वनि सुन चुका, ध्वनि खोजता हूँ।

नौ

प्यार, जवानी, जीवन इनका
जादू मैंने सब दिन माना।

यह वह पाप जिसे करने से
भेद भरा परलोक डराता,
यह वह पाप जिसे कर कोई
कब जग के दृग से बच पाता,
यह वह पाप झगड़ती आई
जिससे बुद्धि सदा मानव की,
यह वह पाप मनन भी जिसका
कर लेने से मन शरमाता;
तन सुलगा, मन द्रवित, भ्रमित कर
बुद्धि, लोक, युग सब पर छाता,
हार नहीं स्वीकार हुआ तो
प्यार रहेगा ही अनजाना।
प्यार, जवानी, जीवन इनका
जादू मैंने सब दिन माना।

डूब किनारे जाते हैं जब
नद्दी में जोबन आता है,
कूल-तटों में बंदी होकर
लहरों का दम घुट जाता है,
नाम दूसरा केवल जगती
जंग लगी कुछ ज़ंजीरों का,
जिसके अंदर तान - तरंगें
उनका जग से क्या नाता है;

मन के राजा हो तो मुझसे
लो वरदान अमर यौवन का,
नहीं जवानी उसने जानी
जिसने पर का बंधन जाना।
प्यार, जवानी, जीवन इनका
जादू मैंने सब दिन माना।

फूलों से, चाहे आँसू से
मैंने अपनी माला पोही,
किंतु उसे अर्पित करने को
बाट सदा जीवन की जोही,
गई मुझे ले मृत्यु भुलावा
दे अपनी दुर्गम घाटी में,
किंतु वहाँ पर भूल-भटककर
खोजा मैंने जीवन को ही;
जीने की उत्कट इच्छा में
था मैंने, 'आ मौत' पुकारा।
वर्ना मुझको मिल सकता था
मरने का सौ बार बहाना।
प्यार, जवानी, जीवन इनका
जादू मैंने सब दिन माना।

दस

गरमी में प्रातःकाल पवन
बेला से खेला करता जब
तब याद तुम्हारी आती है।

जब मन से लाखों बार गया-
आया सुख सपनों का मेला,
जब मैंने घोर प्रतीक्षा के
युग का पल-पल जल-जल झेला,
मिलने के उन दो यामों ने
दिखलाई अपनी परछाईं,

वह दिन ही था बस दिन मुझको
वह बेला थी मुझको बेला;
उड़ती छाया-सी वे घड़ियाँ
बीतीं कब की लेकिन तब से,
गरमी में प्रातःकाल पवन
बेला से खेला करता जब
तब याद तुम्हारी आती है।

तुमने जिन सुमनों से उस दिन
केशों का रूप सजाया था,
उनका सौरभ तुमसे पहले
मुझसे मिलने को आया था,
वह गंध गई गठबंध करा
तुमसे, उन चंचल घड़ियों से,
उस सुख से जो उस दिन मेरे
प्राणों के बीच समाया था;
वह गंध उठा जब करती है
दिल बैठ न जाने जाता क्यों;
गरमी में प्रातःकाल पवन,
प्रिय, ठंडी आहें भरता जब
तब याद तुम्हारी आती है।
गरमी में प्रातःकाल पवन
बेला से खेला करता जब
तब याद तुम्हारी आती है।

चितवन जिस ओर गई उसने
मृदु फूलों की वर्षा कर दी,
मादक मुसकानों ने मेरी
गोदी पंखुरियों से भर दी
हाथों में हाथ लिए, आए
अंजलि में पुष्पों से गुच्छे,
जब तुमने मेरे अधरों पर
अधरों की कोमलता धर दी,
कुसुमायुध का शर ही मानो
मेरे अंतर में पैठ गया!

गरमी में प्रातःकाल पवन
कलियों को चूम सिहारता जब
तब याद तुम्हारी आती है।
गरमी में प्रातःकाल पवन
बेला से खेला करता जब
तब याद तुम्हारी आती है।

ग्यारह

ओ पावस के पहले बादल,
उठ उमड़-गरज, घिर घुमड़-चमक
मेरे मन-प्राणों पर बरसो।

यह आशा की लतिकाएँ थीं
जो बिखरीं आकुल-व्याकुल-सी,
यह स्वप्नों की कलिकाएँ थीं
जो खिलने से पहले झुलसीं,
यह मधुवन था, जो सूना-सा
मरुथल दिखलाई पड़ता है,
इन सूखे कूल-किनारों में
थी एक समय सरिता हुलसी;
आँसू की बूँदें चाट कहीं
अंतर की तृष्णा मिटती है;
ओ पावस के पहले बादल,
उठ उमड़-गरज, घिर घुमड़-चमक
मेरे मन-प्राणों पर बरसो।

मेरे उच्छ्वास बनें शीतल
तो जग में मलयानिल डोले,
मेरा अंतर लहराए तो
जगती अपना कल्मष धो ले,
सतरंगा इंद्रधनुष निकले
मेरे मन के धुंधले पट पर,

तो दुनिया सुख की, सुखमा की
मंगल वेला की जय बोले;
सुख है तो औरों को छूकर
अपने से सुखमय कर देगा,
ओ वर्षा के हर्षित बादल,
उठ उमड़-गरज, घिर घुमड़-चमक
मेरे अरमानो पर बरसो।
ओ पावस के पहले बादल,
उठ उमड़-गरज, घिर घुमड़-चमक
मेरे मन-प्राणों पर बरसो।

सुख की घड़ियों के स्वागत में
छंदों पर छंद सजाता हूँ,
पर अपने दुख के दर्द भरे
गीतों पर कब पछताता हूँ,
जो औरों का आनन्द बना
वह दुख मुझपर फिर-फिर आए,
रस में भीगे दुख के ऊपर
मैं सुख का स्वर्ग लुटाता हूँ;
कंठों से फूट न जो निकले
कवि को क्या उस दुख से, सुख से;
ओ बारिश के बेखुद बादल,
उठ उमड़-गरज, घिर घुमड़-चमक
मेरे स्वर-गानों पर बरसो।
ओ पावस के पहले बादल,
उठ उमड़-गरज, घिर घुमड़-चमक
मेरे मन-प्राणों पर बरसो

बारह

खींचतीं तुम कौन ऐसे बंधनों से
जो कि रुक सकता नहीं मैं–

काम ऐसा कौन जिसको
छोड़ मैं सकता नहीं हूँ,

कौन ऐसा, मुंह कि जिससे
मोड़ मैं सकता नहीं हूँ?
आज रिश्ता और नाता
जोड़ने का अर्थ क्या है?
शृंखला वह कौन जिसको
तोड़ मैं सकता नहीं हूँ?
चाँद, सूरज भी पकड़
मुझको नहीं बिठला सकेंगे,
क्या प्रलोभन दे मुझे वे
एक पल बहला सकेंगे?
जबकि मेरा वश नहीं
मुझ पर रहा, किसका रहेगा?
खींचती तुम कौन ऐसे बंधनों से
जो कि रुक सकता नहीं मैं—

उठ रहा है शोर-गुल
जग में, ज़माने में, सही है,
किंतु मुझको तो सुनाई
आज कुछ देता नहीं है,
कोकिलो, तुमको नई ऋतु
के नए नग़मे मुबारक,
और ही आवाज़ मेरे
वास्ते अब आ रही है;
स्वर्ग परियों के स्वरों के
भी लिए मैं आज बहरा,
गीत मेरा मौन सागर
में गया है डूब गहरा;
साँस भी थम जाय जिससे
साफ़ तुमको सुन सकूँ मैं—
खींचती किन पीर-भीगे गायनों से
जो कि रुक सकता नहीं मैं—
खींचती तुम कौन ऐसे बंधनों से
जो कि रुक सकता नहीं मैं—

है समय किसको कि सोचे
बात वादों की, प्रणों की,
मान के, अपमान के,
अभिमान के बीते क्षणों की,
फूल यश के, शूल अपयश
के बिछा दो रास्ते में,
घाव का भय, चाह किसको
पंखुरी के चुंबनों की;
मैं बुझाता हूँ पगों से
आज अंतर के अँगारे,
और वे सपने कि जिनको
कवि करों ने थे सँवारे,
आज उनकी लाश पर मैं,
पाँव धरता आ रहा हूँ—
खींचती किन मौन दृग से जलकणों से
जो कि रुक सकता नहीं मैं—
खींचती तुम कौन ऐसे बंधनों से
जो कि रुक सकता नहीं मैं—

तेरह

तुमको मेरे प्रिय प्राण निमंत्रण देते।
अंतस्तल के भाव बदलते
कंठस्थल के स्वर में,
लो, मेरी वाणी उठती है
धरती से अंबर में,
अर्थ और आखर के बल का
कुछ मैं भी अधिकारी,
तुमको मेरे मधुगान निमंत्रण देते;
तुमको मेरे प्रिय प्राण निमंत्रण देते।

अब मुझको मालूम हुई है
शब्दों की भी सीमा,
गीत हुआ जाता है मेरे

रुद्ध गले में धीमा,
आज उदार दृगों ने रख ली
लाज हृदय की जाती,
तुमको नयनों के दान निमंत्रण देते;
तुमको मेरे प्रिय प्राण निमंत्रण देते।

आँख सुने तो आँख भरे दिल
के सौ भेद बताए,
दूर बसे प्रियतम को आँसू
क्या संदेश सुनाए,
भिगा सकोगी इनसे अपने
मन का कोई कोना?
तुमको मेरे अरमान निमंत्रण देते;
तुमको मेरे प्रिय प्राण निमंत्रण देते।

कवियों की सूची से अब से
मेरा नाम हटा दो,
मेरी कृतियों के पृष्टों को
मरुथल में बिखरा दो,
मौन बिछी है पथ में मेरी
सत्ता, बस तुम आओ,
तुमको कवि के बलिदान निमंत्रण देते;
तुमको मेरे प्रिय प्राण निमंत्रण देते।

चौदह

प्राण, संध्या झुक गई गिरि, ग्राम, तरु पर,
उठ रहा है क्षितिज के ऊपर सिंदूरी चाँद
मेरा प्यार पहली बार लो तुम।

सूर्य जब ढलने लगा था कह गया था,
मानवो, खुश हो कि दिन अब जा रहा है,
जा रही हैं स्वेद, श्रम की क्रूर घड़ियाँ,
'औ' समय सुंदर, सुहाना आ रहा है,

छा गई है, शांति खेतों में, वनों में
पर प्रकृति के वक्ष की धड़कन बना-सा,
दूर, अनजानी जगह पर एक पंछी
मंद लेकिन मस्त स्वर से गा रहा है,
औ' धरा की पीन पलकों पर विनिद्रित
एक सपने-सा मिलन का क्षण हमारा,
स्नेह के कंधे प्रतीक्षा कर रहे हैं;
झुक न जाओ और देखो उस तरफ़ भी–
प्राण, संध्या झुक गई गिरि, ग्राम, तरु पर
उठ रहा है क्षितिज के ऊपर सिंदूरी चाँद
मेरा प्यार पहली बार लो तुम।

इस समय हिलती नहीं है एक डाली,
इस समय हिलता नहीं है एक पत्ता,
यदि प्रणय जागा न होता इस निशा में
सुप्त होती विश्व की संपूर्ण सत्ता,
वह मरण की नींद होती जड़-भयंकर
और उसका टूटना होता असंभव,
प्यास से संसार सोकर जागता है,
इसलिए है प्यार की जग में महत्ता,
हम किसी के हाथ में साधन बने हैं,
सृष्टि की कुछ माँग पूरी हो रही है,
हम नहीं अपराध कोई कर रहे हैं,
मत लजाओ और देखो उस तरफ़ भी–
प्राण, रजनी भिंच गई नभ के भुजों में,
थम गया है शीश पर निरुपम रुपहरा चाँद
मेरा प्यार बारंबार लो तुम।
प्राण, संध्या झुक गई गिरि, ग्राम, तरु पर
उठ रहा है क्षितिज के ऊपर सिंदूरी चाँद
मेरा प्यार पहली बार लो तुम।

पूर्व से पश्चिम तलक फैले गगन के
मन-फलक पर अनगिनत अपने करों से
चाँद सारी रात लिखने में लगा था
'प्रेम' जिसके सिर्फ़ ढाई अक्षरों से

हो अलंकृत आज नभ कुछ दूसरा ही
लग रहा है और लो जग-जग विहग दल
पढ़ इसे, जैसे नया यह मंत्र कोई,
हर्ष करते व्यक्त पुलकित पर, स्वरों से;
किंतु तृण-तृण ओस छन-छन कह रही है,
आ गई वेला विदा के आँसुओं की,
यह विचित्र विडंबना पर कौन चारा,
हो न कातर और देखो उस तरफ़ भी—
प्राण, राका उड़ गई प्रातः पवन में,
ढह रहा है क्षितिज के नीचे शिथिल-तन चाँद,
मेरा प्यार पहली बार लो तुम।

पन्द्रह

सखि, अखिल प्रकृति की प्यास कि हम-तुम भीगें।

अकस्मात यह बात हुई क्यों
जब हम-तुम मिल पाए,
तभी उठी आँधी अंबर में
सजल जलद घिर आए
यह रिमझिम संकेत गगन का
समझो या मत समझो,
सखि, भीग रहा आकाश कि हम-तुम भीगें;
सखि, अखिल प्रकृति की प्यास कि हम-तुम भीगें;

इन ठंडे-ठंडे झोंकों से
मैं काँपा, तुम काँपीं,
एक भावना बिजली बनकर
दो हृदयों में व्यापी,
आज उपेक्षित हो न सकेगा
रसमय पवन-सँदेसा,
सखि, भीग रही वातास कि हम-तुम भीगें;
सखि, अखिल प्रकृति की प्यास कि हम-तुम भीगें;

मधुवन के तरुवर से मिलकर
भीगी लतर सलोनी,
साथ कुसुम के कलिका भीगी
कौन हुई अनहोनी,
भीग-भीग, पी-पीकर चातक
का स्वर कातर भारी,
सखि, भीग रही है रात कि हम-तुम भीगें;
सखि, अखिल प्रकृति की प्यास कि हम-तुम भीगें;

इस दूरी की मजबूरी पर
आँसू नयन गिराते,
आज समय तो था अधरों से
हम मधुरस बरसाते,
मेरी गीली साँस तुम्हारी
साँसों को छू आती,
सखि, भीग रहे उच्छ्वास कि हम-तुम भीगें;
सखि, अखिल प्रकृति की प्यास कि हम-तुम भीगें;

सोलह

सखि, यह रागों की रात नहीं सोने की।

अंबर-अंतर गल धरती का
अंचल आज भिगोता,
प्यार पपीहे का पुलकित स्वर
दिशि-दिशि मुखरित होता,
और प्रकृति-पल्लव अवगुंठन
फिर-फिर पवन उठाता,
यह मदमातों की रात नहीं सोने की;
सखि, यह रागों की रात नहीं सोने की।

हैं अनगिन अरमान मिलन की
ले दे के दो घड़ियाँ,
भूल रही पलकों पर कितने
सुख सपनों की लड़ियाँ,

एक-एक पल में भरना है
युग-युग की चाहों को,
सखि, यह साधों की रात नहीं सोने की;
सखि, यह रागों की रात नहीं सोने की।

बाट जोहते इस रजनी की
वज्र कठिन दिन बीते,
किंतु अंत में दुनिया हारी
और हमीं तुम जीते,
नर्म नींद के आगे अब क्यों
आँखें पाँख झुकाएँ,
सखि, यह रातों की रात नहीं सोने की;
सखि, यह रागों की रात नहीं सोने की।

वही समय जिसकी दो जीवन
करते थे प्रत्याशा,
वही समय जिसपर अटकी थी
यौवन की सब आशा,
इस वेला में क्या-क्या करने
को हम सोच रहे थे,
सखि, यह वादों की रात नहीं सोने की;
सखि, यह रागों की रात नहीं सोने की।

सत्रह

प्रिय, शेष बहुत है रात अभी मत जाओ।

अरमानों की एक निशा में
होती हैं कै घड़ियाँ,
आग दबा रक्खी है मैंने
जो छूटीं फुलझड़ियाँ,
मेरी सीमित भाग्य परिधि को
और करो मत छोटी,
प्रिय, शेष बहुत है रात अभी मत जाओ।

अधर पुटों में बन्द अभी तक
थी अधरों की वाणी,
'हाँ-ना' से मुखरित हो पाई
किसकी प्रणय कहानी,
सिर्फ़ भूमिका थी जो कुछ
संकोच-भरे पल बोले,
प्रिय, शेष बहुत है बात अभी मत जाओ;
प्रिय, शेष बहुत है रात अभी मत जाओ।

शिथिल पड़ी है नभ की बाँहों
में रजनी की काया,
चाँद चाँदनी की मदिरा में
है डूबा, भरमाया,
अलि अब तक भूले-भूले-से
रस-भीनी गलियों में,
प्रिय, मौन खड़े जलजात अभी मत जाओ;
प्रिय, शेष बहुत है रात अभी मत जाओ।

रात बुझाएगी सच-सपने
की अनबूझ पहेली,
किसी तरह दिन बहलाता है
सबके प्राण, सहेली,
तारों के झँपने तक अपने
मन को दृढ़ कर लूँगा,
प्रिय, दूर बहुत है प्रात अभी मत जाओ;
प्रिय, शेष बहुत है रात अभी मत जाओ।

अट्ठारह

सुधि में संचित वह साँझ कि जब
रतनारी प्यारी सारी में, तुम, प्राण, मिलीं, नत, लाज-भरी
मधुऋतु-मुकुलित गुलमुहर तले।

सिंदूर लुटाया था रवि ने,
संध्या ने स्वर्ण लुटाया था,

थे गाल गगन के लाल हुए,
धरती का दिल भर आया था,
लहराया था भरमाया-सा
डाली-डाली पर गंध पवन
जब मैंने तुमको औ' तुमने
मुझको अनजाने पाया था;
है धन्य धरा जिसपर मन का
धन धोखे से मिल जाता है;
पल अचरज और अनिश्चय के
पलकों पर आते ही पिघले,
पर सुधि में संचित साँझ कि जब
रतनारी प्यारी सारी में, तुम, प्राण, मिलीं नत, लाज-भरी
मधुऋतु-मुकुलित गुलमुहर तले।

सायं-प्रातः का कंचन क्या
यदि अधरों का अंगार मिले,
तारकमणियों की संपत्ति क्या
यदि बाँहों का गलहार मिले,
संसार मिले भी तो क्या जब
अपना अंतर ही सूना हो,
पाना क्या शेष रहे फिर जब
मन को मन का उपहार मिले;
है धन्य प्रणय जिसको पाकर
मानव स्वर्गों को ठुकराता;
ऐसे पागलपन के अवसर
कब जीवन में दो बार मिले;
है याद मुझे वह शाम कि जब
नीलम-सी नीली सारी में, तुम, प्राण, मिलीं उन्माद-भरी
खुलकर फूले गुलमुहर तले।
सुधि में संचित वह साँझ कि जब
रतनारी प्यारी सारी में, तुम, प्राण, मिलीं नत, लाज-भरी
मधुऋतु-मुकुलित गुलमुहर तले।

आभास विरह का आया था
मुझको मिलने की घड़ियों में,

आहों की आहट आई थी
मुझको हँसती फुलझड़ियों में,
मानव के सुख में दुख ऐसे
चुपचाप उतरकर आ जाता,
है ओस ढुलक पड़ती जैसे
मकरंदमयी पंखुरियों में;
है धन्य समय जिससे सपना
सच होता, सच सपना होता;
अंकित सबके अंतरपट पर
कुछ बीती बातें, दिन पिछले;
कब भूल सका गोधूलि कि जब
सित-सेमल सादी सारी में, तुम, प्राण, मिलीं अवसाद-भरी
कलि-पुहुप झरे गुलमुहर तले।
सुधि में संचित वह साँझ कि जब
रतनारी प्यारी सारी में, तुम, प्राण, मिलीं नत, लाज-भरी
मधुऋतु-मुकुलित गुलमुहर तले।

उन्नीस

जीवन की आपाधापी में कब वक्त मिला
कुछ देर कहीं पर बैठ कभी यह सोच सकूँ,
जो किया, कहा, माना उसमें क्या बुरा-भला।
जिस दिन मेरी चेतना जागी मैंने देखा
मैं खड़ा हुआ हूँ इस दुनिया के मेले में,
हर एक यहाँ पर एक भुलावे में भूला,
हर एक लगा है अपनी-अपनी दे-ले में,
कुछ देर रहा हक्का-बक्का, भौचक्का-सा—
आ गया कहाँ, क्या करूँ यहाँ, जाऊँ किस जा?
फिर एक तरफ़ से आया ही तो धक्का-सा,
मैंने भी बहना शुरू किया उस रेले में;
क्या बाहर की ठेला-पेली ही कुछ कम थी,
जो भीतर भी भावों का ऊहापोह मचा,
जो किया, उसी को करने की मजबूरी थी,
जो कहा, वही मन के अंदर से उबल चला;

जीवन की आपाधापी में कब वक़्त मिला
कुछ देर कहीं पर बैठ कभी यह सोच सकूँ,
जो किया, कहा, माना उसमें क्या बुरा-भला।

मेला जितना भड़कीला रंग-रँगीला था,
मानस के अन्दर उतनी ही कमज़ोरी थी,
जितना ज़्यादा संचित करने की ख्वाहिश थी,
उतनी ही छोटी अपने कर की झोरी थी,
जितनी ही बिरमे रहने की थी अभिलाषा,
उतने ही रेले तेज़ ढकेले जाते थे,
क्रय-विक्रय तो ठंडे दिल से हो सकता है,
यह तो भागा-भागी की छीना-छोरी थी;
अब मुझसे पूछा जाता है क्या बतलाऊँ,
क्या मान अकिंचन बिखराता पथ पर आया,
वह कौन रतन अनमोल मिला ऐसा मुझको,
जिसपर अपना मन-प्राण निछावर कर आया;
यह थी तक़दीरी बात मुझे गुण दोष न दो,
जिसको समझा था सोना, वह मिट्टी निकली,
जिसको समझा था आँसू, वह मोती निकला

जीवन की आपाधापी में कब वक़्त मिला
कुछ देर कहीं पर बैठ कभी यह सोच सकूँ,
जो किया, कहा, माना उसमें क्या बुरा-भला

मैं कितना ही भूलूँ, भटकूँ या भरमाऊँ,
है एक नहीं मंज़िल जो मुझे बुलाती है,
कितने ही मेरे पाँव पड़ें ऊँचे-नीचे,
प्रतिपल वह मेरे पास चली ही आती है,
मुझपर विधि का आभार बहुत-सी बातों का
पर मैं कृतज्ञ उसका इसपर सबसे ज़्यादा—
नभ ओले बरसाए, धरती शोले उगले,
अनवरत समय की चक्की चलती जाती है;
मैं जहाँ खड़ा था कल उस थल पर आज नहीं,
कल इसी जगह फिर पाना मुझको मुश्किल है;
ले मापदंड जिसको परिवर्तित कर देतीं

केवल छूकर ही देश-काल की सीमाएँ,
जग दे मुझपर फैसला उसे जैसा भाए
लेकिन मैं तो बेरोक सफ़र में जीवन के
इस एक और पहलू से होकर निकल चला।
जीवन की आपाधापी में कब वक़्त मिला
कुछ देर कहीं पर बैठ कभी यह सोच सकूँ,
जो किया, कहा, माना उसमें क्या बुरा-भला।

बीस

कुदिन लगा, सरोजिनी सजा न सर,
सुदिन भगा, न कंज पर ठहर भ्रमर,
अनय जगा, न रस विमुग्ध कर अधर,
—सदैव स्नेह
के लिए
विकल हृदय !
कटक चला, निकुंज में हवा न चला,
नगर हिला, न फूल-फूल पर मचल,
ग़दर हुआ, सुरभि समीर से न रल,
—सदैव मस्त
चाल से
चला प्रणय !
समर छिड़ा, न आज बोल, कोकिला,
क़हत पड़ा, न कंठ खोल कोकिला,
प्रलय खड़ा, न कर ठठोल कोकिला,
—सदैव प्रीति-
गीत के
लिए समय !

इक्कीस

समेट ली किरण कठिन दिनेश ने,
समा बदल दिया तिमिर-प्रवेश ने,

सिंगार कर लिया गगन प्रदेश ने;
—नटी निशीथ
का पुलक
उठा हिया !

समीर कह चला कि प्यार का प्रहर,
मिली भुजा-भुजा, मिले अधर-अधर,
प्रणय प्रसून सेज पर गया बिखर;
निशा सभीत
ने कहा कि
क्या किया !

अशंक शुक्र पूर्व में उवा हुआ,
क्षितिज अरुण प्रकाश से छुआ हुआ,
समीर है सृष्टिकार की दुआ;
निशा बिनीत
ने कहा कि
शुक्रिया !

बाईस

समीर स्नेह-रागिनी सुना गया,
तड़ाग में उफान-सा उठा गया,
तरंग में तरंग लीन हो गई;
झुकी निशा,
झँपी दिशा,
झुके नयन !

बयार सो गई अडोल डाल पर,
शिथिल छुआ सलिल सुनील ताल पर,
प्रकृति सुरम्य स्वप्न बीच खो गई;
गई कसक,
गिरी पलक,
मुँदे नयन !

विहंग प्रात गीत गा उठा अभय,
उड़ा अलक चला ललक पवन मलय,
सुहाग नेत्र चूमने चला प्रणय;

खुला गगन,
खिले सुमन,
खुले नयन !

तेईस

पुकाराता पपीहरा पि... आ, पि...आ,
प्रतिध्वनित निनाद से हिया-हिया;
हरेक प्यार की पुकार में असर,
कहाँ उठी,
कहाँ सुनी गई
मगर !
घटा अखंड आसमान में घिरी,
लगी हुई अखंड भूमि पर झरी,
नहा रहा पपीहरा सिहर-सिहर;
अधर—सुधा
निमग्न हो रहे
अधर !
सुनील मेघहीन हो गया गगन,
बसुंधरा पड़ी पहन हरित बसन,
पपीहरा लगा रहा वही रटन;
प्रणय तृषा
अतृप्त सर्वदा
अमर !

चौबीस

सुना कि एक स्वर्ग शोधता रहा,
सुना कि एक स्वप्न खोजता रहा,
सुना कि एक लोक भोगता रहा,
मुझे हरेक
शक्ति का
प्रमाण है !

सुना कि सत्य से न भक्ति हो सकी,
सुना कि स्वप्न से न मुक्ति हो सकी,
सुना कि भोग से न तृप्ति हो सकी,
विफल मनुष्य
सब तरफ़
समान है !

विराग मग्न हो कि रात रत रहे,
विलीन कल्पना कि सत्य में दहे,
धुरीण पुण्य का कि पाप में बहे,
मुझे मनुष्य
सब जगह
महान है !

पचीस

उसे न विश्व की विभूतियाँ दिखीं,
उसे मनुष्य की न खूबियाँ दिखीं,
मिलीं हृदय-रहस्य की न झाँकियाँ,
सका न खेल
जो कि प्राण
का जुआ !

सजीव है गगन किरण-पुलक भरा,
सजीव गंध से बसी वसुंधरा,
पवन अभय लिए प्रणय कहानियाँ,
डरा-मरा
न स्नेह ने
जिसे छुआ !

गगन घृणित अगर न गीत गूंजता,
अवनि घृणित अगर न फूल फूलता,
हृदय घृणित अगर न स्वप्न झूलता,
जहाँ बहा
न रस वहीं
नरक हुआ !

प्रणय पत्रिका

एक

बीन, आ छेड़ूँ तुझे, मन में उदासी छा रही है।

लग रहा जैसा कि मुझसे
आज जब संसार रूठा,
लग रहा जैसे कि सबकी
प्रीति झूठी, प्यार झूठा,
और मुझ-सा दीन, मुझ-सा
हीन कोई भी नहीं है,
बीन, आ छेड़ूँ तुझे, मन में उदासी छा रही है।

दोष, दूषण, दाग अपने
देखने जब से लगा हूँ,
जानता हूँ मैं किसी का
हो नहीं1 सकता सगा हूँ,
और कोई क्यों बने मेरा,
करे परवाह मेरी,
तू मुझे क्या सोच अपनाती रही, अपना रही है?
बीन, आ छेड़ूँ तुझे, मन में उदासी छा रही है।

हो अगर कोई न सुनने
को, न अपने आप गाऊँ?
पुण्य की मुझमें कमी है,
तो न अपने पाप गाऊँ?
और गाया पाप ही तो
पुण्य का पहला चरण है,

मौन जगती किन कलंकों को छिपाती आ रही है
बीन, आ छेड़ूँ तुझे, मन में उदासी छा रही है।

था तुझे छूना कि तूने
भर दिया झंकार से घर,
और मेरी साँस को भी
सात स्वर के लग चले पर,
अब अवनि छू लूँ, गगन छू लूँ
कि सातों स्वर्ग छू लूँ,
सब मुझे आसान मेरे साथ जो तू गा रही है।
बीन, आ छेड़ूँ तुझे, मन में उदासी छा रही है।

दो

सो न सकूँगा और न तुझको सोने दूँगा, हे मन-बीने।

इसीलिए · क्या तुझसे मैंने
साँसों के सम्बन्ध बनाए,
मैं रह-रहकर करवट लूँ तू
मुख पर डाल केश सो जाए,
रैन अँधेरी, जग जा, गोरी,
माफ आज की हो बरजोरी;
सो न सकूँगा और न तुझको सोने दूँगा, हे मन-बीने।

सेज सजा सब दुनिया सोई
यह तो कोई तर्क नहीं है,
क्या मुझमें-तुझमें, दुनिया में
सच कह दे, कुछ फर्क़ नहीं है,
स्वार्थ-प्रपंचों के दुःस्वप्नों
में वह खोई, लेकिन मैं तो
खो न सकूँगा और न तुझको खोने दूँगा, हे मन-बीने।
सो न सकूँगा और न तुझको सोने दूँगा, हे मन-बीने।

जाग छेड़ दे एक तराना,
दूर अभी है भोर, सहेली,
जगहर सुनकर के भी अक्सर
भग जाते हैं चोर, सहेली,
सधी-बदी-सी चुप्पी मारे
जग लेटा लेकिन चुप मैं तो
हो न सकूँगा और न तुझको होने दूँगा, हे मन-बीने।
सो न सकूँगा और न तुझको सोने दूँगा, हे मन-बीने।

गीत चेतना के सिर कलँगी,
गीत खुशी के मुख पर सेहरा,
गीत विजय की कीर्ति पताका,
गीत नींद ग़फलत पर पहरा,
पीड़ा का स्वर आँसू लेकिन
पीड़ा की सीमा पर मैं तो
रो न सकूँगा और न तुझको रोने दूँगा, हे मन-बीने।
सो न सकूँगा और न तुझको सोने दूँगा, हे मन-बीने।

तीन

मेरी तो हर साँस मुखर है, प्रिय, तेरे सब मौन सँदेसे।

एक लहर उठ-उठकर फिर-फिर
ललक-ललक तट तक जाती है,
किंतु उदासीना युग-युग से
भाव-भरी तट की छाती है,
भाव-भरी यह चाहे तट भी
कभी बढ़े, तो अनुचित क्या है?
मेरी तो हर साँस मुखर है, प्रिय, तेरे सब मौन सँदेसे।

बन्द कपाटों पर जा-जाकर
जो फिर-फिर साँकल खटकाए,
और न उत्तर पाए, उसकी
लाज-व्यथा को कौन बताए,

पर अपमान पिए पग फिर भी
उस ड्योढ़ी पर जाकर ठहरें,
क्या तुझमें ऐसा जो तुझसे मेरे तन-मन-प्राण बँधे-से।
मेरी तो हर साँस मुखर है, प्रिय, तेरे सब मौन सँदेसे।

ज़ाहिर और अज़ाहिर दोनों
विधि मैंने तुझको आराधा,
रात चढ़ारु आंसू, दिन में
राग-रिझाने को स्वर साधा,
मेरे उर में चुभती प्रतिध्वनि
आ मेरी ही तीर सरीखी,
पीर बनी थी गीत कभी, अब गीत हृदय के पीर बने-से।
मेरी तो हर साँस मुखर है, प्रिय, तेरे सब मौन सँदेसे।

मैं भी चुप हो जाऊँ, यह तो
मेरे बस की बात नहीं है,
अग-जग में क्या हो सकता है,
जो मुझपर आघात नहीं है,
पलक झँपी तारे की, तृण के
ऊपर ओस कनी मुसकाई,
झनकी मेरी बीन कि इतने मेरे जीवन-तार तने-से।
मेरी तो हर साँस मुखर है, प्रिय, तेरे सब मौन सँदेसे।

चार

चंचला के बाहु का अभिसार बादल जानते हों,
किंतु वज्राघात केवल प्राण मेरे, पंख मेरे।

कब किसी से भी कहा मैंने कि उसके रूप-मधु की
एक नन्ही बूँद से भी आँख अपनी सार आया,
कब किसी से भी कहा मैंने कि उसके पंथ रज का
एक लघु कण भी उठाकर शीश पर मैंने चढ़ाया,
कम नहीं जाना अगर जाना कि इसका देखने को
स्वप्न भी क्या मूल्य पड़ता है चुकाना ज़िंदगी को,

चंचला के बाहु का अभिसार बादल जानते हों,
किंतु वज्राघात केवल प्राण मेरे, पंख मेरे।

जब भरे-भूरे घनों के बीच में दामिनि दमकती
तब अचानक एक बिजली दौड़ जाती है परों में,
और जब नभ है गरजता इस तरह लगता कि कोई
दुर्निवार पुकारता अधिकार, आज्ञा के स्वरों में,
कब धरा छूटी, हवा में कब उठा, पैठा गगन में,
धँस गया कितना, किधर को, कुछ नहीं मालूम होता,
मैं स्वयं खिंचता कि मुझको खींचता आकाश, इससे
सर्वथा अनजान बेकल प्राण मेरे, पंख मेरे।
चंचला के बाहु का अभिसार बादल जानते हों,
किंतु वज्राघात केवल प्राण मेरे, पंख मेरे।

परत के ऊपर परत डाले घटाएँ व्योम घेरे
हैं, अँधेरे के सिवा कुछ भी नहीं जो सूझता है,
पूछती हैं अट्टहासी व्यंग-सा करती दिशाएँ,
कौन जोधा है कि पानी औ' पवन से जूझता है !
एक पल के वास्ते मैं हूँ ठिठकता और अपना
नीड़ दृढ़ चट्टान के ऊपर बना जो याद आता,
दूसरे पल काटने में तम कि जो तत्काल जुड़ता
व्यस्त होते व्यर्थ पागल प्राण मेरे, पंख मेरे।
चंचला के बाहु का अभिसार बादल जानते हों,
किंतु वज्राघात केवल प्राण मेरे, पंख मेरे।

छूटता जब आग का शहतीर अंबर चीर, मैं हूँ
कौन ऐसी चीज़ मुझको जो निशाना भी बनाए,
पर पतिंगा इस प्रतीक्षा में कभी बैठा रहा है
दीप अपने-आप उसकी ओर अपनी लौ बढ़ाए?
टूटता हूँ उस तरफ को जिस तरफ को शोर उसका,
ज़ोर उसका आँकता हूँ, चोट भी जिसके करों की
है मधुर इतनी, लटों की ओट उसके कौन-सा है
स्वर्ग, बेसुध सोच घायल प्राण मेरे, पंख मेरे।
चंचला के बाहु का अभिसार बादल जानते हों,
किंतु वज्राघात केवल प्राण मेरे, पंख मेरे।

पाँच

पाप मेरे वास्ते है नाम लेकर आज भी तुमको बुलाना।

है वही छाती कि जो अपनी तहों में
राज़ कोई हो छिपाए,
जो कि अपनी टीस अपने आप झेले
मत किसी को भी सुनाए,
दर्द जो मेरे लिए था गर्व उसपर
आज मुझको हो रहा है,
पाप मेरे वास्ते है नाम लेकर आज भी तुमको बुलाना।

वह अगस्ती रात मस्ती की, गगन में
चाँद निकला था अधूरा,
किंतु मेरी गोद काले बादलों के
बीच में था चाँद पूरा,
देह—वह थी भी अलग कब—नेह दोनों
एक मिलकर हो गए थे,
वेदनामय है मुझे तो उस घड़ी को याद रखना या भुलाना।
पाप मेरे वास्ते है नाम लेकर आज भी तुमको बुलाना।

फिर हमारे बीच घड़ियाँ और फिर दिन,
फिर महीने, साल आए,
बीस दुनियाबी बखेड़े, सौ तरह के
जाल औ' जंजाल आए,
मार होती है बड़ी सबसे समय की
ख्याल पर, अब देखता हूँ,
तुम न वह अब, मैं न वह अब, वह न मौसम, वह तबीयत, वह ज़माना।
पाप मेरे वास्ते है नाम लेकर आज भी तुमको बुलाना।

उन रुपहली यादगारों के लिए, पर,
मैं नहीं आँसू गिराता,
मैं उसी क्षण के लिए रोता कि जिसमें
मैं नहीं पूरा समाता,

और मैं जिससे समाता पूर्ण वह बन
गीत नभ में गूँजता है,
तुम इसे पढ़ना कभी तो भूलकर मत आँख से मोती ढुलाना।
पाप मेरे वास्ते है नाम लेकर आज भी तुमको बुलाना।

छह

रात आधी, खींचकर मेरी हथेली एक उँगली से लिखा था 'प्यार' तुमने।

फ़ासला था कुछ हमारे बिस्तरों में
और चारों ओर दुनिया सो रही थी,
तारिकाएँ ही गगन की जानती हैं
जो दशा दिल की तुम्हारे हो रही थी,
मैं तुम्हारे पास होकर दूर तुमसे
अधजगा-सा और अधसोया हुआ था,
रात आधी, खींचकर मेरी हथेली एक उँगली से लिखा था 'प्यार' तुमने।

एक बिजली छू गई, सहसा जगा मैं,
कृष्णपक्षी चाँद निकला था गगन में,
इस तरह करवट पड़ी थी तुम कि आँसू
बह रहे थे इस नयन से उस नयन में,
मैं लगा दूँ आग उस संसार में है
प्यार जिसमें इस तरह असमर्थ-कातर,
जानती हो, उस समय क्या कर गुज़रने
के लिए था कर दिया तैयार तुमने?
रात आधी, खींचकर मेरी हथेली एक उँगली से लिखा था 'प्यार' तुमने।

प्रात ही की ओर को है रात चलती
औ' उजाले में अँधेरा डूब जाता,
मंच ही पूरा बदलता कौन ऐसी
खूबियों के साथ परदे को उठाता,
एक चेहरा-सा लगा तुमने लिया था,
और मैंने था उतारा एक चेहरा,

वह निशा का स्वप्न मेरा था कि अपने पर
ग़ज़ब का था किया अधिकार तुमने।
रात आधी, खींचकर मेरी हथेली एक उँगली से लिखा था 'प्यार' तुमने।

और उतने फ़ासले पर आज तक सौ
यत्न करके भी न आए फिर कभी हम,
फिर न आया वक्त वैसा, फिर न मौक़ा
उस तरह का, फिर न लौटा चाँद निर्मम,
और अपनी वेदना मैं क्या बताऊँ,
क्या नहीं ये पंक्तियाँ खुद बोलती हैं—
बुझ नहीं पाया अभी तक उस समय जो
रख दिया था हाथ पर अंगार तुमने।
रात आधी, खींचकर मेरी हथेली एक उँगली से लिखा था 'प्यार' तुमने।

सात

तुम्हारे नील झील-से नैन,
नीर निर्झर-से लहरे केश।

तुम्हारे तन का रेखाकार
वही कमनीय, कलामय हाथ
कि जिसने रुचिर तुम्हारा देश
रचा गिरि-ताल-माल के साथ,
करों में लतरों का लचकाव,
करतलों में फूलों का वास,
तुम्हारे नील झील-से नैन,
नीर निर्झर-से लहरे केश।

उधर झुकती अरुनारी साँझ,
इधर उठता पूनों का चाँद
सरों, शृंगों, झरनों पर फूट
पड़ा है किरनों का उन्माद,
तुम्हें अपनी बाँहों में देख
नहीं कर पाता मैं अनुमान,

प्रकृति में तुम बिंबित चहुँ ओर
कि तुममें बिंबित प्रकृति अशेष।
तुम्हारे नील झील-से नैन,
नीर निर्झर-से लहरे केश।

जगत है पाने को बेताब
नारि के मन की गहरी थाह,
किए थी चिंतित औ' बेचैन
मुझे भी कुछ दिन ऐसी चाह
मगर उसके तन का भी भेद
सका है कोई अब तक जान !
मुझे है अद्भुत एक रहस्य
तुम्हारी हर मुद्रा, हर वेष,
तुम्हारे नील झील-से नैन,
नीर निर्झर-से लहरे केश।

कहा मैंने, मुझको इस ओर
कहाँ फिर लाती है तक़दीर
कहाँ तुम आती हो उस छोर
जहाँ है गंग-जमुन का तीर;
विहंगम बोला, युग के बाद
भाग से मिलती है अभिलाष;
और...अब उचित यहीं दूँ छोड़
कल्पना के ऊपर अवशेष।
तुम्हारे नील झील-से नैन,
नीर निर्झर-से लहरे केश।

मुझे यह मिट्टी अपना जान
किसी दिन कर लेगी लयमान,
तुम्हें भी कलि-कुसुमों के बीच
न कोई पाएगा पहचान,
मगर तब भी यह मेरा छंद
कि जिसमें एक हुआ है अंग
तुम्हारा औ' मेरा अनुराग
रहेगा गाता मेरा देश।

तुम्हारे नील झील-से नैन,
नीर निर्झर-से लहरे केश।

आठ

कौन सरसी को अकेली और सहमी
छोड़ तुम आए यहाँ हो, कुछ बताओ।

इस तरफ से रोज़ आना, रोज़ जाना
आज सालों से लगा मेरा बराबर,
याद पड़ता है नहीं लेकिन कि देखा
है कभी पहले तुम्हें मैंने यहाँ पर,
यह अचंभे की नज़र हर कंज, दल पर
तृण, लहर पर और चेहरे की उदासी,
जो छिपाने से नहीं छिपती, बताती
है, यहाँ के वास्ते तुम हो प्रवासी;
जो चला करते उठाकर गर्व-ग्रीवा
स्वागतम् कहते उन्हें हम किंतु फिर भी
कौन सरसी को अकेली और सहमी
छोड़ तुम आए यहाँ हो, कुछ बताओ।

कौन-सा वह देश तुम आए जहाँ से?
किस तरह की भूमि है? आकाश कैसा?
किस तरह के पेड़-पौधे, फूल-पत्ती,
घास? बहता है वहाँ वातास कैसा?
कौन-सी चिड़ियाँ वहाँ पर चहचहाकर
हैं सवेरे की खुमारी दूर करतीं?
कौन-सी चिड़ियाँ सुरीली रागिनी से
रात की अलकावली में नींद भरतीं?
कौन वे गिरि हैं कि जिनकी बाहुओं में
सो रही है वह कि जिसकी आरसी में
देखने को मुँह दिवस में सूर्य जाता,
यामिनी में चाँद आता, कह सुनाओ?
कौन सरसी को अकेली और सहमी
छोड़ तुम आए यहाँ हो, कुछ बताओ।

और तुम अपना अमर वह देश तजकर
किसलिए परदेश में आए हुए हो?
घूमती जो स्वर्ण हंसिनियाँ यहाँ हैं?
क्या उन्हीं को देख पगलाए हुए हो?

या कि हो परवाज़ जो आवाज़ सुनकर
दूर-दुर्गम की कभी रुकते नहीं हैं,
नापते हैं मेरु, मरुथल, वन, समुंदर,
हैं यहाँ पर आज तो वे कल कहीं हैं?

सर्वदा वे मुसकराते, मुख मलिन तुम;
क्या तरंगों से हुई थी कुछ लड़ाई?
या कि अपनी संगनी से रूठकर
आवेश में तुम भाग आए, मत छिपाओ?

कौन सरसी को अकेली और सहमी
छोड़ तुम आए यहाँ हो, कुछ बताओ।

मूर्ति बनकर तुम खड़े हो किन्तु मेरी
कल्पना तो है नहीं विश्राम करती,
देखती है दूर कोई भव्य मंदिर
सीढ़ियाँ जिसकी किसी सर में उतरतीं,

आरती वेला हुई है, शंख, घंटे,
घंटियों के साथ बजते हैं नगारे,
देव. बालक दो प्रसादी ले उतरते
सीढ़ियों से आ गए हैं जल किनारे

औ' खिलाने को तुम्हें वे नाम ले-ले-
कर तुम्हारा हैं बुलाते, 'जल कलापी !',
'जल कलापति !' और उनकी ध्वनि-प्रतिध्वनि
से उठा है गूँज अंबर, लौट जाओ !

कौन सरसी को अकेली और सहमी
छोड़ तुम आए यहाँ हो, कुछ बताओ।

नौ

कौन हंसिनियाँ लुभाए हैं तुझे ऐसा कि तुझको मानसर भूला हुआ है?

कौन लहरें हैं कि जो दबती-उभरतीं
छातियों पर हैं तुझे झूला झुलातीं?
कौन लहरें हैं कि तुझपर फेन का कर
लेप, तेरे पंख सहलाकर सुलातीं?
कौन-सी मधु-गंध बहती है पवन में
साँस के जो साथ अंतर में समाती?
कौन हंसिनियाँ लुभाए हैं तुझे ऐसा कि तुझको मानसर भूला हुआ है?

कौन श्यामल, श्वेत और रतनार नीरज-
के निकुंजों ने तुझे भरमा लिया है?
कौन हालाहल, अमीरस और मदिरा
से भरे लबरेज़ प्यालों को पिया है
इस कदर तूने कि तुझको आज मरना
और जीना और झुक-झुक झूमना सब
एक-सा है? किस कमल के नाल की
जादू-छड़ी ने आज तेरा मन छुआ है?
कौन हंसिनियाँ लुभाए हैं तुझे ऐसा कि तुझको मानसर भूला हुआ है?

चाँद, सूरज औ' सितारों की किरण से
कौन अप्सरियाँ वहाँ आतीं नहाने?
और तुझको क्या दिखा, कर क्या इशारे
पास अपने हैं बुलाती किस बहाने?
व्योम से वह कौन मोहनभोग लातीं
जो कि अपने हाथ से तुझको खिलातीं?
फेरतीं तेरे गले पर जब उँगलियाँ तब
उतरती कौन स्वर्गिक-सी दुआ है?
कौन हंसिनियाँ लुभाए हैं तुझे ऐसा कि तुझको मानसर भूला हुआ है?

मानसर फैला हुआ है, पर, प्रतीक्षा
के मुकुर-सा मौन औ' गंभीर बनकर,
और ऊपर एक सीमाहीन अंबर,
और नीचे एक सीमाहीन अंबर,

औ' अडिग विश्वास का है श्वास चलता
पूछता-सा—डोलता तिनका नहीं है—
प्राण की बाज़ी लगाकर खेलता है जो
कभी क्या हारता वह भी जुआ है?
कौन हंसिनियाँ लुभाए हैं तुझे ऐसा कि तुझको मानसर भूला हुआ है?

दस

हो चुका है चार दिन मेरा तुम्हारा,
हेम हंसिनि, और इतना भी यहाँ पर कम नहीं है।

एक आँधी है उठी गर्दोगुबारी
औ' इसी के साथ उड़ जाना मुझे है,
जानता मैं हूँ नहीं, कोई नहीं है,
कब तुम्हारे पास फिर आना मुझे है;
यह विदा का नाम ही होता बुरा है
डूबने लगती तबीयत, किंतु सोचा—
हो चुका है चार दिन मेरा तुम्हारा,
हेम हंसिनि, और इतना भी यहाँ पर कम नहीं है।

मैं निराला था, निराले देश आया
औ' निराली ही लिए चाहें, उमंगें,
पर मिलीं खुलकर सलिल-बल्कल नलिनियाँ
और बाँहें खोल जल-कुंतल-तरंगें,
बीच जिनके हम फिरे स्वच्छन्द होकर
और जिनपर झूम झूले और तैरे, किंतु मुझको,
हम अलग होने चले हैं जब हमारा
हर्ष सीमा छू रहा है, लेश इसका ग़म नहीं है।
हो चुका है चार दिन मेरा तुम्हारा,
हेम हंसिनि, और इतना भी यहाँ पर कम नहीं है।

क्या प्रतीक्षा हम करेंगे उस घड़ी की
एक दिल से दूसरा जब ऊब जाए,

जिस ख़ुशी के बीच में हम डूबते हैं
जब हमारे बीच में वह डूब जाए,
आग चुंबन से निकलती है हमारे
और बिजली दौड़ती आलिंगनों में,
अलविदा का वक्त है यह, जब हमारे
बीच शंका है नहीं, सन्देह, भय या भ्रम नहीं है।
हो चुका है चार दिन मेरा तुम्हारा,
हेम हंसिनि, और इतना भी यहाँ पर कम नहीं है।

पंख चाँदी के मिले हों या कि सोने
के मिले हों, एक दिन झड़ते अचानक,
औ' सभी को देखनी पड़ती किसी दिन
जड़ प्रकृति की एक सच्चाई भयानक,
किंतु उनके वास्ते रोएँ उन्हें जो
बैठ सहलाते रहे हैं, किंतु उनसे जो वसंती
बात बहलाते, बवंडर सात दहलाते
रहे हैं, ज़िंदगी उनके लिए मातम नहीं है।
हो चुका है चार दिन मेरा तुम्हारा,
हेम हंसिनि, और इतना भी यहाँ पर कम नहीं है।

ग्यारह

मधुर प्रतीक्षा ही जब इतनी, प्रिय, तुम आते, तब क्या होता।

मौन रात इस भाँति कि जैसे
कोई गत वीणा पर बजकर
अभी - अभी सोई खोई - सी
सपनों में तारों पर सिर धर,
और दिशाओं से प्रतिध्वनियाँ
जाग्रत सुधियों - सी आती हैं,
कान तुम्हारी तान कहीं से यदि सुन पाते, तब क्या होता।
मधुर प्रतीक्षा ही जब इतनी, प्रिय, तुम आते, तब क्या होता।

उत्सुकता की अकुलाहट में
मैंने पलक पाँवड़े डाले,
अंबर तो मशहूर कि सब दिन
रहता अपना होश सँभाले,
तारों की महफिल ने अपनी
आँख बिछा दी किस आशा से,
मेरी मौन कुटी को आते तुम दिख जाते, तब क्या होता।
मधुर प्रतीक्षा ही जब इतनी, प्रिय, तुम आते, तब क्या होता।

तुमने कब दी बात रात के
सूने में तुम आनेवाले,
पर ऐसे ही वक्त प्राण-मन
मेरे हो उठते मतवाले,
साँसें भूल-भूल फिर-फिर से
असमंजस के क्षण गिनती हैं,
मिलने की घड़ियाँ तुम निश्चित यदि कर जाते, तब क्या होता।
मधुर प्रतीक्षा ही जब इतनी, प्रिय, तुम आते, तब क्या होता।

बैठ कल्पना करता हूँ पग-
चाप तुम्हारी मग से आती,
रग-रग से चेतनता खुलकर
आँसू के कण-सी झर जाती,
नमक डली-सा गल अपनापन,
सागर में घुल-मिल-सा जाता,
अपनी बाहों में भरकर, प्रिय, कंठ लगाते, तब क्या होता।
मधुर प्रतीक्षा ही जब इतनी, प्रिय, तुम आते, तब क्या होता।

बारह

मेरे उर की पीर पुरातन तुम न हरोगे, कौन हरेगा।

किसका भार लिए मन भारी
जगती में यह बात अजानी,
कौन अभाव किए मन सूना
दुनिया की यह मौन कहानी,

किंतु मुखर हैं जिससे मेरे
गायन-गायन, अक्षर-अक्षर,
मेरे उर की पीर पुरातन तुम न हरोगे, कौन हरेगा।

सच पूछो तो मेरा जग का
कुछ स्वर-शब्दों का नाता है,
किंतु बहुत कुछ मन का केवल
धड़कन बनकर रह जाता है,
जिसमें बन्द समय की श्वासें
आश्वासन पाने को आतुर,
मेरी छाती पर अपना कर तुम न धरोगे, कौन धरेगा,
मेरे उर की पीर पुरातन तुम न हरोगे, कौन हरेगा।

दावा वन-वन आग लगाए,
बादल उठ-उठ वारि उँडेले,
किंतु हृदय की लौ-लपटों से
किसमें साहस है जो खेले,
यह उससे ही बुझ सकती है
जो इसको जाग्रत करता है,
यह तो काम तुम्हारा ही है, तुम न करोगे, कौन करेगा।
मेरे उर की पीर पुरातन तुम न हरोगे, कौन हरेगा।

सर, सरिता, निर्झर धरती के
मेरी प्यास परखने आए,
देख मुझे प्यासा का प्यासा
वे भरमाए, वे शरमाए,
ओर - छोर नभमंडल घेरे,
हे पावस के पागल जलधर,
मेरे अंतर के सागर को तुम न भरोगे, कौन भरेगा।
मेरे उर की पीर पुरातन तुम न हरोगे, कौन हरेगा।

तेरह

आज मलार कहीं तुम छेड़े, मेरे नयन भरे आते हैं।

तुमने आह भरी कि मुझे था
झंझा के झोंकों ने घेरा,
तुम मुसकाए थे कि जुन्हाई
में था डूब गया मन मेरा,
तुम जब मौन हुए थे मैंने
सूनेपन का दिल देखा था,
आज मलार कहीं तुम छेड़े, मेरे नयन भरे आते हैं।

तुम हो मेरे कौन? जगत के
सम्मानित नातों की सूची,
ऊपर से नीचे तक मैंने
देखी बार अनेक समूची,
कह न सका कुछ, बतलाए तो
कोई, अस्फुट प्राणों के स्वर
ध्वनित-प्रतिध्वनित जो होते हैं, आपस में क्या कहलाते हैं।
आज मलार कहीं तुम छेड़े, मेरे नयन भरे आते हैं।

फूल हँसी के तुमने मुख पर
डाल दिए तो मैं बलिहारी,
गीत कसकते कंठस्थल से
काढ़ लिए तो वारी-वारी,
नीरव घड़ियों की कड़ियों में
उलझा दो तो कैसे निकलूँ,
प्रिय, सारे उपहार तुम्हारे मेरा हियरा हुलसाते हैं।
आज मलार कहीं तुम छेड़े, मेरे नयन भरे आते हैं।

हँसता हूँ तो उनकी अंजलि
रिक्त नहीं होगी कलियों से,
मुखरित होता तो पथ उनका
सुरभित होगा पंखुरियों से,

पलको, सूख न जाना देखो,
राग न उनका रुकने पाए,
किस मरु को मधुबन करने को आज न जाने वे गाते हैं।
आज मलार कहीं तुम छेड़े, मेरे नयन भरे आते हैं।

चौदह

तन के सौ सुख, सौ सुविधा में मेरा मन वनवास दिया-सा।

राजमहल का पाहुन जैसे
तृण-कुटिया वह भूल न पाए
जिसमें उसने हों बचपन के
नैसर्गिक निशि-दिवस बिताए,
मैं घर की ले याद करकती
भड़कीले साजों में बंदी,
तन के सौ सुख, सौ सुविधा में मेरा मन वनवास दिया-सा।

सच, ज़ंजीर नहीं है ऐसी
जो चाहूँ तो तोड़ न पाऊँ,
पर जब घर की डगर भुला दी,
तब किस दिशि को पाँव बढ़ाऊं
धुँधली - सी आवाज़ बुलाती
ऊपर से, पर पंख कहाँ हैं,
छलना-सी धरती है मुझको और मुझे अंबर छलिया-सा।
तन के सौ सुख, सौ सुविधा में मेरा मन वनवास दिया-सा।

गगन, गगन के ऊपर घन,
घन के ऊपर है, उडगन पाँती,
उडगन के ऊपर बसता है
प्राण पपीहे का प्रिय स्वाती,
उसकी आँखों के करुणा कण
का सपना होंठों पर अंकित
कर, किसने सागर की गोदी में बिठला उपहास किया-सा।
तन के सौ सुख, सौ सुविधा में मेरा मन वनवास दिया-सा।

सुभग तरंगे उमग दूर की
चट्टानों को नहला आतीं,
तीर-नीर की सरस कहानी
फेन लहर फिर-फिर दुहराती
औ' जल का उच्छ्वास बदल
बादल में कहाँ-कहाँ जाता है,
लाज-मरा जाता हूँ कहते, मैं सागर के बीच पियासा।
तन के सौ सुख, सौ सुविधा में मेरा मन वनवास दिया-सा।

पन्द्रह

तुमको छोड़ कहीं जाने को आज हृदय स्वच्छंद नहीं है।

रोमराजि पहले गिन डालूँ
तब तन के बंधन बतलाऊँ,
नाम दूसरा मन का बंधन
कैसे दोनों को अलगाऊँ,
नित्य वचन की गाँठ जोड़ती
मेरी रसना—मेरी रचना,
तुमको छोड़ कहीं जाने को आज हृदय स्वच्छंद नहीं है।

तुमसे नाता जोड़ अवनि से
ले अंबर पर्यंत तुम्हारा
जो था सबकी ओर ललककर
मैंने अपना हाथ पसारा,
नीति-नियम से ऊपर उठकर
तुमने ही यह बात कही थी
मेरे कानों में, 'तू कवि है, तुझ पर कुछ प्रतिबंध नहीं है।'
तुमको छोड़ कहीं जाने को आज हृदय स्वच्छंद नहीं है।

रूप, रंग, रस, गंध सना तो
मुझसे कोई पाप हुआ क्या,
उस दिन का आदेश तुम्हारा
हाय राम, अभिशाप हुआ क्या

अपने मन को समझ तुम्हारा
ही तो मैंने दुलराया था,
मेरे भाल कलंक तुम्हारे हाथ लगाया चंदन ही है।
तुमको छोड़ कहीं जाने को आज हृदय स्वच्छंद नहीं है।

मेरी दुर्बलता के पल को
याद तुम्हीं करुणाकर आते,
अपनी करुणा के क्षण में तुम
मेरी दुर्बलता बिसराते,
बुद्धि बिचारी गुमसुम, हारी,
साफ़ बोलता, पर, चित मेरा—
मेरे पाप तुम्हारी करुणा में कोई संबंध कहीं है।
तुमको छोड़ कहीं जाने को आज हृदय स्वच्छंद नहीं है।

धार के इधर-उधर

रक्तस्नान

पृथ्वी रक्तस्नान करेगी !

ईसा बड़े हृदय वाले थे,
किंतु बड़े भोले - भाले थे,
चार बूँद इनके लोहू की इसका ताप हरेगी ?
पृथ्वी रक्तस्नान करेगी !

आग लगी धरती के तन में,
मनुज नहीं बदला पाहन में,
अभी श्यामला, सुजला, सुफला ऐसे नहीं मरेगी।
पृथ्वी रक्तस्नान करेगी !

संवेदना अश्रु ही केवल
जान पड़ेगा वर्षा का जल,
जब मानवता निज लोहू का सागर दान करेगी।
पृथ्वी रक्तस्नान करेगी !

व्याकुलता का केन्द्र

जग की व्याकुलता का केन्द्र—

जहाँ छिड़ा लोहित संग्राम,
जहाँ मचा रौरव कुहराम,

पटा हताहत से जो ठाम !
वहाँ नहीं है, वहाँ नहीं है, वहाँ नहीं है, वहाँ नहीं।
जग की व्याकुलता का केन्द्र–

जहाँ बली का अत्याचार,
जहाँ निबल की चीख़-पुकार,
रक्त, स्वेद, आँसू की धार !
वहाँ नहीं है, वहाँ नहीं है, वहाँ नहीं है, वहाँ नहीं।
जग की व्याकुलता का केन्द्र–

जहाँ घृणा करती है वास,
जहाँ शक्ति की अनबुझ प्यास,
जहाँ न मानव पर विश्वास,
उसी हृदय में, उसी हृदय में, उसी हृदय में, वहीं, वहीं।
जग की व्याकुलता का केन्द्र–

मनुष्य की मूर्ति

देवलोक से मिट्टी लाकर
मैं मनुष्य की मूर्ति बनाता !

रचता मुख जिससे निकली हो
वेद-उपनिषद् की वर वाणी,
काव्य - माधुरी, राग - रागिनी
जग - जीवन के हित कल्याणी,
हिंस्र जंतु के दाढ़ युक्त
जबड़े-सा पर वह मुख बन जाता !
देवलोक से मिट्टी लाकर
मैं मनुष्य की मूर्ति बनाता !

रचता कर जो भूमि जोतकर
बोएँ, श्यामल शस्य उगाएँ,
अमित कला-कौशल की निधियाँ
संचित कर सुख-शांति बढ़ाएँ,

हिंस्र जंतु के नख से संयुत
पंजे - सा वह कर बन जाता !
देवलोक से मिट्टी लाकर
मैं मनुष्य की मूर्ति बनाता !

दो पाँवों पर उसे खड़ा कर
बाँहों को ऊपर उठवाता,
स्वर्ग लोक को छू लेने का
मानो हो वह ध्येय बनाता,
हाथ टेक धरती के ऊपर
हाय, नराधम पशु बन जाता !
देवलोक से मिट्टी लाकर
मैं मनुष्य की मूर्ति बनाता !

आप किनके साथ हैं?

मैं हूँ उनके साथ खड़ी जो
सीधी रखते अपनी रीढ़

कभी नहीं जो तज सकते हैं
अपना न्यायोचित अधिकार,
कभी नहीं जो सह सकते हैं
शीश नवाकर अत्याचार
एक अकेले हों या उनके
साथ खड़ी हो भारी भीड़;
मैं हूँ उनके साथ खड़ी जो
सीधी रखते अपनी रीढ़।

निर्भय होकर घोषित करते
जो अपने उद्‌गार-विचार,
जिनकी जिह्वा पर होता है
उनके अन्तर का अंगार,
नहीं जिन्हें चुप कर सकती है
आततायियों की शमशीर;

मैं हूँ उनके साथ खड़ी जो
सीधी रखते अपनी रीढ़।

नहीं झुका करते जो दुनिया
से करने को समझौता,
ऊँचे से ऊँचे सपनों को
देते रहते जो न्योता,
दूर देखती जिनकी पैनी
आँख भविष्यत् का तम चीर;
मैं हूँ उनके साथ खड़ी जो
सीधी रखते अपनी रीढ़।

जो अपने कंधों से पर्वत
से बढ़ टक्कर लेते हैं,
पथ की बाधाओं को जिनके
पाँव चुनौती देते हैं,
जिनको बाँध नहीं सकती है
लोहे की बेड़ी - ज़ंजीर;
मैं हूँ उनके साथ खड़ी जो
सीधी रखते अपनी रीढ़।

जो चलते हैं अपने छप्पर,
के ऊपर लूका धरकर,
हार-जीत का सौदा करते
जो प्राणों की बाज़ी पर,
कूद उदधि में नहीं पलटकर
जो फिर ताका करते तीर;
मैं हूँ उनके साथ खड़ी जो
सीधी रखते अपनी रीढ़।

जिनको यह अवकाश नहीं है,
देखें कब तारे अनुकूल,
जिनको यह परवाह नहीं है,
कब तक भद्रा कब दिक्शूल,

जिनके हाथों की चाबुक से
चलती है उनकी तक़दीर;
मैं हूँ उनके साथ खड़ी जो
सीधी रखते अपनी रीढ़।

तुम हो कौन, कहो जो मुझसे,
सही-ग़लत पथ लो तो जान,
सोच-सोचकर, पूछ-पूछकर
बोलो, कब चलता तूफ़ान,
सत्पथ है वह जिसपर अपनी
छाती ताने जाते वीर।
मैं हूँ उनके साथ खड़ी जो
सीधी रखते अपनी रीढ़।

आज़ाद हिंदुस्तान का आह्वान

कर रहा हूं आज मैं आज़ाद हिंदुस्तान का आह्वान !

है भरा हर एक दिल में आज बापू के लिए सम्मान,
हैं छिड़े हर एक दर पर क्रांति वीरों के अमर आख्यान,
हैं उठे हर एक घर पर देश-गौरव के तरंग निशान,
गूँजता हर एक क्षण में आज वंदेमातरम् का गान,
हो गया है आज मेरे राष्ट्र का सौभाग्य स्वर्ण-विहान;
कर रहा हूं आज मैं आज़ाद हिंदुस्तान का आह्वान !

याद वे, जिनकी जवानी खा गई थी जेल की दीवार,
याद, जिनकी गर्दनों ने फाँसियों से था किया खिलवार,
याद, जिनके रक्त से रंगी गई संगीन की खर धार,
याद, जिनकी छातियों ने गोलियों की थी सही बौछार,
याद करते आज ये बलिदान हमको दुख नहीं, अभिमान,
है हमारी जीत आज़ादी, नहीं इंगलैंड का वरदान;
कर रहा हूं आज मैं आज़ाद हिंदुस्तान का आह्वान !

उन विरोधी शक्तियों की आज भी तो चल रही है चाल,
यह उन्हीं की है लगाई, उठ रही जो घर-नगर से ज्वाल,
काटता उनके करों से एक भाई दूसरे का भाल,
आज उनके मन्त्र से है बन गया इंसान पशु विकराल,
किन्तु हम स्वाधीनता के पंथ - संकट से नहीं अनजान,
जन्म नूतन जाति, नूतन राष्ट्र का होता नहीं आसान;
कर रहा हूं आज मैं आज़ाद हिंदुस्तान का आह्वान !

जब बँधे थे पाँव तब भी हम रुके थे हारकर किस ठौर?
है मिटा पाया नहीं हमको ज़माने का समूचा दौर,
हम पहुँचना चाहते थे जिस जगह पर यह नहीं वह ठौर,
जिए लिए भारत जिया, आदर्श वह कुछ और, वह कुछ और;
आज के दिन की महत्ता है कि बेड़ी से मिला है त्राण,
और ऊँची मंज़िलों पर हम करेंगे आज से प्रस्थान,
कर रहा हूं आज मैं आज़ाद हिंदुस्तान का आह्वान !

आज से आज़ाद रहने का तुझे है मिल गया अधिकार,
किंतु उसके साथ ज़िम्मेदारियों का शीश पर है भार,
दीप - झंडों के प्रदर्शन और जय - जयकार के दिन चार,
किंतु जाँचेगा तुझे फिर सौ समस्या से भरा संसार,
यह नहीं तेरा, जगत के सब गिरों का गर्वमय उत्थान,
आज तुझसे बद्ध सारे एशिया का, विश्व का कल्याण,
कर रहा हूं आज मैं आज़ाद हिंदुस्तान का आह्वान !

देश के नाविकों से

कुछ शक्ल तुम्हारी घबराई-घबराई-सी,
दिग्भ्रम की आँखों के अंदर परछाई-सी,
तुम चले कहाँ को और कहाँ पर पहुँच गए।
लेकिन, नाविक,
होता ही है
तूफ़ान प्रबल।

यह नहीं किनारा है जो लक्ष्य तुम्हारा था,
जिस पर तुमने अपना श्रम-यौवन वारा था;
यह भूमि नई, आकाश नया, नक्षत्र नये।
हो सका तुम्हारा
स्वप्न पुराना
नहीं सफल।

अब काम नहीं दे सकते हैं पिछले नक़्शे,
जिनको फिर-फिर तुम ताक रहे हो भ्रांति-ग्रसे,
तुम उन्हें फाड़ दो, और करो तैयार नये।
वह आज नहीं
सम्भव है, जो
था संभव कल।

आज़ादी की दूसरी वर्षगाँठ

जो खड़ा है तोड़ कारागार की दीवार, मेरा देश है।

काल की गति फेंकती किस पर नहीं अपना अलक्षित पाश है,
सिर झुकाकर बंधनों को मान जो लेता वही बस दास है,
थे विदेशी के अपावन पग पड़े जिस दिन हमारी भूमि पर,
हम उठे विद्रोह की लेकर पताका साक्षी इतिहास है;
एक ही संघर्ष दाहर से जवाहर तक बराबर है चला,
जो कि सदियों से नहीं बैठा कभी भी हार, मेरा देश है।
जो खड़ा है तोड़ कारागार की दीवार, मेरा देश है।

जो कि सेना साज आए चूर मद में हिंद को करने फतह,
आज उनके नाम बाक़ी रह गई है क़ब्र भर की बस जगह,
किन्तु वह आज़ाद होकर शान से है विश्व के आगे खड़ा,
ओर होता जा रहा है शक्ति से सम्पन्न हर शामो-सुबह,
झुक रहे जिनके चरण में पीढ़ियों के गर्व को भूले हुए,
सैकड़ों राजों-नवाबों के मुकुट-दस्तार, मेरा देश है।
जो खड़ा है तोड़ कारागार की दीवार, मेरा देश है।

हम हुए आज़ाद तो देखा जगत ने एक नूतन रास्ता,
सैकड़ों सिजदे उसे, जिसने दिया इस पंथ का हमको पता,
जबकि नफरत का जहर फैला हुआ था जातियों के बीच में,
प्रेम की ताक़त गया बलिदान से अपने ज़माने को बता;
मानवों से शांति-सुख की खोज में नेतृत्व करने के लिए
देखता है एकटक जिसको सकल संसार, मेरा देश है।
जो खड़ा है तोड़ कारागार की दीवार, मेरा देश है।

जाँचते उससे हमें जो आज हम हैं, वे हृदय के क्रूर हैं,
हम ग़ुलामी की वसीयत कुछ उठाने के लिए मजबूर हैं,
पर हमारी आँख में हैं स्वप्न ऊँचे आसमानों के जगे,
जानते हम हैं कि अपने लक्ष्य से हम दूर हैं, हम दूर हैं;
बार ये हट जायँगे, आवाज़ तारों की पड़ेगी कान में,
है रहा जिसको परम उज्ज्वल भविष्य पुकार, मेरा देश है।
जो खड़ा है तोड़ कारागार की दीवार, मेरा देश है।

ओ मेरे यौवन के साथी !

मेरे यौवन के साथी, तुम
एक बार जो फिर मिल पाते,
वन-मरु-पर्वत कठिन काल के
कितने ही क्षण में कट जाते।
ओ मेरे यौवन के साथी !

तुरत पहुँच जाते हम उड़कर,
फिर उस जादू के मधुवन में,
जहाँ स्वप्न के बीज बिखेरे
थे हमने मिट्टी में, मन में।
ओ मेरे यौवन के साथी !

सहते जीवन और समय का
पीठ-शीश पर बोझा भारी,
अब न रहा वह रंग हमारा,
अब न रही वह शक्ल हमारी।
ओ मेरे यौवन के साथी !

चुप्पी मार किसी ने झेला
और किसी ने रोकर, गाकर,
हम पहचान परस्पर लेंगे
कभी मिलें हम, किसी जगह पर।
ओ मेरे यौवन के साथी !

हम संघर्ष काल में जन्मे
ऐसा ही था भाग्य हमारा,
संघर्षों में पले, बढ़े भी,
अब तक मिल न सका छुटकारा।
ओ मेरे यौवन के साथी !

औ' करते आगाह सितारे
और बुरा दिन आनेवाला,
हमको-तुमको अभी पड़ेगा
और कड़ी घड़ियों से पाला।
ओ मेरे यौवन के साथी !

क्या कम था संघर्ष कि जिसको
बाप और दादों ने ओड़ा,
जिसमें टूटे और बने हम
वह भी था संघर्ष न थोड़ा।
ओ मेरे यौवन के साथी !

और हमारी संतानों के
आगे भी संघर्ष खड़ा है,
नहीं भागता संघर्षों से
इसीलिए इंसान बड़ा है।
ओ मेरे यौवन के साथी !

लेकिन, आओ, बैठ कभी तो
साथ पुरानी याद जगाएँ,
सुनें कहानी कुछ औरों की,
कुछ अपनी बीती बतलाएँ।
ओ मेरे यौवन के साथी !

ललित, राग-रागिनियों पर है
अब कितना अधिकार तुम्हारा?
दीप जला पाए तुम उनसे?
बरसा सके सलिल की धारा?
ओ मेरे यौवन के साथी !

मोहन, मूर्ति गढ़ा करते हो
अब भी दुपहर, साँझ-सकारे?
कोई मूर्ति सजीव हुई भी?
कहा किसी ने तुमको 'प्यारे'?
ओ मेरे यौवन के साथी !

बतलाओ, अनुकूल, कि अपनी
तूली से तुम चित्र-पटल पर
ला पाए वह ज्योति कि जिससे
वंचित सागर, अवनी, अंबर?
ओ मेरे यौवन के साथी !

मदन, सिद्ध हो सकी साधना
जो तुमने जीवन में साधी?
किसी समय तुमने चाहा था
बनना एक दूसरा गाँधी !
ओ मेरे यौवन के साथी !

और कहाँ, महबूब, तुम्हारी
नीली आँखों वाली ज़ोहरा,
तुम जिससे मिल ही आते थे,
दिया करे सब दुनिया पहरा?
ओ मेरे यौवन के साथी !

क्या अब भी हैं याद तुम्हें
चुटकुले, कहानी, किस्से, प्यारे,
जिनपर फूल उठा करते थे
हँसते-हँसते पेट हमारे?
ओ मेरे यौवन के साथी !

हमें समय ने तोला, परखा,
रौंदा, कुचला या ठुकराया,
किंतु नहीं वह मीठी प्यारी
यादों का दामन छू पाया।
ओ मेरे यौवन के साथी !

अक्सर मन बहलाया करता
मैं यों करके याद तुम्हारी,
तुमको भी क्या आती होगी
इसी तरह से याद हमारी?
ओ मेरे यौवन के साथी !

मैं वह, जिसने होना चाहा
था रवि ठाकुर का प्रतिद्वंद्वी,
और कहाँ मैं पहुँच सका हूँ
बतलाएगी यह तुकबंदी।
ओ मेरे यौवन के साथी !

आरती और अंगारे

एक

ओ, उज्जयिनी के वाक्-जयी जगवंदन!

तुग विक्रम नवरत्नों में थे,
यह इतिहास पुराना,
पर अपने सच्चे राजा को
अब जग ने पहचाना,
तुम थे वह आदित्य, नवग्रह
जिसके देते फेरे,
तुमसे लज्जित शत विक्रम के सिंहासन!
ओ, उज्जयिनी के वाक्-जयी जगवंदन!

तुमने किस जादू के बिरवे
से वह लकड़ी काटी,
छूकर जिसको गुण-स्वभाव तज
काल, नियम, परिपाटी,
बोली प्रकृति, जगे मृत-मूर्च्छित
रघु-पुरु वंश पुरातन,
गंधर्व, अप्सरा, यक्ष, यक्षिणी, सुरगण।
ओ, उज्जयिनी के वाक्-जयी जगवंदन!

सूत्रधार, हे चिर उदार,
दे सबके मुख में भाषा,
तुमने कहा, कहो अब अपने

सुख, दुख, संशय, आशा;
पर अवनी से, अंतरिक्ष से,
अंबर, अमरपुरी से
सब लगे तुम्हारा ही करने अभिनंदन।
ओ, उज्जयिनी के वाक्-जयी जगवंदन!

बहु वरदानमयी वाणी के
कृपा-पात्र बहुतेरे,
देख तुम्हें ही, पर, वह बोली,
'कालिदास तुम मेरे';
दिया किसी को ध्यान, धैर्य,
करुणा, ममता, आश्वासन;
किया तुम्हीं को उसने अपना
यौवन पूर्ण समर्पण;
तुम कवियों की ईर्ष्या के विषय चिरंतन।
ओ, उज्जयिनी के वाक्-जयी जगवंदन!

दो

खजुराहो के निडर कलाधर, अमर शिला में गान तुम्हारा।

पर्वत पर पद रखनेवाला
मैं अपने क़द का अभिमानी,
मगर तुम्हारी कृति के आगे
मैं ठिगना, बौना, बे-बानी
बुत बनकर निस्तेज खड़ा हूँ।
अनुगुंजित हर एक दिशासे,
खजुराहो के निडर कलाधर, अमर शिला में गान तुम्हारा।

धधक रही थी कौन तुम्हारी
चौड़ी छाती में वह ज्वाला,
जिससे ठोस-कड़े पत्थर को
मोम गला तुमने कर डाला,

और दिए आकार, किया शृंगार,
नीति जिनपर चुप साधे,
किंतु बोलता खुलकर जिनसे शक्ति-सुरुचिमय प्राण तुम्हारा।
खजुराहो के निडर कलाधर, अमर शिला में गान तुम्हारा।

एक लपट उस ज्वाला की जो
मेरे अंतर में उठ पाती,
तो मेरी भी दग्ध गिरा कुछ
अंगारों के गीत सुनाती,
जिनसे ठंडे हो बैठे दिल
गर्माते, गलते, अपने को
कब कर पाऊँगा अधिकारी, पाने का, वरदान तुम्हारा।
खजुराहो के निडर कलाधर, अमर शिला में गान तुम्हारा।

मैं जीवित हूँ मेरे अंदर
जीवन की उद्दाम पिपासा,
जड़ मुर्दों के हेतु नहीं है
मेरे मन में मोह ज़रा-सा,
पर उस युग में होता जिसमें
ली तुमने छेनी-टाँकी तो
एक माँगता वर विधि से, कर दे मुझको पाषाण तुम्हारा।
खजुराहो के निडर कलाधर, अमर शिला में नाम तुम्हारा।

तीन

याद आते हो मुझे तुम, ओ, लड़कपन के सवेरों के भिखारी!
तुम भजन गाते, अँधेरे को भगाते
रास्ते से थे गुज़रते,
औ' तुम्हारे एक तारे या सरंगी
के मधुर सुर थे उतरते
कान में, फिर प्राण में, फिर व्यापते थे
देह की अनगिन शिरा में;
याद आते ही मुझे तुम, ओ, लड़कपन के सवेरों के भिखारी!

औ' सरंगी-साधु से मैं पूछता था,
क्या इसे तुम हो खिलाते?
'ई हमार करेज खाथै, मोर बचवा,'
खाँसकर वे थे बताते,
और मैं मारे हँसी के लोटता था,
सोचकर उठता सिहर अब,
तब न थी संगीत-कविता से, कला से, प्रीति से मेरी चिन्हारी।
याद आते हो मुझे तुम, ओ, लड़कपन के सवेरों के भिखारी!

बैठ जाते औ' सुनाते गीत गोपी–
चंद, राजा भरथरी का,
राम का बनवास, ब्रज की रास लीला,
ब्याह शंकर-शंकरी का,
औ' तुम्हारी धुन पकड़कर कल्पना के
लोक में मैं घूमता था,
सोचता था, मैं बड़ा होकर बनूँगा, बस इसी पथ का पुजारी।
याद आते हो मुझे तुम, ओ, लड़कपन के सवेरों के भिखारी!

खोल झोली एक चुटकी दाल-आटा
दान में तुमने लिया था,
क्या तुम्हें मालूम जो वरदान तुमने
गान का मुझको दिया था;
लय तुम्हारी, स्वर तुम्हारे, शब्द मेरी
पंक्ति में गूँजा किए हैं,
और खाली हो चुकीं, सड़-गल चुकीं वे झोलियाँ कब की तुम्हारी।
याद आते हो मुझे तुम, ओ, लड़कपन के सवेरों के भिखारी!

चार

श्यामा रानी थी पड़ी रोग की शय्या पर,
दो सौ सोलह दिन कठिन कष्ट में थे बीते,
संघर्ष मौत से बचने और बचाने का
था छिड़ा हुआ, या हम जीतें या वह जीते।

सहसा मुझको यह लगा, हार उसने मानी,
तन डाल दिया ढीला, आँखों से अश्रु बहे,
बोली, 'मुझपर कोई ऐसी रचना करना,
जिससे दुनिया के अंदर मेरी याद रहे।'

मैं चौंक पड़ा, ये शब्द इस तरह के थे जो
बैठते न थे उसके चरित्र के ढाँचे में,
वह बनी हुई थी और तरह की मिट्टी से,
वह ढली हुई थी और तरह के साँचे में,

जिसमें दुनिया के प्रति अनंत आकर्षण था,
जिसमें जीवन के लिए असीम पिपासा थी,
जिसमें अपनी लघुता की वह व्यापकता थी,
यश,नाम,याद की रंच नहीं अभिलाषा थी।

क्या निकट मृत्यु के आ मनुष्य बदला करता
चट मैंने उसकी आँखों में आँखें डालीं,
वे झूठ नहीं पल भर पलकों में छिपा सकीं,
वे बोल उठीं सच, थीं इतनी भोली-भाली।

'जब मैं न रहूँगी तब घड़ियों का सूनापन,
खालीपन तुम्हें डराएगा, खा जाएगा,
मेरा कहना करने में तुम लग जाओगे,
तो वह विधुरा घड़ियों का मन बहलाएगा।'

मैं बहुत दिनों से ऐसा सुनता आता हूँ,
जो ताज आगरा में जमुना के तट पर है,
मुमताज़महल के तन-मन की मोहकता के
प्रति शाहजहाँ का प्रीते-प्रतीक मनोहर है।

मुमताज़ आख़िरी साँसों से यह बोली थी,
'मेरी समाधि पर ऐसा रौज़ा बनवाना,
जैसा न कहीं दुनिया में हो, जैसा न कभी
संभव हो पाए फिर दुनिया में बन पाना।'

मुमताज़महल जब चली गई तब शाहजहाँ
की सूनी, ख़ाली, काली, कातर घड़ियों को,
यह ताजमहल बहलाता था, सहलाता था,
जोड़ा करता था सुधि की टूटी लड़ियों को।

मुमताज़महल भी नहीं नाम की भूखी थी,
आख़िरी नज़र से शाहजहाँ की ओर देख,
वह समझ गई थी जो रहस्य संकेतों से
बतलाती थी उसके माथे पर पड़ी रेख।

वह काँप उठी, अपनी अंतिम इच्छा कहकर
वह विदा हुई औ' शाहजहाँ का ध्यान लगा,
उन अशुभ इरादों से हटकर उन सपनों में
जो अपने अस्फुट शब्दों से वह गई जगा।

यह ताज शाह का प्रेम-प्रतीक नहीं इतना
जितना मुमताज़महल के कोमल भावों का,
जो जीकर शीतल सीकर बनता तापों पर,
जो मरकर सुखकर मरहम बनता घावों का!

पाँच

अंग से मेरे लगा तू अंग ऐसे, आज तू ही बोल मेरे भी गले से।

पाप हो या पुण्य हो, मैंने किया है
आज तक कुछ भी नहीं आधे हृदय से,
औ' न आधी हार से मानी पराजय
औ' न की तसकीन ही आधी विजय से;
आज मैं सम्पूर्ण अपने को उठाकर
अवतरित ध्वनि-शब्द में करने चला हूँ,
अंग से मेरे लगा तू अंग ऐसे, आज तू ही बोल मेरे भी गले से।

और है क्या ख़ास मुझमें जो कि अपने
आपको साकार करना चाहता हूँ,

ख़ास यह है, सब तरह की ख़ासियत से
आज मैं इन्कार करना चाहता हूँ;
हूँ न सोना, हूँ न चाँदी, हूँ न मूँगा,
हूँ न माणिक, हूँ न मोती, हूँ न हीरा,
किन्तु मैं आह्वान करने जा रहा हूँ देवता का एक मिट्टी के डले से।
अंग से मेरे लगा तू अंग ऐसे, आज तू ही बोल मेरे भी गले से।

और मेरे देवता भी वे नहीं हैं
जो कि ऊँचे स्वर्ग में हैं वास करते,
और जो अपनी महत्ता छोड़, सत्ता
में किसी का भी नहीं विश्वास करते;
देवता मेरे वही हैं जो कि जीवन
में पड़े संघर्ष करते, गीत गाते,
मुसकराते और जो छाती बढ़ाते एक होने के लिए हर दिलजले से।
अंग से मेरे लगा तू अंग ऐसे, आज तू ही बोल मेरे भी गले से।

छप चुकीं मेरी किताबें पूरबी औ'
पच्छिमी—दोनों तरह के अक्षरों में,
औ' सुने भी जा चुके हैं भाव मेरे
देश औ' परदेश—दोनों के स्वरों में,
पर खुशी से नाचने को पाँव मेरे
उस समय तक हैं नहीं तैयार जब तक,
गीत अपना मैं नहीं सुनता किसी गंगोजमुन के तीर फिरते बावले से।
अंग से मेरे लगा तू अंग ऐसे, आज तू ही बोल मेरे भी गले से।

छह

गर्म लोहा पीट, ठंडा पीटने को वक्त बहुतेरा पड़ा है।

सख़्त पंजा, नस-कसी चौड़ी कलाई
और बल्लेदार बाहें,
और आँखें लाल चिनगारी सरीखी,
चुस्त औ' सीखी निगाहें,

हाथ में घन और दो लोहे निहाई
पर धरे तो, देखता क्या;
गर्म लोहा पीट, ठंडा पीटने को वक्त बहुतेरा पड़ा है।
भीग उठता है, पसीने से नहाता
एक से जो जूझता है,
ज़ोम में तुझको जवानी के न जाने
ख़ब्त क्या-क्या सूझता है,
या किसी नभ-देवता ने ध्येय से कुछ
फेर दी यों बुद्धि तेरी,
कुछ बड़ा तुझको बनाना है कि तेरा इम्तहाँ होता कड़ा है।
गर्म लोहा पीट, ठंडा पीटने को वक्त बहुतेरा पड़ा है।

एक गज़ छाती मगर सौ गज़ बराबर
हौसला उसमें, सही है;
कान करनी चाहिए जो कुछ तजुर्बे-
कार लोगों ने कही है;
स्वप्न से लड़ स्वप्न की ही शक्ल में हैं
लौह के टुकड़े बदलते,
लौह-सा वह ठोस बनकर है निकलता जो कि लोहे से लड़ा है।
गर्म लोहा पीट, ठंडा पीटने को वक्त बहुतेरा पड़ा है।

घन-हथौड़े और तौले हाथ की दे
चोट अब तलवार गढ़ तू,
और है किस चीज़ की तुझसे भविष्यत
माँग करता, आज पढ़ तू,
औ' अमित संतान को अपनी थमा जा
धारवाली यह धरोहर,
वह अजित संसार में है शब्द का खर खड्ग लेकर जो खड़ा है।
गर्म लोहा पीट, ठंडा पीटने को वक्त बहुतेरा पड़ा है।

सात

पीठ पर धर बोझ अपनी राह नापूँ,
या किसी कलि-कुंज में रम गीत गाऊँ?

जब मुझे इंसान का चोला मिला है,
भार को स्वीकार करना शान मेरी,
रीढ़ मेरी आज भी सीधी तनी है,
सख्त पिंडली औ' कसी है रान मेरी,
किंतु दिल कोमल मिला है, क्या करूँ मैं,
देख छाया कशमकश में पड़ गया हूँ, सोचता हूँ,
पीठ पर धर बोझ अपनी राह नापूँ,
या किसी कलि-कुंज में रम गीत गाऊँ?

कौन-सी ज्वाला हृदय में जल रही है
जो हरी दूर्वा-दरी मन मोहती है,
किस उपेक्षा को भुलाने के लिए हर
फूल-कलिका बाट मेरा जोहती है,
किसलयों पर सोहती हैं किसलिए बूँदें
कि अपने आँसुओं को देखकर मैं मुसकराऊँ,
क्या लताएँ इसलिए ही झुक गई हैं,
हाथ इनका थामकर मैं बैठ जाऊँ?
पीठ पर धर बोझ अपनी राह नापूँ,
या किसी कलि-कुंज में रम गीत गाऊँ?

किंतु कैसे भूल जाऊँ सामने यह
भार बन साकार देता है चुनौती,
जिस तरह का और जिस तादाद में है,
मैं समझता हूँ इसे अपनी बपौती।
फ़र्ज मेरा, ले इसे चलना, जहाँ दम
टूट जाए, छोड़ना मज़बूत कंधों, पंजरों पर;
जो मुझे पुरुषत्व पुरखों से मिला है,
सौ मुझे धिक्कार, जो उसको लजाऊँ।
पीठ पर धर बोझ अपनी राह नापूँ,
या किसी कलि-कुंज में रम गीत गाऊँ?

वे मुझे बीमार लगते हैं निकुंजों
में पड़े जो राग अपना मिनमिनाते,
गीत गाने के लिए जो जी रहे हैं—
काश जीने के लिए वे गीत गाते—

और वे पशु, जो कि परबस मौन रहकर
बोझ ढोते; नित्य मेरे कंठ में स्वर, भार सिर पर

हो कि जिससे गीत से मैं भार-हल्का,
भार से संगीत को भारी बनाऊँ।
पीठ पर धर बोझ अपनी राह नापूँ,
या किसी कलि-कुंज में रम गीत गाऊँ?

आठ

इस रुपहरी चाँदनी में सो नहीं सकते पखेरू और हम भी।

पूर्णिमा का चाँद अंबर पर चढ़ा है,
तारकावलि खो गई है,
चाँदनी में वह सफ़ेदी है कि जैसे
धूप ठंडी हो गई है;
नेत्र-निद्रा के मिलन की वीथियों में
चाहिए कुछ-कुछ अँधेरा;
इस रुपहरी चाँदनी में सो नहीं सकते पखेरू और हम भी।

नीड़ अपने छोड़ बैठे डाल पर कुछ
और मँडलाते हुए कुछ,
पंख फड़काते हुए कुछ, चहचहाते,
बोल दुहराते हुए कुछ,
'चाँदनी फैली गगन में, चाह मन में,
गीत किसका है? सुनाओ!
मौन इस मधुयामिनी में हो नहीं सकते पखेरू और हम भी।
इस रुपहरी चाँदनी में सो नहीं सकते पखेरू और हम भी।

इस तरह की रात अंबर के अजिर में
रोज़ तो आती नहीं है,
चाँद के ऊपर जवानी इस तरह की
रोज़ तो छाती नहीं है,

हम कभी होंगे अलग, औ' साथ होकर
भी कभी, होगी तबीयत,
यह विरल अवसर विसुधि में खो नहीं सकते पखेरू और हम भी।
इस रुपहरी चाँदनी में सो नहीं सकते पखेरू और हम भी।
ये विचारे तो समझते हैं कि जैसे
यह सवेरा हो गया है,
प्रकृति की नियमावली में क्या अचानक
हेर-फेरा हो गया है;
और जो हम सब समझते हैं कहाँ इस
ज्योति का जादू समझते,
मुक्त जिसके बंधनों से हो नहीं सकते पखेरू और हम भी।
इस रुपहरी चाँदनी में सो नहीं सकते पखेरू और हम भी।

नौ

आज चंचला की बाहों में उलझा दी हैं बाहें मैंने।

डाल प्रलोभन में अपना मन
सहल फिसल नीचे को जाना,
कुछ हिम्मत का काम समझते
पाँव पतन की ओर बढ़ाना;
झुके वहीं जिस थल झुकने में
ऊपर को उठना पड़ता है;
आज चंचला की बाहों में उलझा दी हैं बाहें मैंने।

काँटों से जो डरने वाले
मत कलियों से नेह लगाएँ,
घाव नहीं हैं जिन हाथों में,
उनमें किस दिन फूल सुहाए,

नंगी तलवारों की छाया
में सुंदरता विहरण करती,
और किसी ने पाई हो पर कभी नहीं पाई है भय ने।
आज चंचला की बाहों में उलझा दी हैं बाहें मैंने।

बिजली से अनुराग जिसे हो
उठकर आसमान को नापे,
आग चले आलिंगन करने,
तब क्या भाप-धुएँ से काँपे,
साफ़, उजाले वाले, रक्षित
पंथ मरों के कंदर के हैं;
जिन पर ख़तरे-जान नहीं था, छोड़ कभी दीं राहें मैंने।
आज चंचला की बाहों में उलझा दी हैं बाहें मैंने।

बूँद पड़ी वर्षा की चूहे
और छछूँदर बिल में भागे,
देख नहीं पाते वे कुछ भी
जड़-पामर प्राणों के आगे;
घन से होड़ लगाने को तन-
मोह छोड़ निर्मम अंबर में
वज्र-प्रहार सहन करते हैं वैनतेय के पैने डैने।
आज चंचला की बाहों में उलझा दी हैं बाहें मैंने।

दस

साथ भी रखता तुम्हें तो, राजहंसिनि,
क्या हमारे प्यार का परिणाम होता!

जब कहा मैंने कि है यह शुक्र जो
वेला विदा की पास आई,
कुछ तअज्जुब, कुछ उदासी, कुछ शरारत
से भरी तुम मुसकराईं,
वक़्त के डैने चले, तुम हो वहाँ, मैं
हूँ यहाँ, पर देखता हूँ,
साथ भी रखता तुम्हें तो, राजहंसिनी,
क्या हमारे प्यार का निर्माण होता?

स्वप्न का वातावरण हर चीज़ के
चारों तरफ़ मानव बनाता,

लाख कविता से, कला से पुष्ट करता,
अंत में वह टूट जाता,

सत्य की हर शक्ल खुलकर आँख के
अंदर निराशा झोंकती है,
और वह धुलती नहीं है ज्ञान-जल से,
दर्शनों से, मरमिटे इंसान धोता।
साथ भी रखता तुम्हें तो, राजहंसिनि,
क्या हमारे प्यार का परिणाम होता!

शीर्ष आसन से रुधिर की चाल रोको,
पर समय की गति न थमती।
औ' ख़िज़ाबोरंग-रोग़न पर जवानी
है न ज़्यादा दिन बिलमती,
सिद्ध यह करते हुए जाते अगिनती
द्वार खोलो और देखो,
और इस दयनीय-मुख के काफ़ले में
जो न होता सुबह को, वह शाम होता।
साथ भी रखता तुम्हें तो, राजहंसिनि,
क्या हमारे प्यार का परिणाम होता!

एक दिन है, जब तुम्हारे कुंतलों से
नागिनें लहरा रही हैं,
और मेरी तनतनाई बीन से ध्वनि-
राग की धारा बही है,
और तुम जो बोलती हो, बोलता मैं,
गीत उस पर शीश धुनता,
और इस संगीत-प्रीति समुद्र-जल में
काल जैसे छिप गया है मार गोता।
साथ भी रखता तुम्हें तो, राजहंसिनि,
क्या हमारे प्यार का परिणाम होता!

और यह तस्वीर कैसी, नागिनें सब
केंचुलों का रूप धरतीं,
औ' हमें जब घेरता है मौन उसको
सिर्फ खाँसी भंग करती,

औ' घरेलू कर्ण-कटु झगड़े-बखेड़ों
को पड़ोसी सुन रहे हैं,
और बेटों ने नहीं है खर्च भेजा,
और हमको मुँह चिढ़ाता ढीठ पोता।
साथ भी रखता तुम्हें तो, राजहंसिनि,
क्या हमारे प्यार का परिणाम होता!

ग्यारह

बौरे आमों पर बौराए भौंर न आए, कैसे समझूँ मधुऋतु आई।

माना अब आकाश खुला-सा और धुला-सा
फैला - फैला नीला - नीला,
बर्फ़-जली-सी, पीली-पीली दूब हरी फिर,
जिसपर खिलता फूल फबीला
तरु की निरावरण डालों पर मूँगा, पन्ना
औ' दखिनहटे का झकझोरा,
बौरे आमों पर बौराए भौंर न आए, कैसे समझूँ मधुऋतु आई।

माना, गाना गानेवाली चिड़ियाँ आईं,
सुन पड़ती कोकिल की बोली,
चली गई थी गर्म प्रदेशों में कुछ दिन को
जो, लौटी हंसों की टोली,
सजी-बजी बारात खड़ी है रंग-बिरंगी,
किंतु न दूल्हे के सिर जब तक
मंजरियों का मौर-मुकुट कोई पहनाए, कैसे समझूँ मधुऋतु आई।
बौरे आमों पर बौराए भौंर न आए, कैसे समझूँ मधुऋतु आई।

डार-पात सब पीत पुष्पमय जो कर लेता
अमलतास को कौन छिपाए,
सेमल और पलाशों ने सिंदूर-पताके
नहीं गगन में क्यों फहराए?

छोड़ नगर की सँकरी गलियाँ, घर-दर, बाहर
आया, पर फूली सरसों से
मीलों लंबे खेत नहीं दिखते पियराए, कैसे समझूँ मधुऋतु आई।
बौरे आमों पर बौराए भौंर न आए, कैसे समझूँ मधुऋतु आई।
प्रातः से संध्या तक पशुवत् मेहनत करके
चूर-चूर हो जाने पर भी,
एक बार भी तीन सैकड़े पैंसठ दिन में
पूरा पेट न खाने पर भी
मौसम की मदमस्त हवा पी जो हो उठते
हैं मतवाले, पागल, उनके
फाग-राग ने रातों रक्खा नहीं जगाए, कैसे समझूँ मधुऋतु आई।
बौरे आमों पर बौराए भौंर न आए, कैसे समझूँ मधुऋतु आई।

बारह

अब दिन बदले, घड़ियाँ बदलीं,
साजन आए, सावन आया।

धरती की जलती साँसों ने
मेरी साँसों में ताप भरा,
सरसी की छाती दरकी तो
कर घाव गई मुझपर गहरा,
है नियति-प्रकृति की ऋतुओं में
संबंध कहीं कुछ अनजाना,
अब दिन बदले, घड़ियाँ बदलीं,
साजन आए, सावन आया।

तूफान उठा जब अंबर में
अंतर किसने झकझोर दिया,
मन के सौ बंद कपाटों को
क्षण भर के अंदर खोल दिया,

झोंका जब आया मधुबन में
प्रिय का संदेश लिए आया—
ऐसी निकली ही धूप नहीं
जो साथ नहीं लाई छाया।
अब दिन बदले, घड़ियाँ बदलीं,
साजन आए, सावन आया।

घन के आँगन से बिजली ने
जब नयनों से संकेत किया,
मेरी बे-होश - हवास पड़ी
आशा ने फिर से चेत किया,
मुरझाती लतिका पर कोई
जैसे पानी के छींटें दे,
औ' फिर जीवन की साँसें ले
उसकी म्रियमाण-जली काया।
अब दिन बदले, घड़ियाँ बदलीं।
साजन आए, सावन आया।

रोमांच हुआ जब अवनी का
रोमांचित मेरे अंग हुए,
जैसे जादू की लकड़ी से
कोई दोनों को संग छुए,
सिंचित-सा कठ पपीहे का
कोयल की बोली भीगी-सी,
रस-डूबा, स्वर में उतराया
यह गीत नया मैंने गाया।
अब दिन बदले, घड़ियाँ बदलीं,
साजन आए, सावन आया।

तेरह

मैं सुख पर, सुखमा पर रीझा, इसकी मुझको लाज नहीं है

जिसने अलियों के अधरों में
रस रक्खा पहले शरमाए,

जिसने अलियों के पंखों में
प्यास भरी वह सिर लटकाए,
आँख करे वह नीची जिसने
यौवन का उन्माद उभारा,
मैं सुख पर, सुखमा पर रीझा, इसकी मुझको लाज नहीं है।
मन में सावन-भादों बरसे,
जीभ करे, पर, पानी-पानी!
चलती-फिरती है दुनिया में
बहुधा ऐसी बेईमानी,
पूर्वज मेरे, किंतु, हृदय की
सच्चाई पर मिटते आए,
मधुवन भोगे, मरु उपदेशे मेरे वंश रिवाज नहीं है।
मैं सुख पर, सुखमा पर रीझा, इसकी मुझको लाज नहीं है।

चला सफर पर जब तक मैंने
पथ पूछा अपने अनुभव से
अपनी एक भूल से सीखा
ज्यादा, औरों के सच सौ से
मैं बोला जो मेरी नाड़ी
में डोला, जो रग में घूमा,
मेरी वाणी आज किताबी नक्शों की मोहताज नहीं है।
मैं सुख पर, सुखमा पर रीझा, इसकी मुझको लाज नहीं है।

अधरामृत की उस तह तक मैं
पहुँचा विष को भी चख आया,
और गया सुख को पिछुआता
पीर जहाँ वह बनकर छाया,
मृत्यु गोद में जीवन अपनी
अंतिम सीमा पर लेटा था,
राग जहाँ पर तीव्र अधिकतम है उसमें आवाज़ नहीं है।
मैं सुख पर, सुखमा पर रीझा, इसकी मुझको लाज नहीं है।

चौदह

माना मैंने मिट्टी, कंकड़, पत्थर पूजा,
अपनी पूजा करने से तो मैं बाज़ रहा।

दर्पण से अपनी चापलूसियाँ सुनने की
सबको होती है, मुझको भी कमज़ोरी थी,
लेकिन तब मेरी कच्ची गदहपचीसी थी,
तन कोरा था, मन भोला था, मति भोरी थी,
है धन्यवाद सौ बार विधाता का जिसने
दुर्बलता मेरे साथ लगा दी एक और;
माना मैंने मिट्टी, कंकड़, पत्थर पूजा,
अपनी पूजा करने से तो मैं बाज़ रहा।

धरती से लेकर, जिसपर तिनके की चादर,
अंबर तक, जिसके मस्तक पर मणि-पाँती है,
जो है, सबमें मेरी दयमारी आँखों को,
जय करनेवाली कुछ बातें मिल जाती हैं;
खुलकर, छिपकर जो कुछ मेरे आगे पड़ता
मेरे मन का कुछ हिस्सा लेकर जाता है,
इस लाचारी से लुटने और उजड़नेवाली
हस्ती पर मुझको हर लमहा नाज़ रहा।
माना मैंने मिट्टी, कंकड़, पत्थर पूजा,
अपनी पूजा करने से तो मैं बाज़ रहा।

यह पूजा की भावना प्रबल है मानव में,
इसका कोई आधार बनाना पड़ता है,
जो मूर्ति और की नहीं बिठाता है अंदर,
उसको खुद अपना बुत बिठलाना पड़ता है;
यह सत्य, कल्पतरु के अभाव में रेंड़ सींच
मैंने अपने मन का उद्‌गार निकाला है;
लेकिन एकाकी से एकाकी घड़ियों में
मैं कभी नहीं बनकर अपना मोहताज रहा।
माना मैंने मिट्टी, कंकड़, पत्थर पूजा,
अपनी पूजा करने से तो मैं बाज़ रहा।

अब इतने ईंटें, कंकड़, पत्थर बैठ चुके,
वह दर्पण टूटा, फूटा, चकनाचूर हुआ,
लेकिन मुझको इसका कोई पछताव नहीं
जो उसके प्रति संसार सदा ही क्रूर हुआ;
कुछ चीज़े खंडित होकर साबित होती हैं;
जो चीज़ें मुझको साबित साबित करती हैं,
उनके ही गुण तो गाता मेरा कंठ रहा,
उनकी ही धुन पर बजता मेरा साज़ रहा।
माना मैंने मिट्टी, कंकड़, पत्थर पूजा,
अपनी पूजा करने से तो मैं बाज़ रहा।

पन्द्रह

दे मन का उपहार सभी को, ले चल मन का भार अकेले।

लहराया है दिल तो ललका
जा मधुबन में, मैदानों में,
बहुत बड़े वरदान छिपे हैं
तान, तरानों, मुसकानों में;
घबराया है जी तो मुड़ जा
सूने मरु, नीरव घाटी में,
दे मन का उपहार सभी को, ले चल मन का भार अकेले।

किसके सिर का बोझा कम है
जो औरों का बोझ बँटाए,
होंठों के सतही शब्दों से
दो तिनके भी कब हट पाए;
लाख जीभ में एक हृदय की
गहराई को छू पाती है;
कटती है हर एक मुसीबत—एक तरह बस—झेले-झेले।
दे मन का उपहार सभी को, ले चल मन का भार अकेले।

छुटकारा तुमने पाया है,
पूछूँ तो, क्या क़ीमत देकर,

क़र्ज चुका आए तुम अपना,
लेकिन मुझको ज्ञात कि लेकर
दया किसी की, कृपा किसी की,
भीख किसी की, दान किसी का;
तुमसे सौ दर्जे अच्छे वे जो अपने बंधन से खेले।
दे मन का उपहार सभी को, ले चल मन का भार अकेले।

ज़ंजीरों की झनकारों से
हैं वीणा के तार लजाते,
जीवन के गंभीर स्वरों को
केवल भारी हैं सुन पाने,
गान उन्हीं का मान जिन्हें है
मानव के दुख-दर्द-दहन का,
गीत वही बाँटेगा सबको, जो दुनिया की पीर सकेले।
दे मन का उपहार सभी को, ले चल मन का भार अकेले।

सोलह

मैंने जीवन देखा, जीवन का गान किया।

वह पट ले आई, बोली, देखो एक तरफ़,
जीवन-ऊषा की लाल किरण, बहता पानी,
उगता तरुवर, खर चोंच दबा उड़ता पंछी,
छूता अंबर को धरती का अंचल धानी;
दूसरी तरफ़ है मृत्यु-मरुस्थल की संध्या
में राख-धुएँ में धँसा हुआ कंकाल पड़ा।
मैंने जीवन देखा, जीवन का गान किया।

ऊषा की किरणों से कंचन की वृष्टि हुई,
बहते पानी में मदिरा की लहरें आईं,
उगते तरुवर की छाया में प्रेमी लेटे,
विहगावलि ने नभ में मुखरित की शहनाई,
अंबर धरती के ऊपर बन आशीष झुका
मानव ने अपने सुख-दुःख में, संघर्षों में;

अपनी मिट्टी की काया पर अभिमान किया।
मैंने जीवन देखा, जीवन का गान किया।

मैं कभी, कहीं पर सफ़र ख़त्म कर देने को
तैयार सदा था, इसमें भी थी क्या मुश्किल;
चलना ही जिसका काम रहा हो दुनिया में
हर एक क़दम के ऊपर है उसकी मंज़िल;
जो कल पर काम उठाता हो वह पछताए
कल अगर नहीं फिर उसकी क़िस्मत में आता;
मैंने कल पर कब आज भला बलिदान किया।
मैंने जीवन देखा, जीवन का गान किया।

काली, काले केशों में काला कमल सजा,
काली सारी पहने चुपके-चुपके आई,
मैं उज्ज्वल-मुख, उजले वस्त्रों में बैठा था
सुस्ताने को, पथ पर थी उजियाली छाई,
'तुम कौन? मौत? मैं जीने की ही जोग-जुगत
में लगा रहा।' बोली, 'मत घबरा, स्वागत का
मेरे, तूने सबसे अच्छा सामान किया।'
मैंने जीवन देखा, जीवन का गान किया।

सत्रह

मैंने ऐसा कुछ कवियों से सुन रक्खा था
जब घटनाएँ छाती के ऊपर भार बनें,
जब साँस न दिल को लेने दें आज़ादी से
टूटी आशाओं के खँडहर, टूटे सपने,
तब अपने मन की बेचैनी को छंदों में
संचित कर कोई गाए और सुनाए तो
वह मुक्त गगन में उड़ने का-सा सुख पाता।
लेकिन मेरा तो भार बना ज्यों का त्यों है,
ज्यों के त्यों बंधन हैं, ज्यों की त्यों बाधाएँ,
मैंने गीतों को रचकर के भी देख लिया।

‘वे काहिल हैं जो आसमान के परदे पर
अपने मन की तस्वीर बनाया करते हैं,
कर्मठ उनके अन्दर जीवन की साँसें भर
उनको नभ से धरती पर लाया करते हैं।’
आकाशी गंगा से गन्ना सींचा जाता,
अंबर का तारा दीपक बनकर जलता है,
जिसके उजियारे बैठ हिसाब किया जाता।

उसके जल में अब ख्याल नहीं बहते आते,
उसके दृग से अब झरती रस की बूँद नहीं,
मैंने सपनों को सच करके भी देख लिया।

यह माना मैंने खुदा नहीं मिल सकता है
लंदन की धन-जोबन-गर्वीली गलियों में,
यह माना उसका ख्याल नहीं आ सकता है
पेरिस की रसमय रातों की रँगरलियों में,
जो शायर को है शानेख़ुदा उसमें तुमको
शैतानी गोरखधंधा दिखलाई देता,
पर शेख, भुलावा दो उनको जो भोले हैं।
तुमने कुछ ऐसा गोलमाल कर रक्खा था,
खुद अपने घर में नहीं खुदा का राज मिला,
मैंने काबे का हज़ करके भी देख लिया।

रिंदों ने मुझसे कहा कि मदिरा पान करो,
ग़म ग़लत इसी से होगा, मैंने मान लिया,
मैं प्याले में डूबा, प्याला मुझमें डूबा,
मित्रों ने मेरे मंसूबे को मान दिया।
बंदों ने मुझसे कहा कि यह कमज़ोरी है,
इसको छोड़ो, अपनी इच्छा का बल देखो,
तोलो; मैंने उनका कहना भी कान किया।
मैं वहीं, वहीं पर ग़म हैं, दुर्बलताएँ हैं,
मैंने मदिरा को पीकर के भी देख लिया,
मैंने मदिरा को तज करके भी देख लिया।
मैंने क़ाबे का हज़ करके भी देख लिया।
मैंने सपनों को सच करके भी देख लिया।
मैंने गीतों को रच करके भी देख लिया।

अट्ठारह

रात की हर साँस करती है प्रतीक्षा—
द्वार कोई खटखटाएगा!

दिवस का मुझ पर नहीं अब
कर्ज़ बाक़ी रह गया है,
जगत के प्रति भी न कोई
फर्ज़ बाक़ी रह गया है,
जा चुका जाना जहाँ था,
आ चुके आना जिन्हें था,
इस उदासी के अँधेरे में बता, मन,
कौन आकर मुसकराएगा?
रात की हर साँस करती है प्रतीक्षा—
द्वार कोई खटखटाएगा!

'वह, कि जो अंदर स्वयं ही
आ सकेगा खोल ताला,
वह, भरेगा हास जिसका
दूर कोनों में उजला,
वह कि जो इस ज़िन्दगी की
चीख़ और पुकार को भी
एक रसमय रागिनी का रूप दे दे
एक ऐसा गीत गाएगा।'
रात की हर साँस करती है प्रतीक्षा—
द्वार कोई खटखटाएगा!

मौन पर मैं ध्यान इतना
दे चुका हूँ बोलता-सा
पुतलियाँ दो खोलता-सा,
लाल, इतना घूरता मैं
एकटक उसको रहा हूँ,
पर कहाँ संगीत है वह, ज्योति है वह
जो कि अपने साथ लाएगा?
रात की हर साँस करती है प्रतीक्षा—
द्वार कोई खटखटाएगा!

और बारंबार मैं बलि-
हार उसपर जो न आया,
औ' न आने का समय-दिन
ही कभी जिसने बताया,
और आधी ज़िंदगी भी
कट गई जिसको परखते,
किंतु उठ पाता नहीं विश्वास मन से—
वह कभी चुपचाप आएगा।
रात की हर साँस करती है प्रतीक्षा—
द्वार कोई खटखटाएगा।

उन्नीस

यह जीवन औ' संसार अधूरा इतना है।
कुछ बे तोड़े कुछ जोड़ नहीं सकता कोई।

तुम जिस लतिका पर फूली हो, क्यों लगता है,
तुम उसपर आज पराई हो?
मैं ऐसा अपने ताने-बाने के अंदर
जैसे कोई बलवाई हो।
तुम टूटोगी तो लतिका का दिल टूटेगा,
मैं निकलूँगा तो चादर चिरबत्ती होगी।
यह जीवन औ' संसार अधूरा इतना है,
कुछ बे तोड़े कुछ जोड़ नहीं सकता कोई।

पर इष्ट जिसे तुमने माना, मैंने माना,
माला उसको पहनानी है,
जिसको खोजा, उसकी पूजा कर लेने में
हो जाती पूर्ण कहानी है;
तुमको लतिका का मोह सताता है, सच है
आता है मुझको बड़ा रहम इस चादर पर;
निर्माल्य देवता का बनने का व्रत लेकर
हम दोनों में से तोड़ नहीं सकता कोई।
यह जीवन औ' संसार अधूरा इतना है,
कुछ बे तोड़े कुछ जोड़ नहीं सकता कोई।

हर पूजा कुछ बलिदान सदा माँगा करती,
लतिका का मोह मिटाना है;
हर पूजा कुछ विद्रोह सदा चाहा करती,
इस चादर को फट जाना है।
माला गूँथी, देवता खड़े हैं, पहनाएँ;
उनके अधरों पर हास, नयन में आँसू हैं।
आरती देवता के मुस्कानों की लेकर
यह अर्घ्य दृगों का छोड़ नहीं सकता कोई।
यह जीवन औ' संसार अधूरा इतना है
कुछ बे तोड़े कुछ जोड़ नहीं सकता कोई।

तुमने किसको छोड़ा? सच्चाई तो यह है,
कुछ अपनापन ही छूट गया।
मैंने किसको तोड़ा? सच्चाई तो यह है,
कुछ भीतर-भीतर टूट गया।
कुछ छोड़ हमें भी पाएँगे, कुछ तोड़ हमें
भी जाएँगे, जब बनने को वे सोचेंगे,
पर हम-से ही वे छूटेंगे, वे टूटेंगे;
जग-जीवन की गति मोड़ नहीं सकता कोई।
यह जीवन औ' संसार अधूरा इतना है,
कुछ बे तोड़े कुछ जोड़ नहीं सकता कोई।

बीस

मैं अभी ज़िंदा, अभी यह
शव-परीक्षा मैं तुम्हें करने न दूँगा।

देखता हूँ तुम सफ़ेद नक़ाब
सिर से पाँव तक डाले हुए हो;
क्या कफ़न को ओढ़ने से
मर गए तुम लोग! मतवाले हुए हो?
नश्तरों की रौ लगी है,
मेज़ मुर्दों को लेटाने की पड़ी है।

मैं अभी ज़िंदा, अभी यह
शव-परीक्षा मैं तुम्हें करने न दूँगा।

आँख मेरी आज भी मानव-
नयन की गूढ़तर तह तक उतरती,
आज भी अन्याय पर
अंगार बनती; अश्रुधारा में उमड़ती,
जिस जगह इंसान की
इंसानियत लाचार उसको कर गई है।
तुम नहीं यह देखते तो
मैं तुम्हारी आँख पर अचरज करूँगा।
मैं अभी ज़िंदा, अभी यह
शव-परीक्षा मैं तुम्हें करने न दूँगा।

आज भी आवाज़ जो मेरे
कलेजे से, गले से है निकलती,
गूँजती कितने गलों में
और कितने ही दिलों में है मचलती,
मौन एकाकी पलों का
भंग करती, औ' मिलन में एक मन को
दूसरे पर व्यक्त करती,
चुप न होगी, जबकि मैं भी मूक हूँगा।
मैं अभी ज़िंदा, अभी यह
शव-परीक्षा, मैं तुम्हें करने न दूँगा।

आज भी जो साँस मुझमें
चल रही है वह हवा भर ही नहीं है,
है इसी की चाल पर
इतिहास चलता और संस्कृति चल रही है;
और क्या इतिहास, क्या संस्कृति
कि जीवन में मनुज विश्वास रक्खे;
मैं इसी विश्वास को हर
साँस से कहता रहा, कहता रहूँगा।
मैं अभी ज़िंदा, अभी यह
शव-परीक्षा मैं तुम्हें करने न दूँगा।

काग़जों की भी नकाबें
डालकर इंसानियत कोई छिपाते,
कागज़ों के भी कफ़न को
ओढ़ कोई धड़कनें दिल की दबाते;
शव-परीक्षा के लिए
तैयार जो हैं, शव प्रथम वे बन चुके हैं,
किंतु मेरे स्वर निरर्थक
हैं, अगर वे हैं न पर्दों को हटाते,
हैं न दिल को खटखटाते,
हैं न मुर्दों को हिलाते औ' जगाते।
मैं अभी मुर्दा नहीं हूँ,
और तुमको भी अभी मरने न दूँगा।
मैं अभी ज़िन्दा, अभी यह
शव-परीक्षा, मैं तुम्हें करने न दूँगा।

बुद्ध और नाचघर

नया चाँद

उगा हुआ है नया चाँद
जैसे उग चुका है हज़ार बार।
आ-जा रही है कारें
साइकिलों की क़तारें;
पटरियों पर दोनों ओर
चले जा रहे हैं बूढ़े
ढोते ज़िंदगी का भार
जवान, करते हुए प्यार
बच्चे, करते खिलवार।
उगा हुआ है नया चाँद
जैसे उग चुका है हज़ार बार।
मैं ही क्यों इसे देख
एकाएक
गया हूँ रुक
गया हूँ झुक!

डैफ़ोडिल

डैफ़ोडिल, डैफ़ोडिल, डैफ़ोडिल—
मेरे चारों ओर रहे हैं खिल
मेरे चारों ओर हँस रहे हैं खिल-खिल;

इंग्लैंड में है बसंत–है एप्रिल।
इनका देख के उल्लास
तुलना को आता है याद
मुझे अजित और अमित का हास
जो गूँजता है आध-आध मील–
मेरा भर आता है दिल–
डैफ़ोडिल, डैफ़ोडिल, डैफ़ोडिल–
जो गूँजता है हज़ारों मील,
मैं उसे सुनता हूँ यहाँ,
हँस रहे हैं वे कहाँ–ओ, दूर कहाँ!
बच्चों का हास निश्छल, निर्मल, सरल
होता है कितना प्रबल!

सृष्टि का होगा आरंभ,
मानव शिशुओं का उतरा होगा दल
पृथ्वी पर होगी चहल-पहल।
आल-बाल जब बहुत से हों साथ
पकड़ के एक दूसरे का हाथ
हँसी की भाषा में करते हैं बात।
उस दिन जो गूंजा होगा नाद
धरती कभी भूलेगी उसकी याद?
उसी दिन को सुमिर
वह फूल उठती है फिर-फिर
फूला नहीं समाता उसका अजिर।
आदि मानव का वह उद्‌गार
निर्विकार,
अफ़सोस हज़ार,
इतनी चिंता, शंका, इतने भय, संघर्ष में
गया है धँस,
कि सुनाई नहीं पड़ेगा दूसरी बार;
अफसोस हज़ार!
इतना भी है क्या करम
उसकी बनी है यादगार
डैफ़ोडिल का कहाँ-कहाँ तक है विस्तार!

हरे-हरे पौधों
हरी-हरी पत्तियों पर
सफ़ेद-सफ़ेद, पीले-पीले,
रुपहरे, सुनहरे फूल सँवरे हैं,
आसमान से जैसे
तारे उतरे हैं।
आता है याद,
कश्मीर में डल पर
निशात, शालीमार तक
नाव का सफ़र,
इतने फूले थे कमल
कि नील झील का जल
उनके पत्तों से गया था ढँक,
पत्ते-पत्ते पर पानी की बूँद
ऐसी रही थी झलक,
जैसे स्वर्ग से
मोती पड़े हों टपक;
सुषमा का यह भंडार
देख के, झिझक
मैंने अपनी आँखें ली थीं मूँद।
बताने लगा था मल्लाह,
बहुत दिनों की है बात,
यहाँ आया एक सौदागर,
लोभी पर भोला,
उसे ठगने को किसी का मन डोला,
सेठ से बोला,
ये हैं कच्चे मोती—कुछ दिन में जायेंगे पक।
लेकर बहुत-सा धन
बेच दिया उसने मोतियों का खेत
यहाँ से वहाँ तक।
सेठ ने महीनों किया इंतज़ार,
लगाता जब भी मोतियों को हाथ,
जाते वे ढलक।
आख़िरकार हार,
भर-भर के आह
वह गया मर;

उस पार बनी है उसकी क़ब्र।
सुंदरता पर हो जाओ निसार;
जो उसके साथ करते हैं व्यापार,
उनके हाथ लगती है क्षार।

डैफ़ोडिल का देख के मैदान
वही है मेरा हाल,
हो गया हूँ इस पर निहाल
मिट्टी की यह उमंग,
वसुंधरा का यह सिंगार
आँखें पा नहीं रही हैं सँभाल
मेरे शब्दों में
कहाँ है इतना उन्मेष,
कहाँ हैं इतना उफान,
कहाँ है इतनी तेज़ी, ताज़गी,
कहाँ है इतनी जान,
कि भूमि से इनकी उठान,
कि हवा में इनके लहराव,
कि क्षितिज तक इनके फैलाव
कि चतुर्दिक इनके उन्माद का
कर सकें बखान।
यह तो करने में समर्थ
हुए थे बस वर्ड्सवर्थ;
कभी पढ़ा था उनका गीत,
आज मन में बैठ रहा है अर्थ।

पर मैं इसे नहीं सकूँगा भूल,
सदा रक्खूँगा याद,
आज और वर्षों बाद,
कि जब अपना घर, परिवार, देस, छोड़
आया था मैं इंग्लैंड,
केम्ब्रिज में रक्खे थे पाँव,
अजनबी और अनजान के समान,
अपरिचित था जब हर मार्ग, हर मोड़,
अपरिचित हर दुकान, मकान, इंसान,
किसी से नहीं थी जान-पहचान,

तब भी यहाँ थे तीन,
जो समझते थे मुझे,
जिन्हें समझता था मैं,
जिनसे होता था मेरे भाव,
मेरे उच्छ्वास का आदान-प्रदान—
डैफ़ोडिल के फूल,
जो देते थे परिचय-भरी मुसकान,
प्रभात की चिड़ियाँ,
जो गाती थीं कहीं सुना-सा गान,
और कैम[1] की धारा,
जो विलो की झुकी हुई लता को छू-छू
बहती थी मन्द-मन्द, क्षीण-क्षीण!

शैल विहंगिनी

मत डरो
ओ शैल की
सुंदर, मुखर, सुखकर
विहंगिनि!
मैं पकड़ने को तुम्हें आता नहीं हूँ,
जाल फैलाता नहीं हूँ,
पींजरे में डाल तुमको
साथ ले जाना नहीं मैं चाहता हूँ,
और करना बंद ऐसे पींजरे में
बंद हम जिसमें स्वयं हैं—
ईंट-पत्थर का बना वह पींजरा
जिसको कि हमने
नाम घर का दे दिया है;
और बाहर की तरोताज़ा हवाओं
और बाहर के तरल, निर्मल प्रवाहों
औ' खुले आकाश के अविरल इशारों,
या कहूँ संक्षेप में तो,

---

1. केम्ब्रिज इस नदी पर बसा है।

प्रकृति के बहु राग-रस-रंगी प्रभावों से
अलग हमने किया है।
जानता मैं हूँ
परों पर जो तुम्हारे
खेलती रंगीनियाँ हैं,
वे कहाँ से आ रही हैं—
गगन की किरणावली से,
धरणि की कुसुमावली से,
पवन की अलकावली से—
औ' दरोदीवार के जो पींजरे हैं
बन्द उसमें ये किए जाते नहीं हैं।
भूल मुझको एक
आई याद
यौवन के प्रथम पागल दिनों की।
एक तुम-सी थी विहंगिनी
मैं जिसे फुसला-फँसाकर
ले गया था पींजरे में—
"जानती तू है नहीं
मैं जन्मना कवि?
रवि जहाँ जाता नहीं है
खेल में जाता वहाँ मैं।
कौन-सी ऐसी किरण है,
किस जगह है,
जो कि मेरे एक ही संकेत पर
सब मान-लज्जा
कर निछावर,
मुसकरा कर
मैं जहाँ चाहूँ वहाँ पर
वह बिखर जाती नहीं है?
कौन-सा ऐसा कुसुम है
किस जगह है—
भूमि तल पर
या कि नंदन वाटिका में—
जो कि मेरी कल्पनाओं की उँगलियों के
परस पर विहँस
झर जाता नहीं है?

कौन-सी मधु गंध है
चंपा, चमेली और बेला की
लटों में,
या कि रंभा-मेनका-सी
अप्सराओं के
लहरधर कुंतलों में,
जो कि मेरी
भावनाओं से लिपटकर
आ नहीं सकती वहाँ पर
ला जहाँ पर
मैं उसे चाहूँ बसाना?"

बात मेरी सुन हँसी वह
शब्द-जालों में फँसी वह।
पींजरे में डाल उसको
गीत किरणों के,
कुसुम के,
औ' सुरभि के,
अनगिनत मैंने लिखे
उसके लिए, पर
गंध-रस भीनी हुई रंगीनियाँ
उड़ती गईं उसकी निरंतर!

'स्वप्न मेरे,
बोलते क्यों तुम नहीं हो?
क्या मुझे धोखा रहे देते
बराबर?'
और वे बोले कि
'पागल
मानवी स्वर-साँस के
आकार जो हम,
पत्र, स्याही, लेखनी का
ले त्रिगुण आधार
पुस्तक-पींजरों में,
आलमारी के घरों में
जब कि होते बन्द

रहते अंत में क्या?—
सिर्फ़
काले हर्फ़
काले ख़त-खत्तीने!
और तू लाया जिसे है
वह प्रकृति की कोख से जन्मी,
प्रकृति की गोद में पली,
प्रकृति के रंग में ढलती रही है।'

स्वप्न से शृंगार करने के लिए
लाया जिसे था,
अब उसी के वास्ते
एकत्र करता
सौ तरह के मैं प्रसाधन!
किंतु उनसे
गंध-रस भीनी हुई
रंगीनियाँ कब लौटती हैं?

स्वप्न की सीमा हुई मालूम;
कवि भी
ग़ल्तियों से सीखते हैं।
स्वप्न अपने वास्ते हैं,
स्वप्न अपने प्राण-मन को
गुदगुदाने के लिए हैं,
स्वप्न अपने को भ्रमाने
भूल जाने के लिए हैं।
फूल कब वे हैं खिलाते?
रश्मि कब सोती जगाते?
और कब वे
गंध का घूँघट उठाते?
तोड़ते दीवार कब वे?
खोलते हैं
पींजरों का द्वार कब वे?

मैं पुरानी भूल
दुहराने नहीं फिर जा रहा हूँ

मत डरो
ओ शैल की
सुंदर, मुखर, सुखकर
विहंगनि!
मैं पकड़ने को तुम्हें आता नहीं हूँ।
पींजरे के बीच फुसलाता नहीं हूँ।

जानता हूँ मैं
स्वरों में जो तुम्हारे
रूप लेते राग
वे आते कहाँ से–
बादलों के गर्जनों से,
बात करते तरु-दलों से,
साँस लेते निर्झरों से–
औ' दरोदीवार के जो दायरे हैं
बंद उसमें ये किए जाते नहीं हैं।
किंतु मैंने
उस दिवस उन्माद में
अपनी विहंगिनि से कहा था–
"क्या कभी तूने हृदय का देश देखा?
भाव
जब उसमें उमड़ते
घुमड़ते, घिरते
झराझर नयन झरते,
तब जलद महसूस करते
फ़र्क पानी,
सोम रस का।
प्यार,
सारे बंधनों को तोड़,
उर के द्वार सारे खोल,
आपा छोड़,
कातर, विवश, अर्पित,
द्रवित अंतर्दाह से
है बोलता जब,
उस समय कांतार
अपनी मरमराहट की

निरर्थकता समझकर
शर्म से है सिर झुकाता।
दो हृदय के
बीच की असमर्थता बन
वासना जब साँस लेती
और आँधी-सी
उड़ाकर दो तृणों को
साथ ले जाती
विसुधि-विस्मृति-विजन में,
उस समय निर्झर समझता है
कि क्या है ज़िंदगी,
क्या साँस गिनना।'

और ऐसे भाव,
ऐसे प्यार,
ऐसी वासना का
स्वप्न ज्वालामय दिखाकर
मैं उसे लाया बनाकर बंदिनी
कुछ ईंट औ' कुछ तीलियों की।
किंतु उसके आगमन के
साथ ही ऐसा लगा,
कुछ हट गया,
कुछ दब गया,
कुछ थम गया,
जैसे कि सहसा
आग मन की बुझ गई हो।
पर बुझी भी आग में
कुछ ताप रहता,
राख में भी फूँकने से
कुछ धुआँ तो है निकलता।

भाव बंदी हो गया,
वह तो नदी है।
बाढ़ में उसके बहा जो
डूबता है।
(या कि पाता पार, पर

इसका उठाए कौन ख़तरा।)
किंतु भरता गागरी जो
वह नहाता या बुझाता प्यास अपनी।
प्यार बंदी हो गया;
वह तो अनल है।
जो पड़ा उसकी लपट में
राख होता।
(या कि कुंदन बन चमकता,
पर उठाए कौन ख़तरा।)
जो अंगीठी में जुगा लेता उसे,
व्यंजन बनाता,
तापता,
घर गर्म रखता।
वासना बंदी हुई,
बस काम उसका रह गया भरती-पिचकती
चाम की जड़ धौंकनी का।
बंदिनी की प्रीति बंदी हो गई,
सब रीति बंदी हो गई,
सब गीत बंदी हो गए,
वे बन गए केवल नक़ल
केवल प्रतिध्वनि
उन स्वरों के,
जो कि उठते सब घरों से,
बोलते सब लोग जिनमें,
डोलते सब लोग जिन पर,
डूबते सब लोग जिनके बीच
औ' जिनसे उभरने का
नहीं हैं नाम लेते!
मत डरो,
ओ शैल की
सुंदर, मुखर, सुखकर
विहंगिनि,
मैं पकड़ने को तुम्हें आता नहीं हूँ।
मैं पुरानी भूल
दुहराने नहीं फिर जा रहा;
स्वच्छंदिनी, तुम

गगन की किरणावली से,
धरणि की कुसुमावली से,
पवन की अलकावली से
रंग खींचो।
बादलों के गर्जनों से
बात करते तरु-दलों से,
साँस लेते निर्झरों से
राग सीखो।
और कवि के
शब्द जालों,
सब्ज़ बाग़ों से
कभी धोखा न खाओ।
नीड़ बिजली की लताओं पर बनाओ।
इंद्रधनु के गीत गाओ।

पपीहा और चील-कौए

मैं पपीहे की
पिपासा, खोज, आशा
औ' विकट विश्वास पर
पलती प्रतीक्षा
और उस पर व्यंग्य-सा करती
निराशा
और उसकी चील-कौए से चले
जीवनमरण संघर्ष की लम्बी कहानी
कह रहा हूँ,
किंतु उसमें क्यों
तुम्हारा दिल धड़कता
किंतु उससे क्यों
तुम्हें रोमांच होता,
किंतु उससे क्यों
तुम्हें लगता कि कोई
खोलकर पन्ने तुम्हारी डायरी के
पढ़ रहा है?

मैं बताता हूँ,
पपीहा
है बड़ा अद्भुत विहंगम।
यह कहीं घूमे,
गगन, गिरि, घाटियों में,
घन तराई में, खुले मैदान,
खेतों में, हरे सूखे,
समुंदर तीर,
नदियों के कछारे,
निर्झरों के तट,
सरोवर के किनारे,
बाग़, बंजर, बस्तियों पर,
उच्च प्रासादों
कि नीचे छप्परों पर;
यह कहीं घूमे, उड़े,
चारा चुगे
नारा लगाए
पी कहाँ का,
पर बनाता
घोंसला अपना सदा यह,
भावनाओं के जुटा खर-पात,
केवल मानवों की छातियों में।

मैं धरणि की धूलि से निर्मित,
धरणि की धूलि में लिपटा,
सना,
पागल बना-सा
प्यास अपनी
शांत करने के लिए क्यों
छानता आकाश रहता?
(भूमि की करता अवज्ञा
तीन-चौथाई सलिल से
जो ढकी है।)
हाथ क्या आता?
हँसी अपनी कराता।
क्यों परिधि अपनी

नहीं पहचान पाता?

साफ़ है,
पापी पपीहे ने
लगाया घोंसला मेरे हृदय में।

बहुत समझाया
उसे मैंने,
न पी की बोल बोली,
किंतु दीवाना
न माना;
एक दिन मैंने मरोड़े
पंख उसके,
तोड़ दी गर्दन,
बहुत वह फड़फड़ाया,
बच न पाया।
किंतु, मरते वक्त
इतना कह गया :
किसने मुझे मारा,
मरा भी मैं कहाँ,
मैं तो तुम्हारे
प्राण की ही हूँ प्रतिध्वनि,
वह जहाँ मुखरित हुआ,
मैं फिर जिया।
शून्य कोई भी जगह
रहने नहीं पाती
बहुत दिन इस जगत में।
जिस जगह पर
था पपीहे का बसेरा,
अब वहाँ पर
चली कौए ने
लिया है डाल डेरा
संकुचित उनकी निगाहें
सिर्फ नीचे को
लगी रहतीं निरन्तर।
कुछ नहीं वे

माँगते या जाँचते
ऐसा कि जो
उनके परों से
नप न पाए,
तुल न पाए,
ढक न जाए।
और, मँडलाते
बना छोटी परिधि ऐसी
कि उसके बीच
सीमित, संकुचित, संपुटित
मेरा प्राण
घुटता जा रहा है।
और, मुझको
देखते वे इस तरह
जैसे कि मैं
आहार उनका छोड़कर
कुछ भी नहीं हूँ।
और मुझमें
अब नहीं ताक़त
कि उनकी गर्दनों को तोड़ दूँ मैं,
याकि उनके पर मरोड़ूँ।
पर लिए अरमान हूँ मैं :
फिर पपीहा लौट आए,
फिर असंभव प्यास
प्राणों में जगाए,
फिर अखंड-अनंत नभ के बीच
ले जाकर भ्रमाए,
फिर प्रतीक्षा,
फिर अमर विश्वास के
वह गीत गाए,
पी-कहाँ की रट लगाए;
काल से संग्राम,
जग के हास,
जीवन की निराशा
के लिए तैयार
फिर होना सिखाए।

पालना उर में
पपीहे का कठिन है
चील कौए का, कठिनतर
पर कठिनतम
रक्त, मज्जा,
मांस अपना
चील कौए को खिलाना
साथ पानी
स्वप्न स्वाती का
पपीहे को पिलाना।
और, अपने को
विभाजित इस तरह करना
कि दोनों अंग
रहकर संग भी
बिलकुल अलग,
विपरीत बिलकुल,
शत्रु आपस में
बने हों।

तुम अगर इंसान हो तो
इस विभाजन,
इस लड़ाई
से अपरिचित हो नहीं तुम।
धृष्टता हो माफ़
मैंने जो तुम्हारी,
या कि अपनी डायरी से
पंक्तियाँ कुछ आज
उद्धृत कीं यहाँ पर।

चोटी की बरफ़

स्फटिक-निर्मल
और दर्पण-स्वच्छ,
हे हिम-खंड, शीतल औ' समुज्ज्वल,

तुम चमकते इस तरह हो,
चाँदनी जैसे जमी है
या गला चाँदी
तुम्हारे रूप में ढाली गई है।

स्फटिक-निर्मल
और दर्पण-स्वच्छ,
हे हिम-खंड, शीतल औ' समुज्ज्वल,
जब तलक गल पिघल,
नीचे को ढलककर
तुम न मिट्टी से मिलोगे,
तब तलक तुम
तृण हरित बन,
व्यक्त धरती का नहीं रोमांच
हरगिज़ कर सकोगे
औ' न उसके हास बन
रंगीन कलियों
और फूलों में खिलोगे,
औ' न उसकी वेदना के अश्रु बनकर
प्रात पलकों में पँखुरियों के पलोगे।
जड़ सुयश,
निर्जीव कीर्ति कलाप
औ' मुर्दा विशेषण का
तुम्हें अभिमान,
तो आदर्श तुम मेरे नहीं हो,

पंकमय,
सकलंक मैं,
मिट्टी लिए मैं अंक में—
मिट्टी,
कि जो गाती,
कि जो रोती,
कि जो है जागती-सोती,
कि जो है पाप में धँसती,
कि जो है पाप को धोती,
कि जो पल-पल बदलती है,

कि जिसमें जिंदगी की गत मचलती है।
तुम्हें लेकिन गुमान—
ली समय ने
साँस पहली
जिस दिवस से
तुम चमकते आ रहे हो
स्फटिक दर्पण के समान।
मूढ़, तुमने कब दिया है इम्तहान?
जो विधाता ने दिया था फेंक
गुण वह एक
हाथों दाब,
छाती से सटाए
तुम सदा से हो चले आए,
तुम्हारा बस यही आख्यान!
उसका क्या किया उपयोग तुमने?
भोग तुमने?
प्रश्न पूछा जाएगा, सोचा जवाब?
उतर आओ,
और मिट्टी में सनो,
ज़िंदा बनो,
यह कोढ़ छोड़ो,
रंग लाओ,
खिलखिलाओ,
महमहाओ।
तोड़ते हैं प्रेयसी-प्रियतम तुम्हें?
सौभाग्य समझो,
हाथ आओ,
साथ जाओ।

युग का जुआ

युग के युवा,
मत देख दाएँ,
और बाएँ, और पीछे,

झाँक मत बग़लें,
न अपनी आँख कर नीचे;
अगर कुछ देखना है,
देख अपने वे
वृषभ कंधे
जिन्हें देता निमंत्रण
सामने तेरे पड़ा
युग का जुआ,
युग के युवा!

तुझको अगर कुछ देखना है,
देख दुर्गम और गहरी
घाटियाँ
जिनमें करोड़ों संकटों के
बीच में फँसता, निकलता
यह शकट
बढ़ता हुआ
पहुँचा यहाँ है।

दोपहर की धूप में
कुछ चमचमाता-सा
दिखाई दे रहा है
घाटियों में।
यह नहीं जल,
यह नहीं हिम-खंड शीतल,
यह नहीं है संगमरमर,
यह न चाँदी, यह न सोना,
यह न कोई बेशक़ीमत धातु निर्मल।

देख इनकी ओर,
माथे को झुका,
ये कीर्ति-उज्ज्वल
पूज्य तेरे पूर्वजों की
अस्थियाँ हैं।
आज भी उनके
पराक्रमपूर्ण कंधों का

महाभारत
लिखा युग के जुए पर।
आज भी ये अस्थियाँ
मुर्दा नहीं हैं;
बोलती हैं :
"जो शकट हम
घाटियों से
ठेलकर लाए यहाँ तक,
अब हमारे वंशजों की
आन
उसको खींच ऊपर को चढ़ाएँ
चोटियों तक।"

गूँजती तेरी शिराओं में
गिरा गंभीर यदि यह,
प्रतिध्वनित होता अगर है
नाद नर इन अस्थियों का
आज तेरी हड्डियों में,
तो न डर,
युग के युवा,
मत देख दाएँ
और बाएँ और पीछे,
झाँक मत बग़लें,
न अपनी आँख कर नीचे;
अगर कुछ देखना है
देख अपने वे
वृषभ कंधे
जिन्हें देता चुनौती
सामने तेरे पड़ा
युग का जुआ।
इसको तमककर तक,
हुमककर ले उठा,
युग के युवा!

लेकिन ठहर,
यह बहुत लंबा,

बहुत मेहनत औ' मशक़्क़त
माँगनेवाला सफ़र है।
तै तुझे करना अगर है
तो तुझे
होगा लगाना
ज़ोर एड़ी और चोटी का बराबर,
औ' बढ़ाना
क़दम, दम से साध सीना,
और करना एक
लोहू से पसीना।
मौन भी रहना पड़ेगा;
बोलने से
प्राण का बल
क्षीण होता;
शब्द केवल झाग बन
घुटता रहेगा, बंद मुख में।
फूलती साँसें
कहाँ पहचानती हैं
फूल-कलियों की सुरभि को
लक्ष्य के ऊपर
जड़ी आँखें
भला, कब देख पातीं
साज धरती का,
सजीलापन गगन का।

वत्स,
आ तेरे गले में
एक घंटी बाँध दूँ मैं,
जो परिश्रम
के मधुरतम
कंठ का संगीत बनकर
प्राण-मन पुलकित करे
तेरा निरंतर,
और जिसकी
क्लांत औ' एकांत ध्वनि
तेरे कठिन संघर्ष की

बनकर कहानी
गूँजती जाए
पहाड़ी छातियों में।
अलविदा,
युग के युवा,
अपने गले में डाल तू
युग का जुआ;
इसको समझ जयमाल तू;
कवि की दुआ!

नीम के दो पेड़

''तुम न समझोगे,
शहर रो आ रहे हो,
हम गँवारों की गँवारी बात।
शहर,
जिसमें हैं मदरसे और कालिज
ज्ञान-मद से झूमते उस्ताद जिनमें
नित नई से नई,
मोटी पुस्तकें पढ़ते, पढ़ाते,
और लड़के घोटते, रटते उन्हें नित;
ज्ञान ऐसा रत्न ही है,
जो बिना मेहनत, मशक़्क़त
मिल नहीं सकता किसी को।
फिर वहाँ विज्ञान-बिजली का उजाला
जो कि हरता बुद्धि पर छाया अँधेरा,
रात को भी दिन बनाता।
इस तरह का ज्ञान औ' विज्ञान
पच्छिम की सुनहरी सभ्यता का
क़ीमती वरदान है
जो आ तुम्हारे बड़े शहरों में
इकट्ठा हो गया है।
और तुम कहते कि यह दुर्भाग्य है जो
गाँव में पहुँचा नहीं है;

और हम अपने गँवरपन में समझते,
ख़ैरियत है, गाँव इनसे बच गए हैं।
सहज में जो ज्ञान मिल जाए
हमारा धन वही है,
सहज में विश्वास जिस पर टिक रहे
पूँजी हमारी;
बुद्धि की आँखें हमारी बंद रहतीं;
पर हृदय का नेत्र जब-तक खोलते हम,—
और इनके बल युगों से
हम चले आए, युगों तक
हम चले जाते रहेंगे।
और यह भी है सहज विश्वास,
सहजज्ञान,
सहजानुभूति,
कारण पूछना मत।

इस तरह से है यहाँ विख्यात
मैंने यह लड़कपन में सुना था,
और मेरे बाप को भी यह लड़कपन में
बताया गया था,
बाबा लड़कपन में बड़ों से सुन चुके थे,
और अपने पुत्र को मैंने बताया है
कि तुलसीदास आए थे यहाँ पर,
तीर्थ-यात्रा के लिए निकले हुए थे,
पाँव नंगे,
वृद्ध थे वे किंतु पैदल जा रहे थे,
हो गई थी रात,
ठहरे थे कुएँ पर,
एक साधू की यहाँ पर झोंपड़ी थी,
फलाहारी थे, धरा पर लेटते थे,
और बस्ती में कभी जाते नहीं थे,
रात से ज्यादा कहीं रुकते नहीं थे;
उस समय वे राम का बनवास
लिखने में लगे थे

रात बीते
उठे ब्राह्म मुहूर्त में,
नित्यक्रिया की,
चीर दाँतन जीभ छीली,
और उसके टूक दो खोंसे धरणि में;
और कुछ दिन बाद उनसे
नीम के दो पेड़ निकले,
साथ-साथ बड़े हुए,
नभ में उठे औ'
उस समय से
आज के दिन तक खड़े हैं।''

मैं लड़कपन में
पिता के साथ
उस थल पर गया था।
यह कथन सुनकर पिता ने
उस जगह को सिर नवाया
और कुछ संदेह से कुछ, व्यंग्य से
मैं मुसकराया।

बालपन में
था अचेत, विमूढ़ इतना
गूढ़ता मैं उस कथा की
कुछ न समझा।
किंतु अब जब
अध्ययन, अनुभव तथा संस्कार से मैं
हूँ नहीं अनभिज्ञ
तुलसी की कला से,
शक्ति से, संजीवनी से,
उस कथा को
याद करके सोचता हूँ :
हाथ जिसका छू
क़लम ने वह बहाई धार
जिसने शांत कर दी
कोटिकों के दग्ध कंठों की पिपासा,
सींच दी खेती युगों की मुर्झुराई,

औ' जिला दी एक मुर्दा जाति पूरी;
जीभ उसकी छू
अगर दो दाँतनों से
नीम के दो पेड़ निकले
तो बड़ा अचरज हुआ क्या।
और यह विश्वास
भारत के सहज भोले जनों का
भव्य तुलसी के क़लम की
दिव्य महिमा
व्यक्त करने का
कवित्व-भरा तरीक़ा।

मैं कभी दो पुत्र अपने
साथ ले उस पुण्य थल को
देखना फिर चाहता हूँ।
क्योंकि प्रायश्चित्त न मेरा
पूर्ण होगा
उस जगह बे सिर नवाए।
और संभव है कि मेरे पुत्र दोनों
व्यंग्य से, संदेह से कुछ मुसकराएँ।

जीवन के पहिये के नीचे, जीवन के पहिये के ऊपर

मैं बहुत गाता हूँ,
बहुत लिखता हूँ
कि मेरे अंदर
जो मौन है,
बंद है, बंदी है,
जो सबके लिए
और मेरे लिए भी
अज्ञात है, रहस्यपूर्ण है,
वह मुखरित हो, खुले,
स्वच्छंद हो, छंद हो,

गाए और बताए
कि वह क्या है, कौन है
जो मेरे अंदर मौन है।

मेरे दिल पर, दिमाग़ पर,
साँस पर
एक भार है–
एक पहाड़ है।
मैं लिखता हूँ तो समझो,
मैं अपने क़लम की निब से,
नोक से
उसे छेदता हूँ, भेदता हूँ,
कुरेदता हूँ,
उस पर प्रहार करता हूँ
कि वह भार घटे,
कि वह पहाड़ हटे,
कि पाप कटे
कि मैं आज़ादी से साँस लूँ,
आज़ादी से विचार करूँ,
आज़ादी से प्यार करूँ।

उधर
पत्थर है, चट्टान है, पहाड़ है,
उधर
उँगली है, लेखनी है, निब है,
लेकिन इनके पीछे–
क्या तुम्हें इसका नहीं ध्यान है?
हाथ है,
इंसान है,
कवि है।

बिहटा-दुर्घटना
उसने आँखों से देखी थी।
मैंने पूछा,
कौन
सबसे अधिक मार्मिक

दृश्य तुमने देखा था?
याद कर वह काँप उठा,
आंखें फाड़,
साँस खींच,
बोला वह,
एक आदमी का पेट
रेल के पहिये से दबा था,
पर वह चक्के को
सड़सी-जैसे पंजों से
कसकर, पकड़कर, जकड़कर
दाँत से काट रहा था,
सारी ताक़त समेट!
दाँत जैसे सख़्त हुए
लोहे के चने चबा।
क्षण भर में हो हताश
गिरा दम तोड़कर,
लेकिन उस लोहे के पहिये पर
कुछ लकीर, कुछ निशान
छोड़कर!

और जो मैं बहुत गा चुका हूँ,
कभी अपने अंदर भी पैठता हूँ
कि देखूँ मेरे अंदर जो
मौन है, बंद है,
वह कुछ मुखरित हुआ, खुला,
तो एक आजन्म बंदी
जो अगणित ज़ंजीरों से बद्ध है,
केवल कुछ को हिलाता है,
धीमे-धीमे झनकाता है,
व्यंग्य से मुसकाता है,
मानो यह बताता है
कि इतना ही मैं स्वच्छंद हूँ,
कि इतना ही तुम्हारा छंद है!

और जो मैं बहुत लिख चुका हूँ,
न आज़ादी से प्यार कर सकता हूँ,

न विचार कर सकता हूँ,
न साँस ले सकता हूँ,
न मेरा पाप कटा है,
न मुझ पर से पहाड़ हटा है,
न भार घटा है,
और जो मैंने अपने क़लम की नोक से
छेदा है, भेदा है,
कुरेदा है,
उससे मैं
पत्थर पर, चट्टान पर
सिर्फ कुछ लकीर लगा सका हूँ,
कुछ सूराख बना सका हूँ।

लेकिन जब तक
मेरा दम नहीं टूटता,
मैं हताश नहीं होता,
मुझसे मेरा क़लम नहीं छूटता।
मेरा सरगम नहीं छूटता।

सृष्टि की दुर्घटना है
और मेरे पेट पर
जीवन का पहिया है,
लेकिन जो मुझमें था
देव बल,
दानव बल,
मानव बल,
आत्मबल,
पशु बल—
सबको समेटकर
मैंने उसे पकड़ा है,
पंजों से जकड़ा है।

जब वह मुझसे छूट जाय,
मेरा दम टूट जाय,
पहिये पर देखना,
होगा मेरा निशान,

मेरे वज्रदंतों से
लिखा स्वाभिमान-गान!

बुद्ध और नाचघर

"बुद्धं सरणं गच्छामि,
धम्मं सरणं गच्छामि,
संघं सरणं गच्छामि।"

बुद्ध भगवान,
जहाँ था धन, वैभव, ऐश्वर्य का भंडार,
जहाँ था, पल-पल पर सुख,
जहाँ था पग-पग पर शृंगार,
जहाँ रूप, रस, यौवन की थी सदा बहार,
वहाँ पर लेकर जन्म,
वहाँ पर पल, बढ़, पाकर विकास,
कहाँ से तुममें जाग उठा
अपने चारों ओर के संसार पर
संदेह, अविश्वास?
और अचानक एक दिन
तुमने उठा ही तो लिया
उस कनक-घट का ढक्कन,
पाया उसे विष-रस भरा।
दुल्हन की जिसे पहनाई गई थी पोशाक,
वह तो थी सड़ी-गली लाश।
तुम रहे अवाक्,
हुए हैरान,
क्यों अपने को धोखे में रक्खे है इंसान,
क्यों वह पी रहा है विष के घूँट,
जो निकलता है फूट-फूट?
क्या यही है सुख-साज
कि मनुष्य खुजला रहा है अपनी खाज?

निकल गए तुम दूर देश,

वनों-पर्वतों की ओर,
खोजने उस रोग का कारण,
उस रोग का निदान।
बड़े-बड़े पंडितों को तुमने लिया थाह,
मोटे-मोटे ग्रन्थों को लिया अवगाह,
सुखाया जंगलों में तन,
साधा साधना से मन,
सफल हुआ श्रम,
सफल हुआ तप,
आया प्रकाश का क्षण,
पाया तुमने ज्ञान शुद्ध,
हो गए प्रबुद्ध।

देने लगे जगह-जगह उपदेश,
जगह-जगह व्याख्यान,
देखकर तुम्हारा दिव्य वेश,
घेरने लगे तुम्हें लोग,
सुनने को नई बात
हमेशा रहता है तैयार इंसान,
कहनेवाला भले ही हो शैतान,
तुम तो थे भगवान।
जीवन है एक चुभा हुआ तीर,
छटपटाता मन, तड़फड़ाता शरीर।
सच्चाई है—सिद्ध करने की ज़रूरत है?
पीर, पीर, पीर।
तीर को दो पहले निकाल,
किसने किया शर का संधान?—
क्यों किया शर का संधान?
किस क़िस्म का है बाण?
ये हैं बाद के सवाल।
तीर को दो पहले निकाल।

जगत है चलायमान,
बहती नदी के समान,
पार कर जाओ इसे तैरकर,
इस पर बना नहीं सकते घर।

जो कुछ है हमारे भीतर-बाहर,
दीखता-सा दुखकर-सुखकर,
वह है हमारे कर्मों का फल।
कर्म है अटल।
चलो मेरे मार्ग पर अगर,
उससे अलग रहना भी नहीं कठिन,
उसे वश में करना है सरल।
अंत में, सबका है यह सार—
जीवन दुख ही दुख का है विस्तार,
दुख का इच्छा है आधार,
अगर इच्छा को लो जीत,
पा सकते हो दुखों से निस्तार,
पा सकते हो निर्वाण पुनीत।

ध्वनित-प्रतिध्वनित
तुम्हारी वाणी से हुई आधी ज़मीन—
भारत, ब्रह्मा, लंका, स्याम,
तिब्बत, मंगोलिया जापान, चीन—
उठ पड़े मठ, पैगोडा, विहार,
जिनमें भिक्षुणी, भिक्षुओं की क़तार
मुँड़ाकर सिर, पीला चीवर धार
करने लगी प्रवेश
करती इस मंत्र का उच्चार :
"बुद्धं सरणं गच्छामि,
धम्मं सरणं गच्छामि,
संघं सरणं गच्छामि।"
कुछ दिन चलता है तेज़
हर नया प्रवाह,
मनुष्य उठा चौंक, हो गया आगाह।

वाह री मानवता,
तू भी करती है कमाल,
आया करें पीर, पैग़ंबर, आचार्य,
महंत, महात्मा हज़ार,
लाया करें अहदनामे इलहाम,
छाँटा करें अक्ल, बघारा करें ज्ञान,

दिया करें प्रवचन, बाज़,
तू एक कान से सुनती,
दूसरे से देती निकाल,
चलती है अपनी समय-सिद्ध चाल।
जहाँ है तेरी बस्तियाँ, तेरे बाज़ार,
तेरे लेन-देन, तेरे कमाई-ख़र्च के स्थान,

वहाँ कहाँ हैं
राम, कृष्ण, बुद्ध, मुहम्मद, ईसा के
कोई निशान।
इनकी भी अच्छी चलाई बात,
इनकी क्या बिसात,
इनमें से कोई अवतार,
कोई स्वर्ग का पूत,
कोई स्वर्ग का दूत,
ईश्वर को भी इसने नहीं रखने दिया हाथ।
इसने समझ लिया था पहले ही
ख़ुदा साबित होंगे ख़तरनाक,
अल्लाह, वबालेजान, फज़ीहत,
अगर ते रहेंगे मौजूद
हर जगह, हर वक्त।
झूठ-फरेब, छल-कपट, चोरी,
जारी, दग़ाबाज़ी, छीना-छोरी, सीनाज़ोरी
कहाँ फिर लेंगी पनाह;
ग़रज़, कि बंद हो जाएगा दुनिया का सब काम ,
सोचो, कि अगर अपनी प्रेयसी से करते हो तुम प्रेमालाप
और पहुँच जायँ तुम्हारे अब्बाजान,
तब क्या होगा तुम्हारा हाल।
तबीयत पड़ जाएगी ढीली,
नशा सब हो जाएगा क़ाफूर,
एक दूसरे से हटकर दूर
देखोगे न एक दूसरे का मुंह?
मानवता का बुरा होता हाल
अगर ईश्वर डटा रहता सब जगह, सब काल।
इसने बनवाकर मंदिर, मस्जिद, गिरजाघर
ख़ुदा को कर दिया है बंद;

ये हैं ख़ुदा के जेल,
जिन्हें यह—देखो तो इसका व्यंग्य—
कहती है श्रद्धा-पूजा के स्थान।
कहती है उनसे,
"आप यहीं करें आराम,
दुनिया जपती है आपका नाम,
मैं मिल जाऊँगी सुबह-शाम,
दिन-रात बहुत रहता है काम।"
अल्ला पर लगा है ताला,
बंदे करें मनमानी, रँगरेल।
वाह री दुनिया,
तूने ख़ुदा का बनाया है खूब मज़ाक,
ख़ूब खेल।

जहाँ ख़ुदा की नहीं गली दाल,
वहाँ बुद्ध की क्या चलती चाल,
वे थे मूर्ति के ख़िलाफ,
इसने उन्हीं की बनाई मूर्ति,
वे थे पूजा के विरुद्ध,
इसने उन्हीं को दिया पूज,
उन्हें ईश्वर में था अविश्वास,
इसने उन्हीं को कह दिया भगवान,
वे आए थे फैलाने को वैराग्य,
मिटाने को सिंगार-पटार,
इसने उन्हीं को बना दिया शृंगार।
बनाया उनका सुंदर आकार;
उनका बेलमुंड था शीश,
इसने लगाए बाल घूंघरदार;
और मिट्टी, लकड़ी, पत्थर, लोहा,
ताँबा, पीतल, चाँदी, सोना,
मूँगा, नीलम, पन्ना, हाथी दाँत—
सबके अंदर उन्हें डाल, तराश, खराद, निकाल
बना दिया उन्हें बाज़ार में बिकने का सामान।
पेकिंग से शिकागो तक
कोई नहीं क्यूरियो की दुकान
जहाँ, भले ही और न हो कुछ,

बुद्ध की मूर्ति न मिले जो माँगो।
बुद्ध भगवान,
अमीरों के ड्राइंगरूम,
रईसों के मकान
तुम्हारे चित्र, तुम्हारी मूर्ति से शोभायमान।
गर वे हैं तुम्हारे दर्शन से अनभिज्ञ,
तुम्हारे विचारों से अनजान,
सपने में भी उन्हें इसका नहीं आता ध्यान।
शेर की खाल, हिरन की सींग,
कला-कारीगरी के नमूनों के साथ
तुम भी हो आसीन,
लोगों की सौंदर्य-प्रियता को
देते हुए तसकीन,
इसीलिए तुमने एक की थी
आसमान-ज़मीन?

और आज
देखा है मैंने,
एक ओर है तुम्हारी प्रतिमा
दूसरी ओर है डांसिंग हाल,
हे पशुओं पर दया के प्रचारक,
अहिंसा के अवतार,
परम विरक्त,
संयम साकार,
मची है तुम्हारे सामने रूप-यौवन की ठेल-पेल,
इच्छा और वासना खुलकर रही हैं खेल,
गाय-सुअर के गोश्त का उड़ रहा है कबाब
गिलास पर गिलास
पी जा रही है शराब—
पिया जा रहा है पाइप, सिगरेट, सिगार,
धुआँधार,
लोग हो रहे हैं नशे में लाल।
युवकों ने युवतियों को खींच
लिया है बाहों के भींच,
छाती और सीने आ गए हैं पास,

होंठो-अधरों के बीच
शुरू हो गई है बात,
शुरू हो गया है नाच,
आर्केस्ट्रा के साज़—
ट्रंपेट, क्लैरिनेट, कारनेट—पर साथ
बज उठा है जाज़,
निकलती है आवाज़ :

"मद्यं शरणं गच्छामि,
मांसं शरणं गच्छामि,
डांसं शरणं गच्छामि।"

त्रिभंगिमा

पगला मल्लाह

(उत्तरप्रदेश की एक लोकधुन पर आधारित)

डोंगा डोले,
नित गंग-जमुन के तीर,
डोंगा डोले।

आया डोला,
उड़न खटोला,
एक परी परदे से निकली पहने पँचरँग चीर।
डोंगा डोले,
नित गंग-जमुन के तीर,
डोंगा डोले।

आँखें टक-टक,
छाती धक-धक,
कभी अचानक ही मिल जाता दिल का दामनगीर।
डोंगा डोले,

नित गंग-जमुन के तीर,
डोंगा डोले।

नाव बिराजी,
केवट राजी,

डाँड़ छुई भर, बस आ पहुँची संगम पर की भीड़।[1]

डोंगा डोले,
नित गंग-जमुन के तीर,
डोंगा डोले।

मन मुसकाई,
उतर नहाई,
'आगे पाँव न देना, रानी, पानी अगम-गभीर'।
डोंगा डोले,
नित गंग-जमुन के तीर,
डोंगा डोले।

बात न मानी,
होनी जानी,
बहुत थहाई, हाथ न आई जादू की तस्वीर।
डोंगा डोले,
नित गंग-जमुन के तीर,
डोंगा डोले।

इस तट, उस तट,
पनघट, मरघट,
बानी अटपट;
हाय, किसी ने कभी न जानी माँझी-मन की पीर।
डोंगा डोले,
नित गंग-जमुन के तीर,
डोंगा डोले। डोंगा डोले। डोंगा डोले।

---

1. गीत प्रयाग में गंगा-यमुना के संगम को ध्यान में रखकर लिखा है। वहाँ पहुँचने के लिए लोगों को गंगा या जमुना के तट से एक-डेढ़ मील नाव से जाना होता है।

गंगा की लहर

(सहगान के लिए : उत्तरप्रदेश की एक लोकधुन पर आधारित)

गंगा की लहर अमर है,
गंगा की।

धन्य भगीरथ
के तप का पथ।
गंगा कँपा थरथर है।
गंगा की,
गंगा की लहर अमर है।

नभ से उतरी
पावन पुतरी,
दृढ़ शिव-जूट-जकड़ है।
गंगा की,
गंगा की लहर अमर है।

बाँध न शंकर
अपने सिर पर,
यह धरती का वर है।
गंगा की,
गंगा की लहर अमर है।

जह्नु न हठकर
अपने मुख धर,
तृषित जगत-अंतर है।
गंगा की,
गंगा की लहर अमर है।

एक धार जल
देगा क्या फल?
भूतल सब ऊसर है।
गंगा की,
गंगा की लहर अमर है।

लक्ष धार हो
भू पर विचरो,
जग में बहुत ज़हर है।
गंगा की,
गंगा की लहर अमृत है,
गंगा की लहर अमर है,
गंगा की,

सोन मछरी

संत्यज्य मत्स्यरूपं सा दिव्यं रूपमवाप्य च—महाभारत 1।63।66।

(स्त्री-पुरुषों के दो दल बनाकर सहगान के लिए : उत्तरप्रदेश की एक लोकधुन पर आधारित जिसे ढिंढिया कहते हैं।)

स्त्री

जाओ, लाओ, पिया, नदिया से सोन मछरी।
पिया, सोन मछरी, पिया, सोन मछरी।
जाओ, लाओ, पिया, नदिया से सोन मछरी।

उसकी हैं नीलम की आँखें,
हीरे-पन्ने की हैं पाँखें,
वह मुख से उगलती है मोती की लरी।
पिया, मोती की लरी; पिया, मोती की लरी।
जाओ, लाओ, पिया, नदिया से सोन मछरी।

पुरुष

सीता ने सुबरन मृग माँगा,
उनका सुख लेकर वह भागा,
बस रह गई नयनों में आँसू की लरी।
रानी, आँसू की लरी; रानी आँसू की लरी।
रानी, मत माँगो नदिया की सोन मछरी।

स्त्री

जाओ, लाओ, पिया, नदिया से सोन मछरी।
पिया, सोन मछरी; पिया, सोन मछरी।

जाओ, लाओ, पिया, नदिया से सोन मछरी।

पिया डोंगी ले सिधारे,
मैं खड़ी रही किनारे,
पिया लौटे लेके बगल में सोने की परी।
        पिया, सोने की परी नहीं सोन मछरी।
पिया, सोन मछरी नहीं सोने की परी।

पुरुष

मैंने बंसी जल में डाली,
देखी होती बात निराली,
छूकर सोन मछरी हुई सोने की परी।
        रानी, सोने की परी; रानी, सोने की परी।
छूकर सोन मछरी हुई सोने की परी।

जाओ, लाओ, पिया, नदिया से सोन मछरी।
        पिया, सोन मछरी; पिया, सोन मछरी।
जाओ, लाओ, पिया, नदिया से सोन मछरी।

स्त्री

पिया परी अपनाए,
हुए अपने पराए,
हाय! मछरी जो माँगी, कैसी बुरी थी घरी!
        कैसी बुरी थी घरी! कैसी बुरी थी घरी।
सोन मछरी जो माँगी, कैसी बुरी थी घरी।

जो है कंचन का भरमाया,
उसने किसका प्यार निभाया,
मैंने अपना बदला पाया,
माँगी मोती की लरी, पाई आँसू की लरी।
        पिया, आँसू की लरी; पिया, आँसू की लरी।
माँगी मोती की लरी, पाई आँसू की लरी।

जाओ, लाओ, पिया, नदिया से सोन मछरी।
        पिया, सोन मछरी; पिया, सोन मछरी।
जाओ, लाओ, पिया, नदिया से सोन मछरी।

लाठी और बाँसुरी

(पुरुष-स्त्री के बीच कथोपकथन की तरह गाने के लिए : उत्तरप्रदेश की एक लोकधुन पर आधारित, जिसे ढिंढिया कहते हैं।)

पुरुष

लाडो, बाँस की बनाऊँ लठिया कि बँसिया?
बँसिया कि लठिया? लठिया कि बँसिया?
लाडो, बाँस की बनाऊँ लठिया कि बँसिया?

बंसी-धुन कानों में पड़ती,
गोरी के दिल को पकड़ती,
भोरी मछरी को जैसे मछुआ की कटिया;
मछुआ की बँसिया, मछुआ की कटिया;
लाडो, बाँस की बनाऊँ लठिया कि बँसिया?

जग में दुश्मन भी बन जाते,
मौका पा नीचा दिखलाते,
लाठी रहती जिसके काँधे, उसकी ऊँची पगिया;
उसकी ऊँची पगिया, ऊँची उसकी पगिया;
लाडो, बाँस की बनाऊँ लठिया कि बँसिया?

स्त्री

राजा, बाँस की बना ले बँसिया औ' लठिया;
लठिया औ' बँसिया, बँसिया औ' लठिया;
राजा, बाँस की बना ले बँसिया औ' लठिया।

बंसी तेरी पीर बताए,
सुनकर मेरा मन अकुलाए,
सोने दे न जगने दे मेरी फुल-खटिया,
मेरी फुल-सेजिया, मेरी सूनी सेजिया;
राजा, बाँस की बना ले बँसिया औ' लठिया।

प्रेमी के दुश्मन बहुतेरे,
ऐरे - गैरे - नत्थू - खैरे,
हारे, भागे न किसी से मेरा रंग-रसिया;

मेरा रंग-रसिया, मेरा रन-रसिया;
राजा, बाँस की बना ले बँसिया, औ' लठिया।

खोई गुजरिया

(ढोलक-मजीरे पर सहगान के लिए :
उत्तरप्रदेश की एक लोकधुन पर आधारित)

मेले में खोई गुजरिया,
जिसे मिले मुझसे मिलाए।

उसका मुखड़ा
चाँद का टुकड़ा,
कोई नज़र न लगाए,
जिसे मिले मुझसे मिलाए।
मेले में खोई गुजरिया,
जिसे मिले मुझसे मिलाए।

खोए-से नैना,
तोतरे बैना,
कोई न उसको चिढ़ाए।
जिसे मिले मुझसे मिलाए।
मेले में खोई गुजरिया
जिसे मिले मुझसे मिलाए।

मटमैली सारी,
बिना किनारी,
कोई न उसको लजाए,
जिसे मिले मुझसे मिलाए।
मेले में खोई गुजरिया,
जिसे मिले मुझसे मिलाए।

तन की गोली,
मन की भोली,
कोई न उसे बहकाए।
जिसे मिले मुझसे मिलाए।

मेले में खोई गुजरिया,
जिसे मिले मुझसे मिलाए।

दूँगी चवन्नी,
जो मेरी मुन्नी
को लाए कनिया उठाए।
जिसे मिले मुझसे मिलाए।
मेले में खोई गुजरिया,
जिसे मिले मुझसे मिलाए।

नील-परी[1]

सीप में नील-परी सागर तरें,
सीपी में।

बंसी उस पार बजी,
नयनों की नाव सजी,

---

1. यह गीत निम्नलिखित व्याख्या के साथ अक्तूबर, 1960 में आकाशवाणी केन्द्र, लखनऊ, में फीतांकित किया गया था और वहीं से प्रसारित हुआ।

"आज आपको अपना एक नये प्रकार का गीत सुना रहा हूँ। विभिन्न छन्दों को लेकर हिन्दी में बड़े अच्छे-अच्छे गीत लिखे जा चुके हैं। प्रस्तुत गीत लोकधुन पर आधारित है। प्रायः इस प्रकार के गीत सहगान के लिए हैं और ढोलक और मजीरे की ताल पर गाए जा सकते हैं।

इस गीत में सीपी में मोती पड़ने की कहानी भी है। कहानी और कविता लोकगीतों में प्रायः एक साथ चलती हैं।

वैसे तो मुझे विश्वास है कि प्रतीक अपना अर्थ स्वयं बोलेंगे, परन्तु थोड़ा संकेत करना अनुचित न समझा जायेगा।

नील परी उस अन्धकार का प्रतीक है जो बन्द सीपी में रहता है और लहरों की थपेड़ सहता है।

फिर सहसा मोती का प्रादुर्भाव होता है। नील परी की वेदना में आँसू का गिरना ही जैसे मोती झरना है।

उसी के पश्चात् अन्तःप्रकाश होता है और सीपी का जीवन सफल हो जाता है।"

पलकों की पालें उसासें भरें,
सीपी में।
सीपी में नील-परी सागर तरें,
सीपी में।

अंधड़ आकाश चढ़ा,
झोंकों का ज़ोर बढ़ा,
शोर बढ़ा, बादल औ' बिजली लड़ें,
सीपी में।
सीपी में नील-परी सागर तरें,
सीपी में।

आर नहीं, पार नहीं,
तृन का आधार नहीं,
झेल रहीं लहरों का वार लहरें,
सीपी में।
सीपी में नील-परी सागर तरें,
सीपी में।

अब किसको याद करें,
किससे फरियाद करें,
आज भरें, नयनों से मोती झरें
सीपी में।
सीपी में नील-परी सागर तरें,
सीपी में।

सहसा उजियार हुआ,
बेड़ा भी पार हुआ,
पी का दीदार हुआ,
मोदभरी नील-परी पी को वरें,
सीपी में।
सीपी में नील-परी सागर तरें,
सीपी में।

महुआ के नीचे

(ढोलक पर सहगान के लिए :
उत्तरप्रदेश की एक लोकधुन पर आधारित)

महुआ के,
महुआ के नीचे मोती झरे,
महुआ के।
यह खेल-हँसी,
यह फाँस फँसी,
यह पीर किसी से मत कह रे।
महुआ के।
महुआ के नीचे मोती झरे,
महुआ के।

अब मन परबस,
अब सपन परस,
अब दूर दरस, अब नयन भरे।
महुआ के।
महुआ के नीचे मोती झरे,
महुआ के।

अब दिन बहुरे,
जी की कह रे,
मनबासी पी के मन बस रे
महुआ के।
महुआ के नीचे मोती झरे,
महुआ के।

घड़ियाँ सुबरन,
दुनिया मधुवन,
उसको जिसको न पिया बिसरे।
महुआ के।
महुआ के नीचे मोती झरे,
महुआ के।

सब सुख पाएँ,
सुख सरसाएँ,
कोई न कभी मिलकर बिछुड़े।
महुआ के।
महुआ के नीचे मोती झरे,
महुआ के।

आँगन का बिरवा

(अकेले गाने के लिए : लोकधुन पर आधारित)

आँगन के,
आँगन के बिरवा मीत रे,
आँगन के।

रोप गए साजन,
सजीव हुआ आँगन;
जीवन के बिरवा मीत रे।
आँगन के,
आँगन के बिरवा गीत रे,
आँगन के!

पी की निशानी,
को देते पानी
नयनों के घट गए रीत रे।
आँगन के,
आँगन के बिरवा मीत रे,
आँगन के!

फिर-फिर सावन,
बिन मनभावन;
सारी उमर गई बीत रे।
आँगन के,
आँगन के बिरवा मीत रे,
आँगन के!

तू अब सूखा,
सब दिन रूखा,
दूखा गले का गीत रे।
आँगन के,
आँगन के बिरवा मीत रे,
आँगन के!

अंतिम शय्या,
हो तेरी छैंयाँ
दैया निभा दे प्रीत रे!
आँगन के,
आँगन के बिरवा मीत रे,
आँगन के!

फिर चुनौती

अंतर से या कि दिगंतर से आई पुकार—
मैंने अपने पाँवों से पर्वत कुचल दिए,
कदमों से रौंदे कुश-काँटों के बन बीहड़,
दी तोड़ डगों से रेगिस्तानों की पसली,
दी छोड़ पगों को छाप धरा की छाती पर;
सुस्ताता हूँ;
तन पर फूटी श्रम-धारा का
सुख पाता हूँ।

अंतर से या कि दिगंतर से आई पुकार—
मैंने सूरज की आँखों में आँखें डालीं,
मैंने शशि को मानस के अन्दर लहराया,
मैंने नयनों से नाप निशाओं का अंबर
तारे-तारे को अश्रुकणों से नहलाया;
अलसाया हूँ;
पलकों में कुछ अद्भुत सपने
भर लाया हूँ।

अंतर से या कि दिगंतर से आई पुकार—
रस-रूप जिधर से भी मैंने आते देखा

चुपचाप बिछाया अपनी बेबस चाहों को;
वामन के भी अरमान असीमित होते हैं,
रंभा की ओर बढ़ाया अपनी बाँहों को;
बतलाता हूँ
यौवन की रंग-उमंगों को।
शरमाता हूँ।

अंतर से या कि दिगंतर से आई पुकार—
तम आसमान पर हावी होता जाता था,
मैंने उसको ऊषा-किरणों से ललकारा;
इसको तो खुद दिन का इतिहास बताएगा,
थी जीत हुई किसकी औ' कौन हटा-हारा;
मैं लाया हूँ
संघर्ष-प्रणय के गीतों को!
मनभाया हूँ।

अंतर से या कि दिगंतर से आई पुकार—
हर जीत, जगत की रीति, चमक खो देती है,
हर गीत गूँजकर कानों में धीमा पड़ता,
हर आकर्षण घट जाता है, मिट जाता है,
हर प्रीति निकलती जीवन की साधारणता;
अकुलता हूँ;
संसृति के क्रम को उलट कहाँ
मैं पाता हूँ।

अंतर से या कि दिगंतर से आई पुकार—
पर्वत ने फिर से अपना शीश उठाया है,
सूरज ने फिर से वसुंधरा को घूरा है;
रंभा ने की ताका-झाँकी फिर नंदन से,
उजियाले का तम पर अधिकार अधूरा है;
पछताता हूँ;
अब नहीं भुजाओं से पहला
बल पाता हूँ।

अंतर से या कि दिगंतर से आई पुकार—
कब सिंह समय की खाट बिछाकर सोता है,

कब गरुड़ बिताता है अपने दिन कंदर में,
जड़ खंडहर भी आवाज़ जवाबी देता है,
बड़वाग्नि जगा करती है बीच समुंदर में;
मुसकाता हूँ;
मैं अपनी सीमा, सबकी सीमा से परिचित,
पर मुझे चुनौती देते हो
तो आता हूँ।

मिट्टी से हाथ लगाए रह!

ये नियति-प्रकृति मुझको भरमाती जाएँगी,
तू बस मेरी मिट्टी से हाथ लगाए रह!

मैंने अक्सर यह सोचा है,
यह चाक बन ई किसकी है?
मैंने अक्सर यह पूछा है,
यह मिट्टी लाई किसकी है?
पर सूरज, चाँद, सितारों ने
मुझको अक्सर आगाह किया,
इन प्रश्नों का उत्तर न तुझे मिल पाएगा,
तू कितना ही अपने मन को उलझाए रह।
ये नियति-प्रकृति मुझको भरमाती जाएँगी,
तू बस मेरी मिट्टी से हाथ लगाए रह!

मधु-अश्रु - स्वेद - रस - रक्त
हलाहल से इसको नम करने में,
क्या लक्ष्य किसी ने रक्खा है,
इस भाँति मुलायम करने में?
उल्का, विद्युत, नीहारों ने
पर मेरे ऊपर व्यंग किया,
बहुतेरे उद्‌भट इन प्रश्नों में भटक चुके,
तू भी चाहे तो अपने को भटकाए रह।
ये नियति-प्रकृति मुझको भरमाती जाएँगी,
तू बस मेरी मिट्टी से हाथ लगाए रह!

प्रातः, दिन, संध्या, रात, सुबह
चक्कर पर चक्कर खा-खाकर,
अस्थिर तन-मन, जर्जर-जीवन,
मैं बोल उठा था घबराकर,
जब इतने श्रम-संघर्षण से
मैं कुछ न बना, मैं कुछ न हुआ,
तो मेरी क्या, तेरी भी इज्ज़त इसमें है,
मुझ मिट्टी से तू अपना हाथ हटाए रह।
ये नियति-प्रकृति मुझको भरमाती जाएँगी,
तू बस मेरी मिट्टी से हाथ लगाए रह!

अपनी पिछली नासमझी का
अब हर दिन होता बोध मुझे,
मेरे बनने के क्रम में था
घबराना, आना क्रोध मुझे,
मेरा यह गीत सुनाना भी;
होगा, मेरा चुप होना भी;
जब तक मेरी चेतनता होती सुप्त नहीं
तू अपने में मेरा विश्वास जगाए रह।
ये नियति-प्रकृति मुझको भरमाती जाएँगी,
तू बस मेरी मिट्टी से हाथ लगाए रह!

तुम्हारी नाट्यशाला

काम जो तुमने कराया, कर गया;
जो कुछ कहाया, कह गया।
यह कथानक था तुम्हारा
और तुमने पात्र भी सब चुन लिए थे,
किंतु उनमें थे बहुत-से
जो अलग ही टेक अपनी धुन लिए थे,
और अपने आप को अर्पण
किया मैंने कि जो चाहो बना दो;
काम जो तुमने कराया, कर गया;
जो कुछ कहाया, कह गया।

मैं कहूँ कैसे कि जिसके
वास्ते जो भूमिका तुमने बनाई,
वह ग़लत थी; कब किसी की
छिप सकी कुछ भी, कहीं, तुमसे छिपाई;
जब कहा तुमने कि अभिनय में
बड़ा वह जो कि अपनी भूमिका से
स्वर्ग छू ले, बँध गई आशा सभी की,
दंभ सबका बह गया।
काम जो तुमने कराया कर गया;
जो कुछ कहाया, कह गया।

आज श्रम के स्वेद में डूबा
हुआ हूँ, साधना में लीन हूँ मैं,
आज मैं अभ्यास में ऐसा
जुटा हूँ, एक क्या, दो-तीन हूँ मैं,
किंतु जब पर्दा गिरेगा
मुख्य नायक-सा उभरता मैं दिखूँगा;
ले यही आशा, नियंत्रण
और अनुशासन तुम्हारा सह गया।
काम जो तुमने कराया, कर गया;
जो कुछ कहाया, कह गया।

मंच पर पहली दफ़ा मुंह
खोलते ही हँस पड़े सब लोग मुझपर,
क्या इसी के वास्ते तैयार
तुमने था किया मुझको, गुणागर?
आख़िरी यह दृश्य है जिसमें
मुझे कुछ बोलना है, डोलना है,
और दर्शक हँस रहे हैं;
अब कहूँगा, थी मुझी में कुछ कमी जो
मैं तुम्हारी नाट्यशाला में
विदूषक मात्र बनकर रह गया।
काम जो तुमने कराया, कर गया;
जो कुछ कहाया, कह गया।

गीतशेष

अब तुमको अर्पित करने को मेरे पास बचा ही क्या है!

क्षीर कहाँ मेरे बचपन का
और कहाँ जग के परनाले,
इनसे मिलकर दूषित होने
से ऐसा था कौन बचा ले;
    यह था जिससे चरण तुम्हारा
    धो सकता तो मैं न लजाता,
अब तुमको अर्पित करने को मेरे पास बचा ही क्या है!

यौवन का वह सावन जिसमें
जो चाहे जब रस बरसा ले,
पर मेरी स्वर्गिक मदिरा को
सोख गए माटी के प्याले,
    अगर कहीं तुम तब आ जाते
    जी भर पीते, भीग-नहाते,
रस से पावन, हे मनभावन, विधना ने विरचा ही क्या है!
अब तुमको अर्पित करने को मेरे पास बचा ही क्या है!

अब तो जीवन की संध्या में
है मेरी आँखों में पानी
झलक रही है जिसमें निशि की
शंका, दिन की विषम कहानी–
    कर्दम पर पंकज की कलिका,
    मरुथल पर मानस जल-कलकल–
लौट नहीं जो आ सकता है अब उसकी चर्चा ही क्या है!
अब तुमको अर्पित करने को मेरे पास बचा ही क्या है!

मरुथल, कर्दम निकट तुम्हारे
जाते, ज़ाहिर है, शरमाए,
लेकिन मानस - पंकज भी तो
सम्मुख हो सूखे, कुम्हलाए;

नीरस-सरस, अपावन - पावन
छू न तुम्हें कुछ भी पाता है,
इतना ही संतोष कि मेरा
स्वर कुछ साथ दिए जाता है,
गीत छोड़कर पास तुम्हारे मानव का पहुँचा ही क्या है!
अब तुमको अर्पित करने को मेरे पास बचा ही क्या है!

रात-राह-प्रीति-पीर

साँझ खिले,
प्रात झड़े,
फूल हर सिंगार के;
रात महकती रही।

शाम जले,
भोर बुझे,
दीप द्वार - द्वार के;
राह चमकती रही।

गीत रचे,
गीत मिटे,
जीत और हार के;
प्रीति दहकती रही।

यार विदा,
प्यार विदा,
दिन विदा बहार के;
पीर कसकती रही।

जाल-समेटा

जाल-समेटा करने में भी
समय लगा करता है, माझी,

मोह मछलियों का अब छोड़।
सिमट गईं किरणें सूरज की,
सिमटीं पंखुरियाँ पंकज की,
दिवस चला छिति से मुंह मोड़।

तिमिर उतरता है अंबर से,
एक पुकार उठी है घर से,
खींच रहा कोई बे - डोर।

जो दुनिया जगती, वह सोती;
उस दिन की सन्ध्या भी होती,
जिस दिन का होता है भोर।

नींद अचानक भी आती है,
सुध-बुध सब हर ले जाती है,
गठरी में लगता है चोर।

अभी क्षितिज पर कुछ-कुछ लाली,
जब तक रात न घिरती काली,
उठ अपना सामान बटोर।

जाल - समेटा करने में भी,
वक्त लगा करता है, माझी,
मोह मछलियों का अब छोड़।

मेरे भी कुछ कागद - पत्रे,
इधर-उधर हैं फैले - बिखरे,
गीतों की कुछ टूटी कड़ियाँ,

कविताओं की आधी सतरें,
मैं भी रख दूँ सबको जोड़।

जब नदी मर गई—
जब नदी जी उठी

कौन था वह युगल
जो गलती-ठिठुरती यामिनी में
जब कि केम्ब्रिज
श्रांत, विस्मृति-जड़ित होकर
सो गया था
कैम के पुल पर खड़ा था—
पुरुष का हर अंग
प्रणयांगार की गरमी लिए
मनुहार - चंचल,
और नारी
फ्रीजिडेयर से निकाली,
संगमरमर मूर्ति-सी
निश्चेष्ट,
निश्चल।
घड़ी ट्रिनिटी की
अठारह बार बोली,
युगल ने
छत्तीस की मुद्रा बना ली;
और तारों से उतर कुहरा
सफ़ेद भभूत - सा
सब ओर फैला।
मैं दबे पाँवों
निकलकर पास ही से
कुछ डरा-सा,
पहुँच 'डिग' में, थका-माँदा
व्यस्त लंदन के दिवस का,
बिस्तरे में घुसा, सोया, मरा-सा ही।

प्रात उठकर देखता हूँ—
बरफ़—बरफ़—बरफ़!
निकट से, दूर से भी घूरती-सी बरफ़
चारों तरफ़!
ऐसा दृश्य पहले भी
दृगों के सामने आ-जा चुका है।

किंतु आज अजीब-सी छाई उदासी,
नगर में निर्जीव-सा कुछ हो गया है,
एक चलती साँस जैसे थम गई है,
एक परिचित मंद-अस्फुट स्वर
अचानक बंद जैसे हो गया है।
कुछ कहीं अविराम चलता,
दूसरों को भी चलाता,
या कि चलने का सतत आभास देता,
यकायक रुक-सा गया है
और दिल कुछ धड़कनों को भूल
रह-रह डूब-उतरा-सा रहा है।
कैम नदी मरी पड़ी है,
गति नहीं, कल-कल नहीं,
छल-छल नहीं है,
कैम सारी जम गई है,
कफ़न-सी उस पर बरफ़ की तह चढ़ी है।
अब नहीं उसमें झलकते और हिलते
चर्च, गुंबद और तट के भवन सुंदर
ले विविध आकार,
कौतूहल विवर्धक।
(ज़िन्दगी का विकृत, खंडित, क्षणस्थायी
बिम्ब भी जीवंत कितना!)
पंट सारे कूल-कीलित;
हंस-जल-कुक्कुट कहीं को उड़ गए हैं।
एक कंकड़ मैं उठाकर फेंकता हूँ,
'डुप्प' से अंदर न जाकर,
टनटनाता बीच में जाकर पड़ा है।
नगर के कुत्ते सतह पर दौड़ते हैं,
गिलहरी इस पार से उस पार जाती।
क्या यही उपयोग उसका रह गया है
हो गई पाषाण जिसकी सरस छाती?—
    कौन था वह युगल
    जो शीतल, सिहरती यामिनी में
    जबकि केम्बिज
    शांत, स्वप्न विमुग्ध होकर
    सो गया था

कैम के पुल पर खड़ा था–
पुरुष का हर अंग
प्रणयांगार की गरमी लिए
अभिसार-चंचल
और नारी
ढाल साँचे से निकाली
मोम की प्रतिमा
भुजाओं में सिमटती-सी
पिघलती।
घड़ी ट्रिनिटी की
बिगड़कर टनटनाती जा रही थी,
युगल
तिरसठ की बना मुद्रा
जगत से बेख़बर था।
और तारों से हवा का एक झोंका
चला सुरभित, गीत-गुंजित
औ' उसी के साथ बहता,
कड़ी कोई गुनगुनाता,
पहुँच डिग में
एक मैंने बड़ी लंबी,
प्रेम-पाती लिखी,
तकिये को कलेजे से दबाकर
सो गया मैं
प्रात उठकर देखता हूँ,
बरफ़ चारों तरफ़ की
जैसे किसी जादूगरी से
उड़ गई है।
गगन में छाया कुहासा और घन
जैसे किसी के मंत्र पढ़ने से
अचानक झड़ गया है।
किरण कोई ऐंद्रजालिक शक्ति ले
चट्टान हिम की छू रही है,
सौ जगह से जो दरकती-टूटती है,
फूटती जलधार ऊपर फैलती है,
और टकराती परस्पर हिम शिलाएँ
बह चली हैं, बह रही हैं, बह गई हैं!

क़ब्र जैसे तोड़ मुर्दा उठ पड़ा है,
कफ़न जैसे फाड़ जीवन झाँकता है,
ज़िंदगी की सांस देती है सुनाई,
लहर के मंजीर मुखरित हो रहे हैं,
लहर-लहरों, धार-कूलों की ठठोली
कान में आने लगी है—
पुनः कलकल, पुनः छलछल।
चर्च, गुंबद और तट के भवन सुंदर
कूद सिर के बल नदी में
स्नान करने लग गए हैं,
पंट तिरता आ रहा है,
नवयुवक उस पर खड़ा
लग्गी सलिल में डाल-डाल निकालता है,
बीच बैठी नील नयना
एक गुड़िया की जुराबें बुन रही है,
और आगे
हंस जोड़ा
वीचियों के झूलने पर
उभर-गिरता बढ़ा जाता,
रास्ता जैसे दिखाता।
एक जोड़ा खड़ा पुल पार
इस समय भी
मुसकराता।*

टूटे सपने

—और छाती बज्र करके
सत्य तीखा
आज वह
स्वीकार मैंने कर लिया है,
स्वप्न मेरे

---

*इंग्लैड के विश्वविद्यालय-नगर केम्ब्रिज के बीचोबीच होकर एक नदी बहती है, जिसका नाम कैम है। इस पर आर-पार जाने के लिए कई पुल हैं। इसी के किनारे के कालेजों में एक ट्रिनिटी कालेज है, जिसकी घड़ी 15-15 मिनट पर 4-8-12-16 घंटियाँ बजाकर घंटा बताती बजाती है। 'डिग' उन घरों को कहते हैं जहाँ विद्यार्थी निजी प्रबंध करके रहते हैं। 'पंट' कैम पर चलने वाली नावों को कहते हैं जो प्रायः लग्गी से चलाई जाती हैं।

ध्वस्त सारे हो गए हैं!
किंतु इस गतिवान जीवन का
यही तो बस नहीं है।
अभी तो चलना बहुत है,
बहुत सहना, देखना है।

अगर मिट्टी से
बने ये स्वप्न होते,
टूट मिट्टी में मिले होते,
हृदय में शांत रखता,
मृत्तिका की सर्जना-संजीवनी में
है बहुत विश्वास मुझको।
वह नहीं बेकार होकर बैठती है
एक पल को,
फिर उठेगी।
अगर फूलों से
बने ये स्वप्न होते
और मुरझाकर
धरा पर बिखर जाते,
कवि-सहज भोलेपने पर
मुसकराता, किंतु
चित्त को शांत रखता,
हर सुमन में बीज है,
हर बीज में है बन सुमन का।
क्या हुआ जो आज सूखा,
फिर उगेगा,
फिर खिलेगा।

अगर कंचन के
बने ये स्वप्न होते,
टूटते या विकृत होते,
किसलिए पछताव होता?
स्वर्ण अपने तत्व का
इतना धनी है,
वक्त के धक्के,
समय की छेड़खानी से

नहीं कुछ भी कभी उसका बिगड़ता।
स्वयं उसको आग में
मैं झोंक देता,
फिर तपाता,
फिर गलाता,
ढालता फिर!

किंतु इसको क्या करूँ मैं,
स्वप्न मेरे काँच के थे!
एक स्वर्गिक आँच ने
उनको ढला था,
एक जादू ने सँवारा था, रँगा था।
कल्पना - किरणावली में
वे जगरऽमगर हुए थे।
टूटने के वास्ते थे ही नहीं वे
किंतु टूटे
तो निगलना ही पड़ेगा
आँख को यह
क्षुर-सुतीक्ष्ण यथार्थ दारुण!
कुछ नहीं इनका बनेगा।
पाँव इन पर धार बढ़ना ही पड़ेगा
घाव-रक्तस्राव सहते।
वज्र छाती पर धँसालो,
पाँव में बाँधा न जाता।
धैर्य मानव का चलेगा
लड़खड़ाता, लड़खड़ाता, लड़खड़ाता।

चेतावनी

भारत की यह परंपरा है–
जब नारी के बालों को खींचा जाता है,
धर्मराज का सिंहासन डोला करता है,
क्रुद्ध भीम की भुजा फड़कती,
वज्रघोष मणिपुष्पक औ' सुघोष करते हैं,

गांडीव की प्रत्यंचा तड़पा करती है;
कहने का तात्पर्य,
महाभारत होता है,
अगर कभी झूठी ममता,
दुर्बलता, किंकर्तव्यमूढ़ता
व्यापा करती,
स्वयं कृष्ण भगवान प्रकट हो
असंदिग्ध औ' स्वतः सिद्धा
स्वर में कहते,
'युध्यस्व भारत।'
भारत की यह परंपरा है—
जब नारी के बालों को खींचा जाता है,
एक महाभारत होता है।

तूने भारत को केवल
रेखांश और अक्षांश जाल में
बद्ध चित्रपट समझ लिया है,
जिसकी कुछ शीर्षस्थ लकीरें,
जब तू चाहे, घटा-मिटाकर
अपने नक़्शे में दिखला ले?

हथकड़ियाँ कड़कड़ा, बेड़ियों को तड़काकर,
अपने बल पर मुक्त, खड़ी
भारत माता का
रूप विराट
मदांध, नहीं तूने देखा है;
(नशा पुराना जल्द नहीं उतरा करता है।
और न अपने भौतिक दृग से देख सकेगा।
आकर कवि से दिव्य दृष्टि ले।
पूरब, पश्चिम, दक्षिण से आ
अगम जलंभर, उच्छल, फेनिल
हिन्द महासागर की अगणित
हिल्लोलित, कल्लोलित लहरें
जिन्हें अहर्निश
प्रक्षालित करती रहती हैं,
अविरल,

वे भारतमाता के
पुण्य चरण हैं—
पग-नखाग्र कन्या कुमारिका-मंदिर शोभित।
और
पूरबी घाट, पच्छिमी घाट
उसी के पीन, पुष्ट, दृढ़ जंघ-पाट हैं।
विंध्य-मेखला कसी हुई है कटि प्रदेश में।
वक्षस्थल पर गंगा-जमुनी हार झूलता—
कौसल-ब्रज की
दुग्ध-धार से
राम-कृष्ण-वल-वैभव सिंचित,
शिव-धनु खंडित,
रावण मर्दि
इंद्र विनिंदित,
कंस विलुंठित—
व्यास कंठ में!
दक्षिणांक में
खड्ग और जौहर ज्वाला का
राजस्थानी महा मरुस्थल दीप्तिमान है।
वाम बाहु आशीष और आरक्षण का
आश्वासन बनकर ब्रह्मपुत्र तक
फैल रहा है,
जिसके नीचे
लक्ष-लक्ष हल
गीतों की लय-गति पर चलकर
भू का अंचल
करते धानी, करते पीला;
और देख वह
भाल दिव्य, हिम-शुभ्र, सजीला,
जिसके ऊपर कश्मीरी केशर क्यारी का
खौर लगा है;
औ' हिंदूकुश और हिमालय की
जो सघन शिला-वल्लरियाँ
उत्तर-पच्छिम, उत्तर-पूरब
दूर-दूर तक
छछड़ीं, छिटकीं, बिखरीं, फैलीं—

अमरनाथ-गौरीशंकर-कैलाश विचुंबित—
वे भारतमाता के कंधों पर अवलंबित
उसकी अलकें, नाग-लटें हैं, वेणी-चोटी,
जो कि हमारी जीवित संस्कृति परंपरा में
नारी के गौरव के
सबसे शीर्ष चिह्न हैं,
जिनकी लाज बचाने को,
इज़्ज़त रखने को,
मूल्य बड़ा से बड़ा
चुकाने को हम उद्यत।
(फिर चालीस कोटि की मां की
भव्य लटा की!)

तूने आज इन्हीं को छेड़ा है,
खींचा है,
किसी नशे में तू अपने से
बाहर चला गया है,
संयम इसीलिए हम
साध रहे हैं।
तुझे नहीं मालूम कि तूने
कितना भीषण और भयावह
काम किया है!
फिर कहता हूँ,
भारत की यह परंपरा है—
जब नारी के बालों को छेड़ा जाता है,
धर्मराज का सिंहासन डोला करता है,
क्रुद्ध भीम के बाहु फड़कते,
वज्रनाद मणिपुष्पक औ' सुघोष करते हैं,
गांडीव की प्रत्यंचा कड़का करती है,
कहने का तात्पर्य,
महाभारत होता है;
अगर कभी थोथी ममता,
दुर्बलता किंकर्तव्यमूढ़ता
व्यापा करती,
स्वयं कृष्ण भगवान प्रकट हो
असंदिग्ध औ' स्वतः सिद्ध

वाणी में कहते,
'उत्तिष्ठ युध्यस्व भारत!'

ताजमहल

जाड़ों के दिन थे, दोनों बच्चे अमित अजित
सरदी की छुट्टी में पहाड़ के कालेज से
घर आए थे, जी में आया, सब मोटर से
आगरे चलें, देखें शोभामय ताजमहल
जिसकी प्रसिद्धि सारी जगती में फैली है,
जिससे आकर्षित होकर आया करते हैं
दर्शक दुनिया के हर हिस्से, हर कोने से;
आगरा और दिल्ली के बीच सड़क पक्की;
दफ्तर के कोल्हू पर चक्कर देते-देते
जी ऊबा है, दिल बहलेगा, पिकनिक होगी।
तड़के चलकर हम आठ बजे मथुरा पहुंचे;
मैंने बच्चों से कहा, 'यही वह मथुरा है
जो जन्मभूमि है कृष्णचंद्र आनँदकंद
की, जिसके पेड़े हैं प्रसिद्ध भारत भर में!'
बच्चे बोले, 'हम जन्मभूमि देखेंगे, पेड़े खाएंगे।'

हम इधर-उधर हो केशव टीले पर पहुंचे,
जिसको दे पीठ खड़ी थी मस्जिद एक बड़ी;
टीले की मिट्टी हटा दी गई थी कुछ-कुछ
जिससे अतीत के भव्य, पुरातन मंदिर का
भग्नावशेष अपनी पथराई आँखों से
अन्यायों-अत्याचारों की कटु कथा-व्यथा
बतलाता था; अंकित था एक निकट पट पर—
छः बार हिंदुओं ने यह मंदिर खड़ा किया,
छः बार मुसलमानों ने इसको तोड़ दिया;
औरंगजेब ने अंतिम बार ढहा करके
मसजिद चुनवा दी उस मंदिर के मलवे से—
कुछ भग्न मूर्तियों की ढेरी थी पास पड़ी,
जो खोज-खुदाई में टीले से निकली थीं।

सहसा मेरी आँखों के आगे नाच गए
पटना, काशी के और अयोध्या के मंदिर—
कुछ अर्धभग्न पिछली करतूतों के साखी,
कुछ कुगढ़ मसजिदों-मीनारों में परिवर्तित।
निर्माण माँगता है मौलिक उद्‌भाव-स्वप्न;
वह तोड़-जोड़ करने से सिद्ध नहीं होता।
मानवता कितने गलत पथों से जाती है?
बीती सदियों की भूलों के टीले, गड्ढे
क्या नहीं बचाए या कि भरे जा सकते थे?—
पछताने से इतिहास नहीं बदला करता।
टीले की मिट्टी पर मैंने मत्था टेका,
कुछ क्रोध क्षोभ, पछताव लिए आगरा चला।
मेरी पत्नी ने एक विखंडित मूर्ति उठा
मोटर में रख ली; अपने टूटेपन में भी
वह कितनी सुन्दर थी, कितने कटु कोमल-भाव जगाती थी।

दो घण्टे के पश्चात् खड़े थे हम चारों
टकटकी बाँधकर ताजमहल के फाटक पर,
फाटक था या चौखटा कि जिसमें ताजमहल
का चित्र किसी ने कौशल से बिठलाया था—
कुछ सत्य कि जो हो स्वप्न हटा-सा जाता था,
कुछ स्वप्न कि जो हो सत्य निकटतर आता था,
कुछ अम्बर का धरती को पाँव छुलाता-सा,
कुछ धरती का अंबर को हाथ उठाता-सा,
नभ-गंगा से जैसे अंजलि भर जल छलका,
जैसे से कर्दम जन्म हुआ है उत्पल का;
आ कहाँ-कहाँ से भ्रमर यहाँ मँडराते हैं!
मुमताज़महल औ' शाहजहाँ की प्रणय-सुरभि
से वातावरण यहाँ का भीना-भीना है;
जो आता है उसका तन-मन बस जाता है।
वह उलटे-पलटे मध्ययुगी इतिहास बहुत,
इस पन्ने पर से दृष्टि हटा कब पाता है,
जिस पर चित्रित है ताजमहल, जिस पर अब तक
कोई धब्बा, कोई कलंक लग नहीं सका।
इस मन्दिर में की गई प्रतिष्ठित वह प्रतिमा
जिस पर न्यौछावर हर मानव-अंतर होता,

इसके विरुद्ध हथियार उठाने का साहस
मानव तो क्या, शायद न समय भी कर पाए!
ओ शाहजहाँ, तूने उस जीवित काया को
कितना दुलराया, कितना सन्माना होगा,
जिसकी मुर्दा मिट्टी का यों श्रृंगार किया–
कल्पना-मृदुल, भावना-धवल पाषाणों से!
सज गई धरा, सज गया गगन का यह कोना
जमुना के तट पर अटक गया बहते-बहते
जैसे कोई टटके, उजले पूजा के फूलों का दोना!

केशव टीले पर मैंने जो कुछ देखा था
उसने मुझमें कुछ क्रोध-क्षोभ उकसाया था,
इस सुधि-समाधि ने मुझको ऐसा सहलाया,
मैं शांत हुआ मुझमें उदारता जाग पड़ी,
हर टूटे मंदिर का खंडहर ही बोल उठा
जैसे मेरे स्वर में, मन का आमर्ष हटा,
'ओ ताजमहल के निर्माता, हठधर्मी से
तेरे अग्रज-अनुजों ने जो अपराध किए,
उन सबको, मैंने तुझको देखा, माफ़ किया!'
जब हम लौटे, टीले की खंडित प्रतिमा से
सारी कटुता थी निकल गई, वह पहले से
अब ज्यादा सुन्दर, कोमल थी, मनमोहक थी!

वह भी देखा : यह भी देखा

गाँधी : अन्याय अत्याचार का दासत्व सहती
मूर्च्छिता-मृत जाति की
जड़ शून्यता में
कड़कड़ाती बिजलियों की
प्रबल आँधी :
ज्योति-जीवन-जागरण घन का
तुमुल उल्लास!

गाँधी : स्वार्थपरता, क्षुद्रता, संकीर्णता की

संप्रदायी आँधियों में,
डोलती, डिगती, उखड़ती,
ध्वस्त होती, अस्त होगी,
आस्थाओं, मान्यताओं में,
अटल आदर्श की चट्टान पर
जगती हुई लौ का
करुण उच्छ्वास!

गाँधी : बुत पत्थरों का, मूक,
मिट्टी का खिलौना,
रँग-बिरंगा चित्र,
छुट्टी का दिवस,
देशांतरों में पुस्तकालय को
समर्पित किए जाने के लिए
सरकार द्वारा,
आर्ट पेपर पर, प्रकाशित
राष्ट्र का इतिहास!

दानवों का शाप

देवताओं!
दानवों का शाप
आगे उतरता है!

सिंधु-मंथन के समय
जो छल-कपट,
जो क्षुद्रता,
जो धूर्तता,
तुमने प्रदर्शित की
पचा क्या काल पाया,
भूल क्या इतिहास पाया?
भले सह ली हो, विवश हो,
दानवों ने;
क्षम्य कब समझी उन्होंने?

सब प्रकार प्रवंचितों ने
शाप जो उस दिन दिया था
आज आगे उतरता है।
जानते तुम थे
कि पारावार-मंथन
हो नहीं सकता अकेले देव-बल से;
दानवों का साथ औ' सहयोग
चाहा था इसी से।
किन्तु क्या सम साधना-श्रम की व्यवस्था,
उभय पक्षों के लिए,
तुमने बनाई?
किया सोचो,
देवताओ!
जब मथानी के लिए
मंदर अचल तुमने उखाड़ा
और ले जाना पड़ा उसको जलधि तक
मूल का वह भीम, भारी भाग
तुमने दानवों की पीठ पर लादा
शिखर का भाग हल्का
तुम चले कर-कंज से अपने सँभाले।
दानवों की पिंडलियाँ चटकीं,
कमर टूटी,
हुई दृढ़ रीढ़ टेढ़ी,
खिंची गर्दन,
जीभ नीचे लटक आई,
तन पसीने से नहाया,
आँख से औ' नाक से
लोहू बहा,
मुंह से अकरपन फेन छूटा;
औ' तुम्हारे कंज-पद की
चाप भी अंकित न हो पाई धरा पर!

और बासुकि-रज्जु
दमंर की मथानी पर
लपेटी जब गई तब
किया तुमने दानवों को

सर्प-फन की ओर
जिनके थप्पड़ों की चोट
मंथन में अनवरत
झेलते वे रहे क्षण-क्षण!
और खींचा-खींच में जो
नाग-नर ने
धूम्र-ज्वाला पूर्ण शत-शत
अंधकर फूत्कार छोड़े
और फेंके
विषम कालानल हलाहल के तरारे
ओड़ते वे रहे उनको
वीरता से, धीरता - गंभीरता से—कष्ट मारे;
जबकि तुमने
कंज - कर से
नागपति की पूँछ
सहलाई—दुही भर!

अंत में जब
अमृत निकला,
ज्योति फैली,
तब अकेले
उसे पीने के लिए
षड्यन्त्र जो तुमने रचा
सब पर विदित है।
एक दानव ने
उसे दो बूँद चखने का
चुकाया मोल अपना शीश देकर।

(औ' अमृत पीकर
अमर जो तुम हुए तो
बे-पिए क्या मर गए सब दैत्य-दानव?
आज भी वे जी रहे हैं,
आज भी संतान उनकी
जी रही दूधों नहाती,
और पूतों और पोतों
फल रही है, बढ़ रही है।)

छल-कपट से,
क्षुद्रता से,
धूर्तता से,
सब तरह वंचित उन्होंने
शाप यह उस दिन दिया था :–

सृष्टि यदि चलती रही तो
अमृत-मंथन की ज़रूरत
फिर पड़ेगी!
और मंथन–
वह अमृत के
जिस किसी भी रूप की ख़ातिर
किया जाए–
बिना दो देव-दानव पक्ष के
संभव न होगा
किंतु अब से
मंदराचल मूल का
वह कठिन, ठोस, स्थूल, भारी
भाग देवों की
कमर पर,
पीठ-क्षंधों पर पड़ेगा,
और दानव शिखर थामे
शोर भर करते रहेंगे,
'अमृत ज़िंदाबाद, ज़िंदा–!'
ख़ास उनमें
अमृत पर व्याख्यान देंगे।
और मंथन-काल में भी
देवतागण सर्प का मुख-भाग
पकड़ेंगे,
फनों की चोट खाएँगे,
ज़हर की फूँक घूँटेंगे,
मगर दल दानवों के
सर्प की बस दुम हिलाएँगे;
अमृत जब प्राप्त होगा
वे अकेले चाट जाएँगे।

सुनो, हे देवताओ!
दानवों का शाप
आगे आज उतरा।

यह विगत संघर्ष भी तो
सिंधु-मंथन की तरह था।
जानता मैं हूँ कि तुमने भार ढोया,
कष्ट झेला,
आपदाएँ सहीं,
कितना ज़हर घूँटा!
पर तुम्हारा हाथ छूँछा!
देवता जो एक-
दो बूँदें अमृत की
पान करने को, पिलाने को चला था,
बलि हुआ!
लेकिन जिन्होंने
शोर आगे से मचाया,
पूँछ पीछे से हिलाई,
वही खीस-निपोर,
काम-छिछोर दानव
सिंधु के सब रत्न-धन को
आज खुलकर भोगते हैं।
बात है यह और
उनके कंठ में जा
अमृत मद में बदलता है,
और वे पागल नशे में
हद, हया, मरजाद
मिट्टी में मिलाकर
नाच नंगा नाचते हैं!
और हम-तुम
उस पुरा अभिशाप से
संतप्त-विजड़ित
यह तमाशा देखते हैं।

चार खेमे चौंसठ खूँटे

चल बंजारे

चल बंजारे,
तुझे निमंत्रित करती धरती नई,
नया ही आसमान!
चल बंजारे–

दूर गए मधुवन रँगराते,
तरु-छाया-फल से ललचाते,
भृंग-विहंगम उड़ते-गाते,
प्यारे, प्यारे।
चल बंजारे,
तुझे निमंत्रित करती धरती नई,
नया ही आसमान!
चल बंजारे–

छूट गई नद्दी की धारा,
जो चलती थी काट कगारा,
जो बहती थी फाँद किनारा,
मत पछता रे।
चल बंजारे,
तुझे निमंत्रित करती धरती नई,
नया ही आसमान!
चल बंजारे–

दूर गए गिरिवर गर्वीले,
धरती जकड़े, अंबर कीले,
बीच बहाते निर्झर नीले,
फेन फुहारे।
चल बंजारे,
तुझे निमंत्रित करती धरती नई,
नया ही आसमान!
चल बंजारे—

पार हुए मरुथल के टीले,
सारे अंजर-पंजर ढीले,
बैठ न थककर कुंज-करीले,
धूल-धुआँरे।
चल बंजारे,
तुझे निमंत्रित करती धरती नई,
नया ही आसमान!
चल बंजारे—

चलते-चलते अंग पिराते,
मन गिर जाता पाँव उठाते,
अब तो केवल उम्र घटाते,
साँझ-सकारे।
चल बंजारे,
तुझे निमंत्रित करती धरती नई,
नया ही आसमान!
चल बंजारे—

क्या फिर पट-परिवर्तन होगा?
क्या फिर से तन कंचन होगा?
क्या फिर अमरों-सा मन होगा?
आस लगा रे।
चल बंजारे,
तुझे निमंत्रित करती धरती नई,
नया ही आसमान!
चल बंजारे—

जब तक तेरी साँस न थमती, थमे न तेरा
क़दम, न तेरा कंठ-गान!
चल बंजारे—

नभ का निमंत्रण

शब्द के आकाश पर उड़ता रहा,
पद-चिह्न पंखों पर मिलेंगे।

एक दिन भोली किरण की लालिमा ने
क्यों मुझे फुसला लिया था,
एक दिन घन-मुसकराती चंचला ने
क्यों मुझे बहका दिया था,
एक राका ने सितारों से इशारे
क्यों मुझे सौ-सौ किए थे,
एक दिन मैंने गगन की नीलिमा को
किसलिए जी भर पिया था?
आज डैनों की पकी रोमावली में
वे उड़ानें एक धुँधली याद-सी हैं;
शब्द के आकाश पर उड़ता रहा,
पद-चिह्न पंखों पर मिलेंगे।

याद आते हैं गरुड़-दिग्गज घनों को
चीरनेवाले झपटकर,
और गौरव-गृद्ध सूरज से मिलाते
आँख जो धँसते निरंतर
गए अंबर में न जलकर पंख जब तक
हो गए बेकार उनके, क्षार उनके,

हंस, जो चुगने गए नभ-मोतियों को
और फिर लौटे न भू पर,
चातकी, जो प्यास की सीमा बताना,
जल न पीना, चाहती थी,
उस लगन, आदर्श, जीवट, आन के

साथी मुझे क्या फिर मिलेंगे।
शब्द के आकाश पर उड़ता रहा,
पद-चिह्न पंखों पर मिलेंगे।

और मेरे देखते ही देखते अब
वक्त ऐसा आ गया है,
शब्द की धरती हुई है जंतु-संकुल,
जो यहाँ है, सब नया है,
जो यहाँ रेंगा उसी के लीक अपनी
डाल दी, सीमा लगा दी,
और पिछलगुआ बने, अगुआ न बनकर,
कौन ऐसा बेहया है;
गगन की उन्मुक्तता में राह अंतर
की हुमासें औ' उठानें हैं बनातीं,
धरणि की संकीर्णता में रूढ़ि के,
आवर्त ही अक्सर मिलेंगे।
शब्द के आकाश पर उड़ता रहा,
पद-चिह्न पंखों पर मिलेंगे।

आज भी सीमा-रहित आकाश
आकर्षण-निमंत्रण से भरा है,
आज पहले के युगों से सौ गुनी
मानव-मनीषा उर्वरा है,
आज अद्भुत स्वप्न के अभिनव क्षितिज
हर प्रात खुलते जा रहे हैं,
मानदंड भविष्य जीवन का सितारों
की हथेली पर धरा है;
कल्पना के पुत्र अगुआई सदा करते
रहे हैं, और आगे भी करेंगे,
है मुझे विश्वास मेरे वंशजों के
पंख फिर फड़कें-हिलेंगे,
फिर गगन-मंथन करेंगे!
शब्द के आकाश में उड़ता रहा,
पद-चिह्न पंखों पर मिलेंगे।

कुम्हार का गीत

(ताली की ताल पर गाने के लिए)

चाक चले चाक!
चाक चले चाक!
अंबर दो फाँक–
आधे में हंस उड़े, आधे में काक!
चाक चले चाक!

चाक चले चाक!
धरती दो फाँक–
आधी में नीम फले, आधी में दाख!
चाक चले चाक!

चाक चले चाक!
दुनिया दो फाँक–
आधी में चाँदी है, आधी में राख!
चाक चले चाक!

चाक चले चाक!
जीवन दो फाँक–
आधी में रोदन है, आधे में राग!
चाक चले चाक!

चाक चले चाक!
बाज़ी दो फाँक,
ख़ूब सँभल आँक,
जुस है किस मुट्ठी में, किस मुट्ठी, ताक?
चाक चले चाक!

चाक चले चाक!
चाक चले चाक! ...

जामुन चूती है

(ढोलक-मजीरे पर सहगान के लिए : उत्तरप्रदेश की एक लोकधुन पर आधारित)

अब गाँवों में घर-घर शोर
कि जामुन चूती है।

सावन की बदली
अंबर में मचली,
भीगी-भीगी होती भोर
कि जामुन चूती है।
अब गाँवों में घर-घर शोर
कि जामुन चूती है।

मधु की पिटारी
भौंरे-सी कारी,
बागों में पैठें न चोर
कि जामुन चूती है।
अब गाँवों में घर-घर शोर
कि जामुन चूती है।

झुक-झुक बिने जा,
सौ-सौ गिने जा,
क्या है कमर में न ज़ोर
कि जामुन चूती है?
अब गाँवों में घर-घर शोर
कि जामुन चूती है।

डालों पे चढ़कर,
हिम्मत से बढ़कर,
मेरे बीरन, झकझोर
कि जामुन चूती है।
अब गाँवों में घर-घर शोर
कि जामुन चूती है।

रस के कटोरे
दुनिया बटोरे,
रस बरसे सब ओर
कि जामुन चूती है।
अब गाँवों में घर-घर शोर
कि जामुन चूती है।

गंधर्व-ताल[1]

लछिमा का गीत

(सहगान के लिए : उत्तरप्रदेश की एक लोकधुन पर आधारित)

छितवन की,
छितवन की ओट तलैया रे,
छितवन की!

जल नील-नवल,
शीतल, निर्मल,
जल-तल पर सोन-चिरैया रे,
छितवन की,
छितवन की ओट तलैया रे,
छितवन की!

सित-रक्त कमल
झलमल-झलमल,
दल पर मोती चमकैया रे,
छितवन की,

---

1. यह और इसके बाद का गीत फुटनोट में दी गई व्याख्याओं के साथ 23-9-'62 को आकाशवाणी केन्द्र, नई दिल्ली से प्रसारित किया गया :

आज आपको अपने दो गीत सुनाने जा रहा हूँ। ये दोनों ही उत्तर-प्रदेश की लोकधुनों पर आधारित हैं। लयें अलग-अलग हैं, पर दोनों गीत एक-दूसरे से स्वतंत्र नहीं हैं। पहला गीत प्रेमिका का कथन है, दूसरा प्रेमी का।

पहले गीत का शीर्षक है 'गंधर्व ताल'। इसे आप लछिमा का गीत समझें—लछिमा

छितवन की ओट तलैया रे,
छितवन की!

दर्पण इनमें,
बिंबित जिनमें
रवि-शशि-कर गगन-तरैया रे
छितवन की,
छितवन की ओट तलैया रे,
छितवन की!

जल में हलचल,
कलकल, छलछल
झंकृत कंगन
झंकृत पायल,

प्रेमिका का कल्पित नाम है—साँवर, प्रेमी का।

लय बहुत सूक्ष्म किन्तु बहुत सबल सूत्र है। उसे पकड़ते ही वह आपको अपने वातावरण में खींच लेती है। या यों कह सकते हैं कि लोकधुन के साथ लोकजीवन ही आपको अपने में रमा लेता है।

लोक-जीवन में ऐसा बहुत कुछ है जिसे एक युग तक उपेक्षा अथवा भर्त्सना के साथ देखने के बाद हम नागरिक कुछ ईर्ष्या की दृष्टि से देखने लगे हैं—हाय, हमारे जीवन से ये चीजें निकल गई हैं!

इनमें से एक है अज्ञात के प्रति आकर्षण, उसके प्रति कल्पना, उससे साकार होने की कामना।

खुले हुए भू-भाग में छितवन का एक घना वन है, वन के बीचोबीच में एक छोटा-सा ताल है, वहाँ पहुंचना दुर्गम है। पर लोक-कल्पना कब हार मानती है? वह कैसा ताल है, कौन उसमें नहाने आते हैं, बड़े ही अद्भुत लोग होंगे जो उस ताल में—संसार की आँखों से दूँर—जल-क्रीड़ा करने आते होंगे। क्या उनके साथ स्नान करने का लोभ संवरण किया जा सकता है?

स्नान नागरिक जीवन में एक आवश्यक, दैनिक क्रिया है, और कुछ नहीं। पर हमारे सांस्कृतिक जीवन में, किसी विशेष नदी, तालाब, निर्झर, सागर तट पर नहाने के लिए भारत की अपार जनता ने इस देश को आर-पार कितना खूँदा होगा, इसका कोई अनुमान नहीं लगाया जा सकता।

कौन साहस करेगा कि इस प्रवृत्ति को निरर्थक कहे।

छितवन की ओट में जो तलैया है उसमें स्नान करने की आकांक्षा के लिए आप लछिमा को कैसे दोषी ठहराएँगे?

पहुँचे जल-खेल-खेलैया रे,
छितवन की,
छितवन की ओट तलैया रे,
छितवन की!

साँवर, मुझको,
भी जाने दे
पोखर में कूद
नहाने दे;
लूँ तेरी सात बलैया रे,
छितवन की,
छितवन की ओट तलैया रे,
छितवन की!

आगाही[1]

साँवर का गीत

(सहगान के लिए : उत्तरप्रदेश की एक लोकधुन पर आधारित,
जिसे ढिंढिया कहते हैं।)

पच्छिम ताल पर न जाना, न नहाना, लछिमा!
मत जाना, लछिमा ; मत नहाना, लछिमा!
पच्छिम ताल पर न जाना, न नहाना, लछिमा!

छितवन के तरुवर बहुतेरे
उसको चार तरफ़ से घेरे,

---

1. दूसरे गीत का शीर्षक है 'आगाही'। यह लछिमा के प्रेमी साँवर का गीत है। साँवर शायद उसका नाम इसलिए दिया गया होगा कि वह साँवला था।

लोक-जीवन का जहाँ एक पक्ष यह है कि वह कल्पना की ओर झुकता है, वहाँ उसका दूसरा पक्ष यह भी है कि वह वास्तविकता से चिपका रहता है। कल्पना वहीं तक अच्छी है जहाँ तक वह मन को सहलाए, दुलराए, गुदगुदाए। अगर वह वास्तविकता से, पाँवों के नीचे की धरती से अलग खींचती है तो लोक-जीवन फ़ौरन सतर्क हो जाता है, पर वास्तविकता की महत्ता बताने के लिए वह तर्क का सहारा नहीं लेता। वह भय, जनश्रुति, दंतकथा, अंधविश्वास सबकी सहायता लेता है। अब तो मनोविज्ञान भी हमको

उनकी डालों के भुलावे में न आना लछिमा!
उनके पातों की पुकारों, उनकी फुनगी के इशारों,
उनकी डालों के बुलावे पर न जाना, लछिमा!
पच्छिम ताल पर न जाना, न नहाना, लछिमा!

उनके बीच गई सुकुमारी,
अपनी सारी सुध-बुध हारी;
उनकी छाया- छलना से न छलाना, लछिमा!
न छलाना, लछिमा ; न भरमाना, लछिमा!
उनकी छाया-छलना से न छलाना, लछिमा!
पच्छिम ताल पर न जाना, न नहाना, लछिमा!

जो सुकुमारी ताल नहाती,
वह फिर लौट नहीं घर आती,
हिम-सी गलती; यह जोखिम न उठाना, लछिमा!
न उठाना, लछिमा ; न उठाना, लछिमा!
जल में गलने का जोखिम न उठाना, लछिमा!
पच्छिम ताल पर न जाना, न नहाना, लछिमा!

गोरे गंधर्वों का मेला
जल में करता है जल-खेला,
उनके फेरे, उनके घेरे में न जाना, लछिमा!

बताता है कि हमारे महत्त्वपूर्ण कार्यों का शायद एक प्रतिशत तर्क-सम्मत होता है।

जनश्रुति है कि कई बार ऐसा हुआ है कि कुमारियाँ छितवन की ओट की तलैया में नहाई गई हैं और लौटकर नहीं आईं। इसके ऐतिहासिक सच-झूठ की जाँच-पड़ताल करने की आवश्यकता नहीं। साँवर इसी का सहारा लेकर अपनी लछिमा को वहाँ जाने से रोकता है।

यह कल्पना ही प्रेमी को वास्तविकता की आगाही है :

साथ ही प्रेमी की एक स्वाभाविक आशंका भी इस आगाही में छिपी है। वह तो साधारण, साँवला, मिट्टी का पुतला है। अगर लछिमा ने दिव्य गोरे, गन्धर्वों को देख लिया तो कहीं ऐसा न हो कि सांवर उसके मन से उतर जाए। अगर लछिमा कभी अनजाने ऐसे गन्धर्वों के घेरे में पड़ ही जाय, तो उनसे बचने का मन्त्र भी वह बतलाता है। गोरे की काट है काला। वह अपने साँवरे को याद करे जो उस पर बावरा है।

पच्छिम के गोरे गन्धर्वों में अनायास ही एक और संकेत आ गया है, जिसकी कल्पना मैं अपने श्रोताओं पर छोड़ देना चाहूँगा।

उनके घेरे में न जाना, उनके फेरे में न पड़ना,
उनके फेरे, उनके घेरे में न जाना, लछिमा।
पच्छिम ताल पर न जाना, न नहाना, लछिमा!

उनके घेरे में जो आता,
वह बस उनका ही हो जाता,
जाता उनको ही पिछुआता हो दीवाना, लछिमा!
हो दीवाना, लछिमा, हो दीवाना, लछिमा!
जाता उनको ही पिछुआता हो दीवाना लछिमा।
पच्छिम ताल पर न जाना, न नहाना, लछिमा!

जिसके मुख से 'कृष्ण' निकलता,
उसपर ज़ोर न उनका चलता,
उनके बीच अगर पड़ जाना,
अपने साँवर बावरे को न भुलाना, लछिमा!
न भुलाना, लछिमा ; न बिसराना, लछिमा!
अपने साँवर बावरे को न भुलाना लछिमा!
पच्छिम ताल पर न जाना, न नहाना, लछिमा!

मत जाना, लछिमा ; मत नहाना, लछिमा!
पच्छिम ताल पर न जाना, न नहाना, लछिमा!

मालिन बीकानेर की

(बीकानेरी मज़दूरिनियों से सुनी एक लोकधुन के आधार पर)

'लाई हूँ फूलों का हास, लोगी मोल, लोगी मोल!'—पंत

फुलमाला ले लो,
लाई है मालिन बीकानेर की।
मालिन बीकानेर की।

बाहर-बाहर बालू-बालू,
भीतर-भीतर बाग है,
बाग-बाग में हर-हर बिरवे
धन्य हमारा भाग है;

फूल - फूल पर भौंरा, डाली - डाली कोयल टेरती।
फुलमाला ले लो,
लाई है मालिन बीकानेर की।
मालिन बीकानेर की।

धवलपुरी को पक्का धागा,
सूजी जैसलमेर की,
झीनी - बीनी रंग - बिरंगी
डलिया है अजमेर की;
कलियाँ डूँगरपुर, बूँदी की, अलवर की, अंबेर की।
फुलमाला ले लो,
लाई है मालिन बीकानेर की।
मालिन बीकानेर की।

ओढ़नी आधा अंबर ढक ले
ऐसी है चित्तौर की,
चोटी है नागौर नगर की,
चोली रनथंभौर की;
घँघरी आधी धरती ढकती है मेवाड़ी घेर की।
फुलमाला ले लो,
लाई है मालिन बीकानेर की।
मालिन बीकानेर की।

ऐसी लंबी माल कि प्रीतम-
प्यारी पहनें साथ में,
ऐसी छोटी माल कि कंगन
बाँधें दोनों हाथ में,
पल भर में कलियाँ कुम्हलातीं द्वार खड़ी है देर की।
फुलमाला ले लो,
लाई है मालिन बीकानेर की।
मालिन बीकानेर की।

एक टका धागे की कीमत,
पाँच टके हैं फूल की,
तुमने मेरी कीमत पूछी?—
भोले, तुमने भूल की।

लाख टके की बोली मेरी!—दुनिया है अन्धेर की!
फुलमाला ले लो,
लाई है मालिन बीकानेर की।
मालिन बीकानेर की।
सुहागिन बीकानेर की—

रुपैया

(ढोलक पर सहगान के लिए : उत्तरप्रदेश की एक लोकधुन पर आधारित)

आज मँहगा है, सैंयाँ, रुपैया।
रोटी न महँगी है,
लहँगा न महँगा,
महँगा है, सैंयाँ, रुपैया।
आज महँगा है, सैंयाँ, रुपैया!
बेटी न प्यारी है,
बेटा न प्यारा,
प्यारा है, सैंयाँ, रुपैया।
मगर महँगा है, सैंयाँ रुपैया।
नाता न साथी है,
रिश्ता न साथी,
साथी है, सैंयाँ, रुपैया।
मगर महँगा है, सैंयाँ, रुपया।
गाना न मीठा,
बजाना न मीठा,
मीठा है, सैंयाँ, रुपैया।
मगर महँगा है, सैंयाँ, रुपैया।
गाँधी न नेता,
जवाहर न नेता,
नेता है सैंयाँ, रुपैया।
मगर महँगा है, सैंयाँ, रुपैया।
दुनिया न सच्ची है,
दीन नहीं सच्चा,
सच्चा है, सैंयाँ, रुपैया।
मगर महँगा है, सैंयाँ, रुपैया।
आज महँगा है, सैंयाँ, रुपैया।

वर्षाऽमंगल

'सखि कारी घटा बरसै बरसाने पै गोरी घटा नँद गाँव पै री'—ठाकुर

(मंच गान)

(साइक्लोरामा पर काले बादल छाए हैं : बीच-बीच में बिजली चमकती है और गड़गड़ाहट का शब्द होता है।

मंच पर एक ओर क्षीणकाय सात पुरुषों की पँक्ति है, दूसरी ओर सात स्त्रियों की। दोनों के बीच में एक युगल—पुरुषों की पँक्ति की ओर स्त्री, स्त्रियों की पँक्ति की ओर पुरुष। पुरुषों ने देहाती ढँग की टूनी रंग की पगड़ी बाँधी है, जिसका लंबा पुछल्ला सामने छाती पर दाहिनी तरफ लटक रहा है, उनके कुरते और धोती का रंग सफेद है। स्त्रियों ने टूनी रंग की साड़ी पहनी है, जिसका पल्लू बाएँ कंधे से पीछे की ओर लटक रहा है; उनकी आधी बाँह की कुरती सफेद रंग की है; उनके शरीर पर कोई आभूषण नहीं है। रंग सूखेपन और जलन के प्रतीक हैं। पंक्तियाँ बोलते समय लोग. आकाश की ओर गर्दन उठाते हैं। बाद को सामने देखते है।)

पुरुष पंक्ति	**स्त्री पंक्ति**
गोरा बादल!	गोरा बादल!

दोनों पँक्ति

गोरा बादल!

युगल

गोरा बादल तो बे-बरसे चला गया;
क्या काला बादल भी बे-बरसे जाएगा?

पुरुष पंक्ति	**स्त्री पंक्ति**
बहुत दिनों से अम्बर प्यासा!	बहुत दिनों से धरती प्यासी!

दोनों पंक्ति

बहुत दिनों से
घिरी उदासी!

युगल

गोरा बादल तो तरसाकर चला गया;
क्या काला बादल भी जग को तरसाएगा?

पुरुष पंक्ति	**स्त्री पंक्ति**
गोरा बादल!	काला बादल!

दोनों पँक्ति

गोरा बादल!
काला बादल!

युगल (पुरुष)

गोरा बादल उठ पच्छिम से आया था—
गरज-तरज कर फिर पच्छिम को चला गया।

युगल (स्त्री)

काला बादल उठ पूरब से आया है—
कड़क रहा है, चमक रहा है, छाया है।

पुरुष पंक्ति	**स्त्री पंक्ति**
आँखों को	जाग रहा है
धोखा होता है!	या सोता है?

युगल (पुरुष)

गोरा बादल गया नहीं था पच्छिम को,
रंग बदलकर अब भी ऊपर छाया है।

युगल (स्त्री)

गोरा बादल चला गया हो तो भी क्या,
काले बादल का सब ढंग उसी का और पराया है।

पुरुष पंक्ति	**स्त्री पंक्ति**
इससे जल की	उल्टा इसने
आशा धोखा!	जल को सोखा!

युगल

कैसा अचरज!
कैसा धोखा!
छूँछी धरती!
भरा हुआ बादल का कोखा।

पुरुष पंक्ति	**स्त्री पंक्ति**
गोरा बादल!	काला बादल!

दोनों पँक्ति

काला बादल!
गोरा बादल!

युगल (पुरुष)

गोरा बादल तो बे-बरसे चला जाएगा।
क्या काला बादल भी बे-बरसे जाएगा।

युगल (स्त्री)

गोरा बादल तो तरसा कर चला गया।
क्या काला बादल भी जग को तरसाएगा।

पुरुष पंक्ति	**स्त्री पंक्ति**
गोरा बादल!	काला बादल।

युगल

पूरब का, पच्छिम का बादल,
उत्तर का, दक्खिन का बादल—
कोई बादल नहीं बरसता।
वसुंधरा के
कंठ-हृदय की प्यास न हरता।
वसुधा-तल का
जन-मन-संकट-त्रास न हरता।

व्यर्थ प्रतीक्षा! धिक् प्रत्याशा! धिक् परवशता!
उसे कहें क्या कड़क - चमक जो नहीं बरसता!

पुरुष पंक्ति	**स्त्री पंक्ति**
गोरा बादल!	एक तरह का
काला बादल!	सारा बादल!

[बिजली चमकती है : गड़गड़ाहट का शब्द होता है। सब लोग ऊपर की ओर देखते हैं। बूँद न गिरने से फिर निराश हो सिर झुका लेते हैं।]

युगल

जीवित आँखों की, कानों में आशा रखता,
प्यासा रखता! प्यासा रखता! प्यासा रखता

पुरुष पंक्ति	**स्त्री पंक्ति**
गोरा बादल	काला बादल
प्यासा रखता!	प्यासा रखता!

[बारी-बारी से दोनों पँक्तियाँ मंद-मंदतर स्वर में दुहराती हैं। फिर बिजली चमकती है, बादल गरजता है। दूर पर कोई व्यंग्य भरे स्वर में गाता है 'सखि कारी घटा बरसै बरसाने पै गोरी घटा नँद गाँव पै री।'.......पर्दा गिरता है।]

राष्ट्र-पिता के समक्ष

हे महात्मन्
हे महारथ,
हे महा सम्राट!
हो अपराध मेरा क्षम्य,
मैं तेरे महा प्रस्थान की कर याद,

या प्रति दिवस तेरा
मर्मवेधी, दिल कुरेदी, पीर-तिक्त
अभाव अनुभव कर नहीं
तेरे समझ खड़ा हुआ हूँ।
धार कर तन—
राम को क्या, कृष्ण को क्या—
मृत्तिका ऋण सभी को
एक दिन होता चुकाना;
मृत्यु का कारण, बहाना।
और मानव-धर्म है
अनिवार्य को सहना-सहाना।
औ' न मैं इसलिए आया हूँ
कि तेरे त्याग, तप, निःस्वार्थ सेवा,
सल्तनत को पलटनेवाले पराक्रम,
दंभ-दर्प विचूर्णकारी शूरता औ'
शहनशाही दिल, तबीयत, ठाठ के पश्चात
अब युग भुक्खड़ों, बौनों, नक़लची बानरों का
आ गया है;
शत्रु चारों ओर से ललकारते हैं,
बीच, अपने भाग-टुकड़ों को
मुसलसल उछल-कूद मची हुई है;
त्याग-तप की हुंडियाँ भुनकर समाप्तप्राय
भ्रष्टाचार, हथकंडे, खुशामद, बंदरभपकी
की कमाई खा रही हैं।

अस्त जब मार्तण्ड होता,
अंधकार पसारता है पाँव अपने,
टिमटिमाते कुटिल, खल-खद्योत दल,
आत्मप्रचारक गाल-गाल शृगाल
कहते घूमते हैं यह हुआ, वह हुआ,
ऐसा हुआ, वैसा हुआ, कैसा हुआ!
शत-शत, इसी ढब की, कालिमा की
छद्म छायाएँ चतुर्दिक विचरती हैं।

प्रखर-उज्ज्वल दिवस के पश्चात्
काली रात को तैयार रहना चाहिए ही।

रात को जो रात करके जानता है,
वह नहीं अज्ञान-भ्रम-तम से घिरा है,
प्रात उसकी इंतज़ारी में खड़ा है।
जब तिमिर में काल चक्र धँसे तभी तो
जातियों के धैर्य की होती परीक्षा!

किंतु आत्म प्रवंचना से
जातियों को उबरते
इतिहास ने देखा नहीं है।

और इसमें तू सहायक
किसलिए हो?—
हे महात्मन्,
हे महारथ,
हे महा सम्राट!
हो अपराध मेरा क्षम्य,
इतना पूछने को सिर्फ़
हाज़िर सामने तेरे हुआ हूँ।
तू धरा से कूच जब करने लगा था,
छोड़ क्यों आया वहाँ तू
रजत-हीरक मुकुट,
खलदल कवच,
आयुध, मंत्र से अभिषिक्त,
माला औ' खड़ाऊँ?
उस खड़ाऊँ में अँगूठा डाल देना
तो सरल था, किंतु वह उठती नहीं है,
पहननेवाला कभी चलता न दिखता,
बस 'खड़ा हूँ' कह रहा है।
और माला बन गई है माल औ' जनजाल
जिसमें फँसे रहने में कुशलता दीख पड़ती,
निकलना तो कूटनीतिक हार होगी,
मुकुट में सिर को बिठाने के लिए
सिर को फुलाया जा रहा है—
ठीक बस वह कफ़न बाँधे शीश पर था—
किंतु हौदे की तरह वह ढकढकाता,
शीश पर थिर हो न पाता।

और खलदल कवच तन पर
इस तरह लगता कि जैसे
नाग-त्यक्ता केंचुली में
केंचुआ बरसात का पैठा हुआ है;
और सूक्ष्मायुध, कि जिनसे
तोप का मुंह बन्द होता था,
बवंडर उभरता था, शांत होता था,
वही हैं, किन्तु उनकी शक्ति गायब हो गई;
ले उन्हीं को हाथ में क्विकज़ोट* कुछ
प्रतिदिन छुमाते-घूमते
अख़बार के ऊपर चलाते
जो कि प्रातः काल उनके वार से मर
शाम को पंसारियों के काम आते;
और अपने हाथ अपनी पीठ को वे थपथपाते!

मैं कहूँगा तो नहीं कोई सुनेगा,
अनुकरण होता नहीं है सफल
प्रतिभा का कभी भी!
और गो संदेह मुझको है कि तेरी भी
सुनेगा कौन, फिर भी
हो सके तो देख ले करके तुमुल आकाशवाणी :
''मत करो उपहास मेरा और मेरे आयुधों का
और अपना और मेरे देश के भोले जनों का!
तीर मेरे हाथ का तुक्का तुम्हारे हाथ में है,
माँगता प्रत्येक युग अपना नवायुध;
उसे नव संसार, नवयुग दृष्टि से ढालो,
जतन कर नवल बल, तप, साधना की
आग में डालो, निकालो, धार दो, लो;
त्रिपुर-गय संहारकारक शंभु अजगव
भी नहीं था राम के कुछ काम का,
इससे उन्होंने तोड़ उसको
नए धनु से कर नया टंकार

---

*स्पेन के प्रसिद्ध लेखक सरवैंटीज (1547-1616) के विश्वविख्यात ग्रंथ 'डान क्विक्ज़ोट, का नायक। मेरे निबन्ध-संग्रह 'नये-पुराने झरोखे' में इस पर एक लेख है।

नूतन दानवों का था किया संहार,
अर्जित नया जय-जयकार।
जीवित व्यक्ति, जीवित जाति,
जीवित राष्ट्र का लक्षण यह शृंगार।"

आज़ादी के चौदह वर्ष

देश के बेपड़े, भोले, दीन लोगो!
आज चौदह साल से आज़ाद हो तुम।
कुछ समय की माप का आभास तुमको?
नहीं; तो तुम इस तरह समझो
कि जिस दिन तुम हुए स्वाधीन उस दिन
राम यदि मुनि-वेश कर, शर-चाप धर
बन गए होते,
साथ श्री, वैभव, विजय, ध्रुव नीति लेकर
आज उनके लौटने का दिवस होता!
मर चुके होते विराध, कबंध,
खरदूषण, त्रिशिर, मारीच खल,
दुर्बन्धु बानर बालि,
और सवंश दानवराज रावण;
मिट चुकी होती निशानी निशिचरों की,
कट चुका होता निराशा का अँधेरा,
छट चुका होता अनिश्चय का कुहासा,
धुल चुका होता धरा का पाप संकुल,
मुक्त हो चुकता समय
भय की, अनय की शृंखला से,
राम-राज्य प्रभात होता!

पर पिता-आदेश की अवहेलना कर
(या भरत की प्रार्थना सुन)
राम यदि गद्दी सँभाल अवधपुरी में बैठ जाते,
राम ही थे,
अवध को वे व्यवस्थित, सज्जित, समृद्ध अवश्य करते,
किंतु सारे देश का क्या हाल होता।

वह विराध विरोध के विष दंत बोता,
दैत्य जिनसे फूट लोगों को लड़ाकर
शक्ति उनकी क्षीण करते।
वह कबंध कि आँख जिसकी पेट पर है,
देश का जन-धन हड़पकर नित्य बढ़ता,
बालि भ्रष्टाचारियों का प्रमुख बनता,
और वह रावण कि जिसके पाप की मिति नहीं
अपने अनुचरों के, वंशजों के संग
खुलकर खेलता, भोले-भलों का रक्त पीता,
अस्थियाँ उनकी पड़ी चीत्कारतीं
कोई न, लेकिन, कान करता।

देश के अनपढ़, गँवार, गरीब लोगो!
आज चौदह साल से आज़ाद हो तुम
देश के चौदह बरस कम नहीं होते;
और इतना सोचने की तो तुम्हें स्वाधीनता है ही
कि अपने राम ने उस दिन किया क्या?
देश में चारों तरफ़ देखो, बताओ।

ध्वस्त पोत

बंद होना चाहिए
यह तुमुल कोलाहल,
करुण चीत्कार, हाय-पुकार,
कर्कश-क्रुद्ध-स्वर आरोप
बूढ़े नाविकों पर,
श्वेतकेशी कर्णधारों पर,
कि अपनी अबलता से, ग़ल्तियों से,
या कि गुप्त स्वार्थ प्रेरित,
तीर्थयात्रा पर चला यह पोत
लाकर के उन्होंने इस विकट चट्टान से
टकरा दिया है।
यान अब है खंड-खंड विभक्त, करवट,
सूत्र सब टूटे हुए,

हर जोड़ झूठा, चूल ढीली,
नभमुखी मस्तूल नतमुख, भूमि-लुंठित।
उलटकर सब ठाठ-काठ-कबार-संपद-भार
कुछ जलमग्न, कुछ जलतरित, कुछ तट पर
विशृंखल, विकृत, बिखरा, बिछा, पटका-सा, फिका-सा।
मरे, घायल, चोट खाए, दबे कुचले और डूबों की न संख्या।
बचे, अस्त-व्यस्त, घबराए हुओं का।
दिक्-ध्वनित क्रंदन!—
इसी के बीच लोलुप स्वार्थपरता
दया, मरजादा, हया पर डाल परदा,
धिक्, लगी है लूट नोच, खसोट में भी।

इस निरात्म प्रवृत्ति की करनी उपेक्षा ही उचित है।
पूर्णता किसमें निहित है?
स्वल्प ये कृमि-कीट कितना काट खाएंगे-पचाएँगे!
कभी क्या छू सकेंगे,
आत्मवानो, वह अमर संपद कि जिससे
यह वृहद् जलयान होकर पुनर्निर्मित, नव सुसज्जित
नव तरंगों पर नए विश्वास से गतिमान होगा।

किंतु पहले
बंद होना चाहिए यह तुमुल कोलाहल,
करुण आह्वान, कर्कश-क्रुद्ध क्रंदन।
पूछता हूँ,
आदिहीन अतीत के ओ यात्रियो,
क्या आज पहली बार ऐसी ध्वंसकारी,
मर्मभेदी, दुर्द्धरा घटना घटी है?
वीथियाँ इतिहास की ऐसी कथाओं से पटी हैं,
जो बताती हैं कि लहरों का निमंत्रण या चुनौती
तुम सदा स्वीकारते, ललकारते बढ़ते रहे हो।
सिर्फ़ चट्टानें नहीं,
दिक्काल तुमसे टक्करें लेकर हटे हैं,
और कितनी बार?—वे जानें, बताएँ।
टूटकर फिर बने,
फिर-फिर डूबकर तुम तरे,
विष को घूँटकर अमरे रहे हो।

आज तुम इस छुद्र युग की चाल, छल से
विकल, निश्चल, हार बैठोगे, नहीं विश्वास मुझको।
मैं उसी संजीवनी से बोलता जिसके धनी तुम,
मृत्यु पर अन्तिम विजय के ध्रुव प्रणी तुम!

बीच की ये मंज़िलें हैं।
और यह घटना बड़े ही क्रांति और युगांतकारी
मोड़ की उद्घोषणा है।
क्रोध करना कणधारों पर निरर्थक;
वे थके, बूढ़े, पके, संघर्ष से ऊबे,
भुजाओं, कमर, कंधों को ज़रा आराम देना चाहते थे।
हम न हों अनुदार उनके प्रति ऋणी हम कम नहीं हैं।
साथ ही हम सोचने को भी विवश हैं,
काश, उनके लोचनों पर धुंध छा जाता न इतना
शाप की चट्टान में वरदान का नवद्वीप दिखता
काश, वे यह जान पाते
मूल्य उनकी भूल, उनके स्वार्थ का
हमको चुकाना पड़ेगा कितने दिनों तक और कितना!
काश उनपर ही न हम दायित्व सारा छोड़ देते
जो हुआ, होना वही था,
किंतु यह संकेत भी सुस्पष्ट ही है,
कर्णधारों-नाविकों के साथ अब
नेतृत्व-नेता का ज़माना लद चुका
अधिनायकत्व जहाज़ का जनगण करेंगे—तीर्थयात्री।

इसलिए इस अमर यात्रा के मुसाफिर, सब उठो फिर,
कमर बाँधों, साँस साधो;
समर जीवन का अभी अविजित पड़ा है;
तुम न थकने के लिए, आराम करने को बने हो,
कर्म, प्रतिक्षण कर्म, का वरदान या अभिशाप
तुम हो जन्म के ही साथ लाए;
मुक्ति अंतिम श्वास तक मिलनी नहीं है।
उठो, जो टूटा हुआ है उसे जोड़ो,—
एकता के सूत्र अब भी कम नहीं है;
जो फटा उसको मिलाओ,
मेल की ताक़त बड़ी है;

छिद्र देखो, भरो,—
छिद्रान्वेष छोड़ो;
कार्य तत्परकर स्पर्धा करो
पर विद्वेष छोड़ो;
जो बिछा, बिखरा समेटो,
किंतु जो बेकार उससे आँख मोड़ो।
भाग्य लेटे का सदा लेटा रहा है,
जो खड़ा है भाग्य उसका उठ खड़ा है,
चल पड़ा जो भाग्य उसका चल पड़ा है—
ऋषि-वचन यह।
जो पड़ा है पोत करवट
कोटि पर बल दे उसे उत्तान कर दो,
मध्य उसके यह महा मस्तूल थापो,
सधा, सीधा, सिद्ध विधिवत्—
"ऊर्ध्व दृग, सम पग" प्रगति का मंत्र अपने पूर्वजों का
राष्ट्र-तन की रीढ़ जैसी,
आर्य-निष्ठा-यज्ञ की यह यष्टिका है—
ब्रह्म शर,
शिव लिंग,
विष्णु ध्वज अनवनत,
पुष्ट, ध्रुव-दृढ़, दीर्घ,
अजर, अमोघ, अक्षत और अच्युत।
पाल पर लिख दो प्रतिज्ञा पार्थ की;
शहतीर-सी डाँडें सँभालों,
फेन-मुख उद्धत तरंगों की अनी चापो;
करो उन पर अनवरत शासन सतत श्रमशील,
आसन से न डोलो;
भर उमंगों से करो अभियान,
सागर चीरते आगे बढ़ो, आगे बढ़ो,
उत्कंठ गाते गान—

हम सदा जवान!
हम सदा जवान!

हम चले चुनौती बन के युग - जहान को,
औ' चुनौती बन के मौत को, मसान को,
हम चले लहर-लहर पे देते इम्तहान!

हम सदा जवान!
हम सदा जवान!
शक्ति मूर्तिमान!

स्वाध्याय कक्ष में वसंत

शहर का, फिर बड़े,
तिस पर दफ्तरी जीवन—
कि बंधन करामाती—
जो कि हर दिन
(छोड़कर इतवार को,
सौ शुक्र है अल्लामियाँ का,
आज को आराम वे फ़रमा गए थे)
सुबह को मुर्ग़ा बनाकर है उठाता,
एक ही रफ्तार-ढर्रे पर घुमाता,
शाम को उल्लू बनाकर छोड़ देता,
कब मुझे अवकाश देता है
कि बौरे आम में छिपकर कुहकती
कोकिला से धड़कनें दिल की मिलाऊँ,
टार की काली सड़क पर दौड़ती
मोटर, बसों से, लारियों से,
मानवों को तुच्छ-बौना सिद्ध करती
दीर्घ-द्वार इमारतों से, दूर
पगडंडी पकड़कर निकल जाऊँ,
क्षितिज तक फैली दिशाएँ पिऊँ,
फागुन के सँदेसे की हवाएँ सुनूँ,
पागल बनूँ, बैठूँ कुंज में,
वासंतिका का पल्लवी घूँघट उठाऊँ,
आँख डालूँ आँख में,
फिर कुछ पुरानी याद ताज़ी करूँ,
उसके साथ नाचूँ,
कुछ पुराने, कुछ नये भी गीत गाऊँ,
हाथ में ले हाथ बैठूँ
और कुछ निःशब्द भावों की

भँवर में डूब जाऊँ—
किंतु फागुन के सँदेसे की हवाए
हैं नहीं इतनी अबल, असहाय
शहर-पनाह से,
ऊँचे मकानों से, दुकानों से
ठिठककर बैठ जाएँ,
या कि टकरा लौट जाएँ।
मंत्रियों की गद्दियों से,
फ़ाइलों की गड्डियों से,
दफ्तरों से, अफ़सरों से,
वे न दबतीं;
पासपोर्ट न चाहिए उनको, न वीज़ा।
वे नहीं अभिसारिकाएँ
जो कि बिजली की
चकाचौंधी चमक से
हिचकिचाएँ।
वे चली आतीं अदेखी,
बिना नील निचोल पहने,
सनसनाती,
और जीवन जिस जगह पर
सहज, स्वाभाविक, अनारोपित,
वहाँ पर गुनगुनातीं,
रहस प्रतिध्वनियाँ जगातीं,
गुदगुदातीं,
समय-मीठे दर्द की लहरें उठातीं;
(और क्या ये पंक्तियाँ हैं?)
क्लार्कों के व्यस्त दरबों,
उल्लुओं के रात के अड्डों,
रूप-वाक्पटुता-प्रदर्शक पार्टियों से,
होटलों से, रेस्टराओं से,
मगर, उनको घृणा है।
आज छुट्टी;
आज मुख पर क्लार्की चेहरा लगाकर
असलियत अपनी छिपानी नहीं मुझको,
आज फिर-फिर फ़ोन की आवाज़
अत्याचार मेरे कान पर कर नहीं सकती,

आज टंकनकारियों के,
आलसी फ़ाइल, नोटिसें, पुरजियाँ,
मेरी जी नहीं मिचला सकेंगी।
आज मेरी आँख अपनी, कान अपना, नाक अपनी।
इसलिए ही आज
फागुन के सँदेसे की हवाओं की
मुझे आहट मिली है
पत्र-पुस्तक चित्र-प्रतिमा-फूलदान-
सजीव इस कवि कक्ष में
जिसकी खुली है एक खिड़की
लान से उठती हुई हरियालियों पर,
फूल-चिड़ियों को झुलाती डालियों पर,
और जिसका एक वातायन
गगन से उतरती नव नीलिमाओं पर
खुला है।
बाहरी दीवार का लेकर सहारा
लोम-लतिका
भेद खिड़की पर मढ़ी जाली अचानक
आज भीतर आ गई है
कुछ सहमती, सकपकाती भी कि जैसे
गाँव की छोरी अकेली खड़ी ड्राइंगरूम में हो।
एक नर-छिपकली
मादा-छिपकली के लिए आतुर
प्रि...प्रि...करती
आलमारी-आलमारी फिर रही है।
एक चिड़िया के लिए
दो चिड़े लड़ते, चुहचुहाते, फुरफुराते
आ गए हैं–
उड़ गए हैं–
आ गए फिर–
उड़ गए फिर–
एक जोड़ा नया आता! ...
किस क़दर बे-अख़्तियारी, बेक़रारी!–
'नटखटो, यह चित्र तुलसीदास का है,
मूर्ति रमन महर्षि की है।'
किंतु इनके ही परों के साथ आई

फूल झरते नीबुओं की गंध को
कैसे उड़ा दूँ?—
हाथ-कंगन, वक्ष, वेणी, सेज के
शत पुष्प कैसे नीबुओं में बस गए हैं!—
दृष्टि सहसा
वात्स्यायन-कामसूत्र, कुमार-संभव
की पुरानी जिल्द के ऊपर गई है,
कीट-चित्रित गीत श्री जयदेव का वह,
वहाँ विद्यापति-पदावलि,
वह बिहारी-सतसई है,
और यह 'सतरंगिनी';
ये गीत मेरे ही लिखे क्या!
जिए क्षण को
जिया जा सकता नहीं फिर—
याद में भी—
क्योंकि वह परिपूर्णता में थम गया है।
और मीठा दर्द भी
सुधि में घुलाते
तिक्त और असह्य होता।

और यह भी कम नहीं वरदान
ऐसे दिवस
मेरे लिए कम हैं,
और युग से, देस-दुनिया
और अपने से शिकायत
एक भ्रम है;
क्योंकि जो अवकाश का क्षण
सरस करता
नित्य-नीरस-मर्त्य श्रम है,
किंतु हर अवकाश-पल को
पूर्ण जीना,
अमर करना क्या, सुगम है?—

कलश और नींव का पत्थर[1]

अभी कल ही
पंचमहले पर
कलश था,
और
चौमहले,
तिमहले,
दुमहले से
खिसकता अब
हो गया हूँ नींव का पत्थर!

काल ने धोखा दिया,
या फिर दिशा ने,
या कि दोनों में विपर्यय;
एक ने ऊपर चढ़ाया,
दूसरे ने ख़ींच

---

1. यह कविता निम्नलिखित व्याख्या के साथ सन् 1961 में आकाशवाणी केन्द्र, नई दिल्ली, से प्रसारित की गई थी।

"कलश किसी भवन के सबसे ऊँचे भाग का प्रतीक है—हालाँकि आधुनिक भवन निर्माण कला में कलश नहीं रक्खा जाता, पर प्रतीक अपना अर्थ त्यागने को तैयार नहीं। नींव का पत्थर इमारत का सबसे निचला भाग हुआ।

जीवन के किसी भी क्षेत्र की उपलब्धि को इमारत का रूपक दिया जा सकता है।

हर क्षेत्र में कुछ चीज़े नींव के पत्थर की जगह पर होती हैं, उन्हीं के ऊपर सारी इमारत का दारोमदार होता है, पर वे दिखाई नहीं देतीं। कलश ऊपर भले ही दिखाई दे, भवन का शृंगार हो, पर उस पर निर्भर नहीं रहा जा सकता; वही सारी इमारत पर निर्भर रहता है।

पर गतिमान जीवन की कोई उपलब्धि स्थिर नहीं। जो कलश बनकर ऊपर-ऊपर रहता है उसे समय पाकर बल संचित करना, और ऊपर के कलशों को संभालना पड़ता है। यह विचित्र है कि अधिक बल पाकर, अधिक महत्त्वपूर्ण बनकर, उसे नीचे जाना पड़ता है। और, दिखावटी और निर्बल ऊपर आते-जाते हैं।

किसी स्थिति पर नींव की ओर जानेवाले को असंतोष भी हो सकता है—जो हलके दिखावटी हैं, वे तो ऊपर हैं; जो भारी और ठोस हैं, वे नीचे! इस कविता में इस असंतोष को समझा और दूर किया गया है।"

नीचे को गिराया,
अवस्था तो बढ़ी
लेकिन अवस्थित हूँ
कहाँ घटकर!

आज के साथी सभी मेरे
कलश थे,
आज के सब कलश
कल साथी बनेंगे।
हम इमारत,
जो कि ऊपर से
उठा करती बराबर
और नीचे को
धँसी जाती निरंतर

दैत्य की देन

सरलता से कुछ नहीं मुझको मिला है,
जबकि चाहा है
कि पानी एक चुल्लू पिऊँ,
मुझको खोदना कूआँ पड़ा है।
एक कलिका जो उँगलियों में
पकड़ने को
मुझे वन एक पूरा कंटकों का
काटकर के पार करना पड़ा है
औ' मधुर मधु के स्वल्प कण का
स्वाद लेने के लिए मैं
तर-बतर आँसू, पसीने, खून से
हो गया हूँ;
उपलब्धियाँ जो कीं,
चुकाया मूल्य जो उनका;
नहीं अनुपात उनमें कुछ;
मगर सौभाग्य इनमें भी बड़ा है।
जहाँ मुझमें स्वप्नदर्शी देवता था

वहीं एक अदम्य कर्मठ दैत्य भी था
जो कि उसके स्वप्न को
साकार करने के लिए
तन-प्राण की बाज़ी लगाता रहा,
चाहे प्राप्ति खंडित रेख हो,
या शून्य ही हो।
और मैं यह कभी दावा नहीं करता
सर्वदा शुभ, शुभ्र, निर्मल
दृष्टि में रखता रहा हूँ—
देवता भी साल में छः माह सोते—
अशुभ, कलुषित, पतित, कुत्सित की
तरफ कम नहीं आकर्षित हुआ हूँ—
प्राप्ति में सम-क्लिष्ट—
किंतु मेरे दैत्य की
विराम श्रम की साधना ने,
लक्ष्य कुछ हो, कहीं पर,
हर पंथ मेरा
तीर्थ-यात्रा-सा किया है—
रक्त-रंजित, स्वेद-सिंचित,
अश्रु-धारा-धौत।
मंज़िल जानती है,
न तो नीचे ग्लानि से मेरे नयन हैं,
न ही फूला हर्ष से मेरा हिया है।

बुद्ध के साथ एक शाम

रक्तरंजित साँझ के
आकाश का आधार लेकर
एक पत्रविहीन तरु
कंकाल-सा आगे खड़ा है।
टुनगुनी पर नीड़ शायद चील का,
ख़ासा बड़ा है।

एक मोटी डाल पर है

एक भारी चील बैठी
एक छोटी चिड़ी पंजों से दबाए
जो कि रह-रह पंख
घबराहट-भरी असमर्थता से
फड़फड़ाती,
छुट न पाती,
चील कटिया-सी नुकीली चोंच से
है बार-बार प्रहार करती,
नोचकर पर डाल से नीचे गिराती,
मांस खाती,
मोड़ गर्दन
इस तरफ़ को उस तरफ़ को
देख लेती;
चार कायर काग चारों ओर
मँडलाते हुए हैं शोर करते।
दूर पर कुछ मैं खड़ा हूँ।

किंतु लगता डाल पर मैं ही पड़ा हूँ;
एक भीषण गरुड़ पक्षी
मांस मेरे वक्ष का चुन-चुन
निगलता जा रहा है;
और कोई कुछ नहीं कर पा रहा है।

अर्थ इसका, मर्म इसका
जब न कुछ भी समझ पड़ता
बुद्ध को ला खड़ा करता—
दृश्य ऐसा देखते होते अगर वे
सोचते क्या,
कल्पना करते? न करते?
चील-चिड़िया के लिए,
मेरे लिए भी किस तरह के
भाव उनके हिये उठते?

शुद्ध,
सुस्थिरप्रज्ञ, बुद्ध प्रबुद्ध ने
दिन-भर बुभुक्षित* चील को

संवेदना दी,
तृप्ति पर संतोष
उनके नेत्र से झलका,
उसी के साथ
चिड़िया के लिए संवेदना के
अश्रु ढलके,
आ खड़े मेरे बग़ल में हुए चल के,
प्राण-तन-मन हुए हल्के,
हाथ कंधे पर धरा,
ले गए तरु के तले,
जैसे बे-चले ही पाँव मेरे चले?
नीचे तर्जनी की,
बहुत-से छोटे-बड़े, रंगीन,
कोमल-करुण-बिखरे-से
परों से,
धरणि की धड़कन रुकी-सी हृत्पटी पर,
प्रकृति की अनपढ़ी लिपि में,
एक कविता-सी लिखी थी!

पानी-मरा मोती :
आग-मरा आदमी

आदमी : जा चुका है,
मर चुका है,
मोतियों का वह सुभग पानी
कि जिसकी मरज़ियों से सुन कहानी,
उल्लसित-मन,
उर्ध्वसित-भुज,
सिंधु की विक्षुब्ध लहरें चीर
जल गंभीर में
सर-सर उतरता निडर
पहुँचा था अतल तक;
सीपियों को फाड़,
मुक्ता-परस-पुलकित,

भाग्य-धन को मुट्ठियों में बाँध,
पूरित-साध,
ऊपर को उठा था;
औ' हथेली पर उजाला पा
चमत्कृत-दृग हुआ था।
दैत्य-सी दुःसाहसी होती जवानी!
आज इनको
उँगलियों से फेर फिर-फिर
डूब जाता हूँ
विचारों की अगम गहराइयों में,
और उतरा
और अपने-आप पर ही मुसकराकर
पूछता हूँ,
क्या यही वे थे
कि जिनके लिए
मदिरा-सी पिए
बाड़व-विलोड़ित, क्षुधित पारावार में मैं धँस गया था।
कौन-सा शैतान
मेरे प्राण में,
मेरी शिराओं-धमनियों में बस गया था!

मोती : मंद से हो
मंदतर-तम
बंद-सी वे धड़कनें अब हो गई हैं
आगवाली, रागवाली,
गीतवाली, मंत्रवाली,
मुग्ध सुनने को जिन्हें
छाती बिंधा डाली कभी थी,
और हो चिर-मुक्त
बंधन-माल अंगीकार की थी;
साँस की भी गंध-गति ग़ायब हुई-सी;
क्या भुजाएँ थीं यही
दृढ़-निश्चयी, विजयी जिन्होंने
युग-युगांत नितांत शिथिल जड़त्व को
था हुआ, छेड़ा, गुदगुदाया–
आः जीवन के प्रथम सुस्पर्श-

हर्षोत्कर्ष को कैसे बताया जाय—
क्या थीं मुट्ठियाँ ये वही
जिनकी जकड़ में आ
मुक्ति ने था पूर्व का प्रारब्ध कोसा!
फटी सीपी थी नहीं
कारा कटी थी,
निशा तिमरावृत छटी थी
और अंजलिपुटी का
पहला सुहाता मनुज-काया ताप
भाया था, समाया था नसों में, नाड़ियों में।
खुली मुट्ठी थी
कि दृग में विश्व प्रतिबिंबित हुआ था;
और अब वह लुप्त सहसा;
मुट्ठियाँ ढीली, उँगलियाँ शुष्क, ठंडी-सी,
विनष्टस्फूर्ति, मुर्दा।
क्या यही वे थीं कि जिनके लिए
अन्तर्द्वन्द्व, हलचल बाहरी सारी सहारी!
देख ली दुनिया तुम्हारी!

तीसरा हाथ

एक दिन
कातर हृदय से,
करुण स्वर से,
और उससे भी अधिक
डब-डब दृगों से
था कहा मैंने
कि मेरा हाथ पकड़ो
क्योंकि जीवन पंथ के अब कष्ट
एकाकी नहीं जाते सहे।

और तुम भी तो किसी से
यही कहना चाहती थीं;
पंथ एकाकी

तुम्हें भी था अखरता;
एक साथी हाथ
तुमको भी किसी का
चाहिए था,
पर न मेरी तरह तुमने
वचन कातर कहे।

ख़ैर, जीवन के
उतार-चढ़ाव हमने
पार कर डाले बहुत-से;
अंधकार, प्रकाश
आँधी, बाढ़, वर्षा
साथ झेली;
काल के बीहड़ सफ़र में
एक दूजे को
सहारा और ढारस रहे।
लेकिन,
शिथिल चरणे,
अब हमें संकोच क्यों हो
मानने में,
अब शिखर ऐसा
कि हम-तुम
एक दूजे को नहीं पर्याप्त,
कोई तीसरा ही
हाथ मेरा औ' तुम्हारा गहे।

दो चित्र

—यह कि तुम जिस ओर जाओ
चलूँ मैं भी,
यह कि तुम जो राह थामो
रहूँ थामे हुए मैं भी,
यह कि क़दमों से तुम्हारे
क़दम अपना मैं मिलाए रहूँ ऽ...

यह कि तुम खींचो जिधर को
खिंचूँ,
जिससे तुम मुझे चाहो बचाना
बचूँः
यानी कुछ न देखूँ, कुछ न सोचूँ,
कुछ न अपने से करूँ—
मुझसे न होगा;
छूटने को विलग जाने,
ठोकरें खानेः लुढ़कने, गरज़,
अपने आप करने के लिए कुछ
विकल, चंचल आज मेरी चाह।

—यह कि अपना लक्ष्य निश्चित मैं न करता,
यह कि अपनी राह मैं चुनता नहीं हूँ,
यह कि अपनी चाल मैंने नहीं साधी,
यह कि खाई-खंदकों को
आँख मेरी देखने से चूक जाती,
यह कि मैं ख़तरा उठाने से
हिचकता-झिझकता हूँ,
यह कि मैं दायित्व अपना
ओढ़ते घबरा रहा हूँ—
कुछ नहीं ऐसा।
शुरू में भी कहीं पर चेतना थी,
भूल कोई बड़ी होगी,
तुम संभाल तुरन्त लोगे;
अन्त में भी आश्वासन चाहता हूँ
अनगही मेरी नहीं है बाँह।

मरण काले

(निराला के मृत शरीर का चित्र देखने पर)

मरा
मैंने गरुड़ देखा,
गगन का अभिमान,

धराशायी, धूलि, धूसर, म्लान!

मरा
मैंने सिंह देखा,
दिग्दिगंत दहाड़ जिसकी गूँजती थी,
एक झाड़ी में पड़ा चिर-मूक,
दाढ़ी-दाढ़-चिपका थूक।

मरा
मैंने सर्प देखा,
स्फूर्ति का प्रतिरूप लहरिल,
पड़ा भू पर बना सीधी और निश्चल रेख

मरे मानव-सा कभी मैं
दीन, हीन, मलीन, अस्तंगमितमहिमा,
कहीं, कुछ भी नहीं पाया देख।

क्या नहीं है मरण
जीवन पर अवार प्रहार?—
कुछ नहीं प्रतिकार।

क्या नहीं है मरण
जीवन का महा अपमान?—
सहन में ही त्राण।

क्या नहीं है मरण ऐसा शत्रु
जिसके साथ, कितना ही समर कर,
निबल निज को मान,
सबको, सदा,
करनी पड़ी उसकी शरण अंगीकार?—

क्या इसी के लिए मैंने
नित्य गाए गीत,
अंतर में सँजोए प्रीति के अंगार,
दी दुर्नीति को डटकर चुनौती,
ग़लत जीती बाज़ियों से

मैं बराबर
हार ही करता गया स्वीकार,–
एक श्रद्धा के भरोसे
न्याय, करुणा, प्रेम–सबके लिए
निर्भर एक ही अज्ञात पर मैं रहा
सहता बुद्धि-व्यंग्य प्रहार?

इस तरह रह
अगर जीवन का जिया कुछ अर्थ,
मरण में मैं मत लगूँ असमर्थ!

दो चट्टानें

सूर समर करनी करहिं...

सर्वथा ही
यह उचित है
औ' हमारी काल-सिद्ध, प्रसिद्ध
चिर-वीर प्रसविनी,
स्वाभिमानी भूमि से
सर्वदा प्रत्याशित यही है
जब हमें कोई चुनौती दे,
हमें कोई प्रचारे,
तब कड़क
हिमशृङ्ग से आसिंधु
यह उठ पड़ें,
हुँकारे—
कि धरती कँपे,
अंबर में दिखाई दें दरारें।

शब्द ही के
बीच में दिन-रात बसता हुआ
उनकी शक्ति से, सामर्थ्य से—
अक्षर—
अपरिचित्त मैं नहीं हूँ।
किंतु, सुन लो,
शब्द की भी,
जिस तरह संसार में हर एक की,
कमज़ोरियाँ, मजबूरियाँ हैं।

शब्द सबलों की
सफल तलवार हैं तो
शब्द निबलों की
नपुंसक ढाल भी हैं।
साथ ही यह भी समझ लो,
जीभ को जब-जब
भुजा का एवज़ी माना गया है,
कंठ से गाया गया है।

और ऐसा अजदहा जब सामने हो
कान ही जिसके न हों तो
गीत गाना–
हो भले ही वीर रस का वह तराना–
गरजना, नारा लगाना,
शक्ति अपनी क्षीण करना,
दम घटाना।
बड़ी मोटी खाल से
उसकी सकल काया ढकी है।
सिर्फ़ भाषा एक
जो वह समझता है
सबल हाथों की
करारी चोट की है।

ओ हमारे
वज्र-दुर्दम देश के
विक्षुब्ध-क्रोधातुर
जवानो!
किटकिटाकर
आज अपने वज्र के-से
दाँत भींचो,
खड़े हो,
आगे बढ़ो,
ऊपर चढ़ो,
बे-कंठ खोले।
बोलना हो तो
तुम्हारे हाथ की दो चोटें बोलें!

उघरहिं अंत न होइ निबाहू...

अगर दुश्मन
खींचकर तलवार
करता वार
उससे नित्य प्रत्याशित यही है,
चाहिए इसके लिए तैयार रहना;
यदि अपरिचित-अजनबी
कर खड्ग ले
आगे खड़ा हो जाय,
अचरज बड़ा होगा,
कम कठिन होगा नहीं उससे सँभलना;
किंतु युग-युग मीत अपना,
जो कि भाई की दुहाई दे
दिशाएँ हो गुँजाता,
शीलवान जहान भर को हो जनाता,
पीठ में सहसा छुरा यदि भोंकता,
परिताप से, विक्षोभ से, आक्रोश से,
आत्मा तड़पती,
नीति धुनती शीश
छाती पीट मर्यादा बिलखती,
विश्व मानस के लिए संभव न होता
इस तरह का पाशविक आघात सहना;
शाप इससे भी बड़ा है शत्रु का प्रच्छन्न रहना।

यह नहीं आघात, रावण का उघरना;
राम-रावण की कथा की
आज पुनरावृत्ति हुई है।
हो दशानन कलियुगी,
त्रेतायुगी,
छल-छद्म ही आधार उसके—
बने भाई या भिखारी,
जिस किसी भी रूप में मारीच को ले साथ आए
कई उस मक्कार के हैं रूप दुनिया के बनाए।
आज रावण दक्षिणापथ नहीं,

उत्तर से उतर
हर ले गया है,
नहीं सीता, किंतु शीता–
शीत हिममंडित
शिखर की रेख-माला से
सुरक्षित, शांत, निर्मल घाटियों को
स्तब्ध करके,
दग्ध करके,
उन्हें अपनी दानवी
गुरु गर्जना की बिजलियों से।
और इस सीता-हरण में,
नहीं केवल एक
समरोन्मुख सहस्रों लौह-काय जटायु
घायल मरे
अपने शौर्य-शोणित की कहानी
श्वेत हिमगिरि की
शिलाओं पर
अमिट
लिखते गए हैं।

इसलिए फिर आज
सूरज-चाँद
पृथ्वी, पवन को, आकाश को
साख़ी बताकर
तुम करो
संक्षिप्त
पर गंभीर, दृढ़
भीष्म-प्रतिज्ञा
देश जन-गण-मन समाए राम!–
अक्षत आन,
अक्षत प्राण,
अक्षत काय,
'जो मैं राम तो कुल सहित कहहिं दशानन आय!'

गांधी

एक दिन इतिहास पूछेगा
कि तुमने जन्म गांधी को दिया था,

जिस समय हिंसा,
कुटिल विज्ञान बल से ही समन्वित,
धर्म, संस्कृति, सभ्यता पर डाल पर्दा,
विश्व के संहार का षड्यंत्र रचने में लगी थी,
तुम कहाँ थे? और तुमने क्या किया था!

एक दिन इतिहास पूछेगा
कि तुमने जन्म गांधी को दिया था,
जिस समय अन्याय ने पशु-बल सुरा पी—
उग्र, उद्धत, दंभ-उन्मद —
एक निर्बल, निरपराध, निरीह को
था कुचल डाला
तुम कहाँ थे? और तुमने क्या किया था?

एक दिन इतिहास पूछेगा
कि तुमने जन्म गांधी को दिया था,
जिस समय अधिकार, शोषण, स्वार्थ
हो निर्लज्ज, हो निःशंक, हो निर्द्वन्द्व
सद्यः जगे, संभले राष्ट्र में धुन-से लगे
जर्जर उसे करते रहे थे,
तुम कहाँ थे? और तुमने क्या किया था?
क्योंकि गांधी व्यर्थ
यदि मिलती न हिंसा को चुनौती,
क्योंकि गांधी व्यर्थ
यदि अन्याय की ही जीत होती,
क्योंकि गांधी व्यर्थ
जाति स्वतंत्र होकर
यदि न अपने पाप धोती!

युग-पंक : युग-ताप

दूध-सी कर्पूर-चंदन चाँदनी में
भी नहाकर, भीगकर
मैं नहीं निर्मल, नहीं शीतल
हो सकूँगा,
क्योंकि मेरा तन-बसन
युग-पंक में लिथड़ा-सना है
और मेरी आत्मा युग-ताप से झुलसी हुई है;
नहीं मेरी ही तुम्हारी, औ' तुम्हारी और सबकी।
वस्त्र सबके दाग़-धब्बे से भरे हैं,
देह सबकी कीच-काँदों में लिसी, लिपटी, लपेटी।

कहाँ हैं वे संत
जिनके दिव्य दृग
सप्तावरण को भेद आए देख—
करुणासिंधु के नव नील नीरज लोचनों से
ज्योति निर्झर बह रहा है,
बैठकर दिक्काल
दृढ़ विश्वास की अविचल शिला पर
स्नान करते जा रहे हैं
और उनका कलुष-कल्मष
पाप-ताप-' भिशाप घुलता जा रहा है।

कहाँ हैं वे कवि
मदिर-दृग, मधुर-कंठी
और उनकी कल्पना-संजात
प्रेयसियाँ, पिटारी जादुओं की,
हास में जिनके नहाती है जुन्हाई,
जो कि अपनी बाहुओं से घेर
बाड़व के हृदय का ताप हरतीं,
और अपने चमत्कारी आँचलों से
पोंछ जीवन-कालिमा को
लालिमा में बदलतीं,
छलतीं समय को।

आज उनकी मुझे, तुमको,
और सबको है ज़रूरत।
कहाँ हैं वे संत?
वे कवि हैं कहाँ पर?—
नहीं उत्तर।

वायवी सब कल्पनाएँ-भावनाएँ
आज युग के सत्य से ले टक्करें
गायब हुई हैं।
कुछ नहीं उपयोग उनका।
था कभी? संदेह मुझको।
किंतु आत्म-प्रवंचना जो कभी संभव थी
नहीं अब रह गई है।
तो फँसा युग-पंक में मानव रहेगा?
तो जला युग-ताप से मानव करेगा?
नहीं।
लेकिन, स्नान करना उसे होगा
आँसुओं से—पर नहीं असमर्थ, निर्बल और कायर,
सबल पश्चाताप के उन आँसुओं से,
जो कलंकों का विगत इतिहास धोते।
स्वेद से—पर नहीं दासों के, खरीदे और बेचे,—
खुद बहाए, मृत्तिका जिससे कि अपना ऋण चुकाए।
रक्त से—पर नहीं अपने या पराए,
उसी पावन रक्त से
जिसको कि ईसा और गांधी की
हथेली और छाती ने बहाए।

गत्यवरोध

बीतती जब रात,
करवट पवन लेता,
गगन की सब तारिकाएँ
मोड़ लेतीं बाग,
उदयोन्मुखी रवि की

बाल-किरणें दौड़
ज्योतिर्मान करतीं
क्षितिज पर पूरब दिशा का द्वार,
मुर्ग़ मुंडेर पर चढ़
तिमिर को ललकारता,
पर वह न मुड़कर देखता,
धर पाँव सिर पर भागता,
फटकार कर पर
जाग दल के दल विहग
कल्लोल से भूगोल और खगोल भरते,
जागकर सपने निशा के,
चाहते होना दिवा-साकार,
युग-शृंगार।

कैसा यह सवेरा!
खींच-सी ली गई बरबस
रात की ही सौर जैसे और आगे—
कुढ़न-कुंठा-सा कुहासा,
पवन का दम घुट रहा-सा,
धुंध का चौफेर घेरा,
सूर्य पर चढ़कर किसी ने
दाब-जैसे उसे नीचे को दिया है,
दिये-जैसा धुएँ से वह घिरा,
गहरे कुएँ में है दिपदिपाता,
स्वयं अपनी साँस खाता।

एक घुग्घू,
पच्छिमी छाया-छपे बन के
गिरे ; बिखरे परों को खोंस
बैठा है बकुल की डाल पर,
गोले दृगों पर धूप का चश्मा लगाकर—
प्रात का अस्तित्व अस्वीकार करने के लिए
पूरी तरह तैयार होकर।

और, घुघुआना शुरू उसने किया है—
गुरु उसका वेणुवादक वही

जिसकी जादुई धुन पर नगर के
सभी चूहे निकल आए थे बिलों से—
गुरु गुड़ था किंतु चेला शकर निकला—
साँप अपनी बाँबियों को छोड़
बाहर आ गए हैं,
भूख से मानो बहुत दिन के सताए,
और जल्दी में, अँधेरे में, उन्होंने
रात में फिरती छछूँदर के दलों को
धर दबाया है—
निगलकर हड़बड़ी में कुछ
परम गति प्राप्त करने जा रहे हैं,
औ' जिन्होंने अचकचाकर,
भूल अपनी भाँप मुंह फैला दिया था,
वे नयन की जोत खोकर,
पेट धरती से रगड़ते,
राह अपनी बाँबियों की ढूँढ़ते हैं,
किंतु ज्यादातर छछूँदर छटपटाती-अधमरी
मुँह में दबाए हुए
किंकर्तव्यविमूढ़ बने पड़े हैं;
और घुग्घू को नहीं मालूम
वह अपने शिकारी या शिकारों को
समय के अंध गत्यवरोध से कैसे निकाले,
किस तरह उनको बचा ले।

शब्द-शर

लक्ष्य-बेधी
शब्द-शर बरसा,
मुझे निश्चय सुदृढ़,
यह समर जीवन का
न जीता जा सकेगा।

शब्द-संकुल उर्वरा सारी धरा है;
उखाड़ो, काटो, चलाओ—

किसी पर कुछ भी नहीं प्रतिबंध;
इतना कष्ट भी करना नहीं,
सबको खुला खलिहान का है कोष—
अतुल, अमाप और अनंत।

शत्रु जीवन के, जगत के,
दैत्य अचलाकार
अडिग खड़े हुए हैं;
कान इनके विवर इतने बड़े
अगणित शब्द-शर नित
पैठते हैं एक से औ'
दूसरे से निकल जाते।
रोम भी उनका न दुखता या कि झड़ता
और लाचारी, निराशा, क्लैव्य कुंठा का तमाशा
देखना ही नित्य पड़ता।

कब तलक,
औ कब तलक,
यह लेखनी की जीभ की असमर्थता
निज भाग्य पर रोती रहेगी?
कब तलक,
औ कब तलक,
अपमान औ' उपहासकर
ऐसी उपेक्षा शब्द की होती रहेगी?
कब तलक,
जब तक न होगी
जीभ मुखिया
वज्रदंत, निशंक मुख की :
मुख न होगा
गगन-गर्वीले,
समुन्नत-भाल
सर का ;
सर न होगा
सिंधु की गहराइयों से
धड़कनेवाले हृदय से युक्त
धड़ का ;

धड़ न होगा
उन भुजाओं का
कि जो हैं एक पर
संजीवनी का शृंग साधे,
एक में विध्वंस-व्यग्र
गदा संभाले,
उन पगों का—
अंगदी विश्वासवाले—
जो कि नीचे को पड़ें तो
भूमि काँपे
और ऊपर को उठें तो
देखते ही देखते
त्रैलोक्य नापें।

यह महा संग्राम
जीवन का, जगत का,
जीतना तो दूर, लड़ना भी
कभी संभव नहीं है
शब्द के शर छोड़नेवाले
सतत लघिमा-उपासक मानवों से ;
एक महिमा की सकेगी
होड़ ले इन दानवों से।

लेखनी का इशारा

ना ऽ ऽ ऽ ग ;
—मैंने रागिनी तुझको सुनाई बहुत,
अनका तू न सनका—
कान तेरे नहीं होते,
किंतु अपना गान केवल कान के ही लिए
मैंने कब सुनाया,
तीन-चौथाई हृदय के लिए होता।
इसलिए ही तो तुझे मैंने कुरेदा और छेड़ा
भी कि तुझमें जान होगी अगर

तो तू फनफनाकर उठ खड़ा होगा,
गरल-फुफकार छोड़ेगा,
चुनौती करेगा स्वीकार मेरी,
किंतु उलझी रज्जु की तू एक ढेरी।

इसी बल पर,
धा ऽ ऽ ऽ ध,
कुंडल मारकर तू
उस ख़जाने पर डटा बैठा हुआ है
जो हमारे पूर्वजों के
त्याग, तप, बलिदान,
श्रम की स्वेद की गाढ़ी कमाई?
हमें सौंपी गई थी यह निधि
कि भोगें त्याग से हम उसे,
जिससे हो सके दिन-दिन सवाई;
किंतु किसका भोग,
किसका त्याग,
किसकी वृद्धि।
पाई हुई भी है
आज अपनाई-गँवाई।

दूर भग,
भय कट चुका,
भ्रम हट चुका—
अनुनय-विनय से
रीझनेवाला हृदय तुझमें नहीं है—
खोल कुंडल,
भेद तेरा खुल चुका है,
गरल-बल तुझमें नहीं अब,
क्योंकि उससे विषमतर विष पर
बहुत दिन तू पला है,
चाटता चाँदी रहा है,
सूँघता सोना रहा है।

लट्ठबाजों की कमी
कुछ नहीं मेरे भाइयों में,

पर मरे को मार करके—
लिया ही जिसने, दिया कुछ भी नहीं,
यदि वह जिया तो कौन मुर्दा?
कौन शाह मदार अपने को कहाए!*
क़लम से ही
मार सकता हूँ तुझे मैं;
क़लम का मारा हुआ
बचता नहीं है।
कान तेरे नहीं,
सुनता नहीं मेरी बात
आँखें खोलकर के देख
मेरी लेखनी का तो इशारा—
उगा-डूबा है इसी पर
कहीं तुझसे बड़ों,
तुझसे जड़ों का
क़िस्मत-सितारा!

विभाजितों के प्रति

दग्ध होना ही
अगर इस आग में है
व्यर्थ है डर,
पाँव पीछे को हटाना
व्यर्थ बावेला मचाना।

पूछ अपने आप से
उत्तर मुझे दो,
अग्नियुत हो?
अग्निहत हो?

आग आलिंगन करे
यदि आग को
किसलिए झिझके?

---

*मरे को मारें शाह मदार—कहावत है।

चाहिए उसको भुजा भर
और भभके!

और अग्नि
निरग्नि को यदि
अंग से अपने लगाती,
और सुलगाती, जलाती,
और अपने-सा बनाती,
तो कहीं सौभाग्य रेखा जगमगाई—
आग जाकर लौट आई!

किंतु शायद तुम कहोगे
आग आधे,
और आधे भाग पानी।
तुम विभाजन की, द्विधा की,
डरी अपने आप से,
ठहरी हुई-सी हो कहानी।
आग से ही नहीं
पानी से डरोगे,
दूर भागोगे,
करोगे दीन क्रंदन,
पूर्व मरने के
हज़ार बार मरोगे।

क्योंकि जीना और मरना
एकता ही जानती है,
वह विभाजन संतुलन का
भेद भी पहचानती है।

भिगाए जा, रे...

भीग चुकी अब जब सब सारी,
जितना चाह भिगाए जा, रे

आँखों में तस्वीर कि सारी
सूखी-सूखी साफ़, अदागी,
पड़नी थी दो छींट छटककर
मैं तेरी छाया से भागी!
बचती तो जड़ हठ, कुंठा की,
अभिमानी गठरी बन जाती;
भाग रहा था तन, मन कहता
जाता था, पिछुआए जा, रे!
भीग चुकी अब जब सब सारी,
जितना चाह भिगाए जा, रे!

सब रंगों का मेल कि मेरी
उजली-उजली सारी काली
और नहीं गुन ज्ञात कि जिससे
काली को कर दूँ उजियाली;
डर के घर में लापरवाही,
निर्भयता का मोल बड़ा है;
अब जो तेरे मन को भाए
तू वह रंग चढ़ाए जा, रे!
भीग चुकी अब जब सब सारी,
जितना चाह भिगाए जा, रे!

कठिन कहाँ था गीला करना,
रँग देना इस बसन, बदन को,
मैं तो तब जानूँ रस-रंजित
कर दे जब तू मेरे मन को,
तेरी पिचकारी में वह रंग,
वह गुलाल तेरी झोरी में
हो तो तू घर, आँगन, भीतर,
बाहर फाग मचाए जा, रे!
भीग चुकी अब जब सब सारी,
जितना चाह भिगाए जा, रे!

मेरे हाथ नहीं पिचकारी
और न मेरे काँधे झोरी,

और न मुझमें है बल, साहस,
तेरे साथ करूँ बरजोरी,
क्या तेरी गलियों में होली
एक तरफ़ी खेली जाती है?
आकर मेरे आलिंगन में
मेरे रंग रँगाए जा, रे?
भीग चुकी अब जब सब सारी,
जितना चाह भिगाए जा, रे!

दीये की माँग

रक्त मेरा माँगते हैं।
कौन?
वे ही दीप जिनको स्नेह से मैंने जगाया।

बड़ा अचरज हुआ
किंतु विवेक बोला :
आज अचरज की जगह दुनिया नहीं है,
जो असंभव को और संभव को विभाजित कर रही थी
रेख अब वह मिट रही है।
आँख फाड़ो और देखो
नग्न-निर्मम सामने जो आज आया।
रक्त मेरा माँगते हैं।
कौन?
वे ही दीप जिनको स्नेह से मैंने जगाया।

वक्र भौंहें हुईं
किंतु विवेक बोला :
क्रोध ने कोई समस्या हल कभी की?
दीप चकनाचूर होकर भूमि के ऊपर पड़ा है,
तेल मिट्टी सोखती है,
वर्तिका मुंह किए काला,
बोल तेरी आँख को यह चित्र भाया?
रक्त मेरा माँगते हैं।

कौन?
वे ही दीप जिनको स्नेह से मैंने जगाया।

मन बड़ा ही दुखी,
किंतु विवेक चुप है।
भाग्य-चक्रों में पड़ा कितना कि मिट्टी से दिया हो,
लाख आँसू के कणों का सत्त कण भर स्नेह होता,
वर्तिका में हृदय तंतु बटे गए थे,
प्राण ही जलता रहा है।
हाय, पावस की निशा में, दीप, तुमने क्या सुनाया?
रक्त मेरा माँगते हैं।
कौन?
वे ही दीप जिनको स्नेह से मैंने जगाया।

स्नेह सब कुछ दान,
मैंने क्या बचाया?
एक अंतर्दाह, चाहूँ तो कभी गल-पिघल पाऊँ।
क्या बदा था, अंत में मैं रक्त के आँसू बहाऊँ?
माँगं पूरी कर चुका हूँ,
रिक्त दीपक भर चुका हूँ,
है मुझे संतोष मैंने आज यह ऋण भी चुकाया।
रक्त मेरा माँगते हैं।
कौन?
वे ही दीप जिनको स्नेह से मैंने जगाया।

दो बजनिए

''हमारी तो कभी शादी ही न हुई,
न कभी बारात सजी,
न कभी दूल्हन आई,
न घर पर बधाई बजी,
हम तो इस जीवन में क्वाँरे ही रह गए।''

दूल्हन को साथ लिए लौटी बारात को

दूल्हे के घर पर लगाकर,
एक बार पूरे जोश, पूरे जोर-शोर से
बाजों को बजाकर,
आधी रात सोए हुए लोगों को जगाकर
बैंड विदा हो गया।

अलग-अलग हो चले बजनिए,
मौन-थके बाजों को काँधे पर लादे हुए,
सूनी अँधेरी, अलसाई हुई राहों से।
ताज़ औ' सिराज़ चले साथ-साथ–
दोनों की ढली उमर,
थोड़े-से पके बाल,
थोड़ी-सी झुकी कमर–
दोनों थे एकाकी,
डेरा था एक ही।

दोनों ने रँगी-चुँगी, चमकदार
वर्दी उतारकर खूँटी पर टाँग दी,
मैली-सी तहमत लगा ली,
बीड़ी सुलगा ली,
और चित लेट गए ढीली पड़ी खाटों पर।

लंबी-सी साँस ली सिराज़ ने–
"हमारी तो कभी शादी ही न हुई,
न कभी बारात चढ़ी,
न कभी दूल्हन आई,
न घर पर बधाई बजी,
हम तो इस जीवन में क्वांरे ही रह गए।
दूसरों की खुशी में खुशियाँ मनाते रहे,
दूसरों की बारात में बस बाजा बजाते रहे!
हम तो इस जीवन में...

ताज़ सुनता रहा,
फिर ज़रा खाँस कर
बैठ गया खाट पर,
और कहने लगा–

''दुनिया बड़ी ओछी है;
औरों को खुश देख
लोग कुढ़ा करते हैं,
मातम मनाते हैं, मरते हैं।
हमने तो औरों की खुशियों में
खुशियाँ मनाई है।
काहे का पछतावा?
कौन की बुराई है?
लोग बड़े बेहया हैं;
अपनी बारात का बाजा खुद बजाते हैं,
अपना गीत गाते हैं;
शुक्र है कि औरों की बारात का ही
बाजा हम बजाते रहे,
दूल्हे मियाँ बनने से सदा शरमाते रहे;
मेहनत से कमाते रहे,
मेहनत का खाते रहे;
मालिक ने जो भी किया,
जो
भी दिया,
उसका गुन गाते रहे।''

खून के छापे

(एक स्वप्न : एक समीक्षा)

सुबह-सुबह उठकर क्या देखता हूँ
कि मेरे द्वार पर
खून-रँगे हाथों के कई छापे लगे हैं।

और मेरी पत्नी ने स्वप्न देखा है
कि एक नर-कंकाल आधी रात को
एक हाथ में खून की बाल्टी लिए आता है
और दूसरा हाथ उसमें डुबोकर
हमारे द्वार पर एक छापा लगाकर चला जाता है;
फिर एक दूसरा आता है,

फिर दूसरा, आता है,
फिर दूसरा, फिर दूसरा, फिर दूसरा...फिर...

यह बेगुनाह खून किनका है?
क्या उनका?
जो सदियों से सताए गए,
जगह-जगह से भगाए गए,
दुख सहने के इतने आदी हो गए
कि विद्रोह के सारे भाव ही खो गए,
और जब मौत के मुंह में जाने का हुक्म हुआ,
निर्विरोध, चुपचाप चले गए
और उसकी विषैली साँसों में घुटकर
सदा के लिए सो गए
उनके रक्त की छाप अगर लगनी थी तो
—के द्वार पर।

यह बेज़बान ख़ून किनका है?
जिन्होंने आत्माहन् शासन के शिकंजे की
पकड़ से, जकड़ से छूटकर
उठने का, उभरने का प्रयत्न किया था
और उन्हें दाबकर, दलकर, कुचलकर
पीस डाला गया है।
उनके रक्त की छाप अगर लगनी थी तो
—के द्वार पर।

यह जवान खून किनका है?
क्या उनका?
जो अपनी माटी का गीत गाते,
अपनी आज़ादी का नारा लगाते,
हाथ उठाते, पाँव बढ़ाते आए थे
पर अब ऐसी चट्टान से टकराकर
अपना सिर फोड़ रहे हैं
जो न टलती है, न हिलती है, न पिघलती है।
उनके रक्त की छाप अगर लगनी थी तो
—के द्वार पर।

यह मासूम खून किनका है?
क्या उनका?
जो अपने श्रम से धूप में, ताप में
धूलि में, धुएँ में सनकर, काले होकर
अपने सफेद—खून स्वामियों के लिए
साफ़ घर, साफ़ नगर, स्वच्छ पथ
उठाते रहे, बनाते रहे,
पर उन पर पाँव रखने, उनमें पैठने का
मूल्य अपने प्राणों से चुकाते रहे।
उनके रक्त की छाप अगर लगनी थी तो
—के द्वार पर।

यह बेपनाह खून किनका है?
क्या उनका?
जो तवारीख़ की एक रेख से
अपने ही वतन में जलावतन हैं,
क्या उनका?
जो बहुमत के आवेश पर
सनक पर, पागलपन पर
अपराधी, दंड्य और वध्य
करार दिए जाते हैं,
निर्वास, निर्धन, निर्वसन,
निर्मम क़त्ल किए जाते हैं,
उनके रक्त की छाप अगर लगनी थी तो
—के द्वार पर।

यह बेमालूम खून किनका है?
क्या उन सपनों का?
जो एक उगते हुए राष्ट्र की
पलकों पर झूले थे, पुतलियों में पले थे,
पर लोभ ने, स्वार्थ ने, महत्वाकांक्षा ने
जिनकी आँखें फोड़ दी हैं,
जिनकी गर्दनें मरोड़ दी हैं।
उनके रक्त की छाप अगर लगनी थी तो
—के द्वार पर।

लेकिन इस अमानवीय, अत्याचार, अन्याय
अनुचित, अकरणीय, अकरुण का
दायित्व किसने लिया?
जिसके भी द्वार पर ये छापे लगे उसने,
पानी से घुला दिया,
चूने से पुता दिया।

किंतु कवि-द्वार पर
छापे ये लगे रहें,
जो अनीति, अत्ति की
कथा कहें, व्यथा कहें,
और शब्द-यंज्ञ में मनुष्य के कलुष दहें।
और मेरी पत्नी ने स्वप्न देखा है
कि ये नर-कंकाल
कवि-कवि के द्वार पर
ऐसे ही छापे लगा रहे हैं,
ऐसी ही शब्द-ज्वाला जगा रहे हैं।

बहुत दिन बीते

कोयल : कैक्टस : कवि

कोयल :

"तुझे
एक आवाज़ मिली क्या
तूने सारा आसमान ही
अपने सिर पर उठा लिया है—
कुऊ...कुऊ...कू!
कुऊ...कुऊ...कू!

तुझे मर्मवेधी, दर्दीला,
मीठा स्वर जो मिला हुआ है,
दिशा-दिशा में
डाल-डाल में,
पात-पात में,
उसको रसा-बसा देने को
क्या तू सचमुच
अंतःप्रेरित
अकुलाई है?

या तू अपना,
अपनी बोली की मिठास का,
विज्ञापन करती फिरती है
अभी यहाँ से, अभी वहाँ से,
जहाँ-तहाँ से?"

वह मदमाती
अपनी ही रट
गई लगाती, गई लगाती, गई...

कैक्टस :

रात
एकाएक टूटी नींद
तो क्या देखता हूँ
गगन से जैसे उतरकर
एक तारा
कैक्टस की झाड़ियों में आ गिरा है;
निकट जाकर देखता हूँ
एक अद्भुत फूल काँटों में खिला है—

"हाय, कैक्टस,
दिवस में तुम खिले होते,
रश्मियाँ कितनी
निछावर हो गई होतीं
तुम्हारी पंखुरियों पर
पवन अपनी गोद में
तुमको झुलाकर धन्य होता,
गंध भीनी बाँटता फिरता द्रुमों में,
भृंग आते,
घेरते तुमको,
अनवरत फेरते माला सुयश की,
गुन तुम्हारा गुनगुनाते!"

धैर्य से सुन बात मेरी
कैक्टस ने कहा धीमे से,
"किसी विवशता से खिलता हूँ,
खुलने की साध तो नहीं है;
जग में अनजाना रह जाना
कोई अपराध तो नहीं है।"

कवि :

"सबसे हटकर अलग
अकेले में बैठ

यह क्या लिखते हो?—
काट-छाँट करते शब्दों की,
सतरों में बिठलाते उनको,
लंबी करते, छोटी करते;
आँख कभी उठकर
दिमाग़ में मँडलाती है,
और कभी झुककर
दिल में डुबकी लेती है;
पल भर में लगता
सब कुछ है भीतर-भीतर—
देश-काल निर्बंध जहाँ पर--
बाहर की दुनिया थोथी है;
क्षण भर में लगता
अंदर सब सूना-सूना-सूना,
सच तो बाहर ही है—
एक दूसरे से लड़ता, मरता, फिर जीता।
अभी लग रहा
कोई ऐसी गाँठ जिसे तुम बहुत दिनों से खोल रहे हो
खुल न रही है;
अभी लग रहा
कोई ऐसी कली
जिसे तुम छू देते हो
खिल पड़ती है।''

''कवि हूँ,
जो सब मौन भोगते-जीते
मैं मुखरित करता हूँ।
मेरी उलझन में दुनिया सुलझा करती है—
एक गाँठ
जो बैठ अकेले खोली जाती,
उससे सबके मन की गाँठें
खुल जाती हैं;
एक गीत
जो बैठ अकेले गाया जाता,
अपने मन का पाती
दुनिया दुहराती है।''

बाढ़

बाढ़ आ गई है, बाढ़!
बाढ़ आ गई है, बाढ़!
वह सब नीचे बैठ गया है
जो था गरू-भरू,
भारी-भरकम,
लोह-ठोस
टन-मन
वज़नदार!
और ऊपर-ऊपर उतरा रहे हैं
किरासिन के ख़ाली टिन,
डालडा के डिब्बे,
पोलवाले ढोल,
डाल-डलिए-सूप,
काठ-कबाड़-कतवार!
बाढ़ आ गई है, बाढ़!
बाढ़ आ गई है, बाढ़!

हंस-मानस की नर्तकी*

शब्द-बद्ध
तुमको करने का
मैं दुःसाहस नहीं करूँगा
तुमने
अपने अंगों से
जो गीत लिखा है—
विगलित लयमय,
नीरव स्वरमय
सरस रंगमय
छंद-गंधमय—
उसके आगे

---

*रूस के प्रसिद्ध 'स्वप्न लेक बैले' की प्रमुख बैलेरीना की ओर संकते है।

मेरे शब्दों का संयोजन—
अर्थ-समर्थ बहुत होकर भी—
मेरी क्षमता की सीमा में—
एक नई कविता-सा केवल
जान पड़ेगा—
लयविहिन,
रसरिक्त,
निचोड़ा,
सूखा, भोंड़ा।
ओ माखन-सी
मानस हंसिनि,
गीत तुम्हारा
जब मैं फिर सुनना चाहूँगा,
अपने चिर-परिचित शब्दों से
नहीं सहारा मैं मागूँगा।
कान रूँध लूँगा,
मुख अपना बंद करूँगा,
पलकों में पर लगा
समय-आकाश पार कर
क्षीर-सरोवर तीर तुम्हारे
उतर पड़ूँगा,
तुम्हें निहारूँगा,
नयनों से
जल-मुक्ताहल तरल झड़ूँगा!

पहाड़—हिरन : घोड़ा : हाथी

नील
गगन भेदती,
धवल
बादल-कुहरे में धँसी,
सत्य पर अर्द्ध सत्य, फिर अर्द्ध स्वप्न-सी खड़ी
चोटियों का आमंत्रण—
जैसे बंसी-टेर

कभी पुचकार,
कभी मनुहार,
कभी अधिकार
जनाती बुला रही है।

यह हिरन!
चार चरणों पर
विद्युत-किरण
धरा की धीरे-धीरे उठन,
क्षितिज पर पल-पल नव सिहरन।
हिरन की चाल
हवा से होड़,
चौकड़ी से नपता भू-खंड
झाड़ियाँ-झुरमुट-लता-वितान,
कुंज पर कुंज;
अभी, ले, इस चढ़ाव का ओर,
अभी, ले, उस उतार का छोर;
और अब निर्झर-शीतल तीर,
ध्वनित गिरि-चरणों में मंजीर,
स्फटिक-सा नीर,
तृषा पर शांत,
भ्रांत, ऊपर से ही तो फूट
अमृत की धार बही है।

यह घोड़ा!
जिस पर न सवारी
कभी किसी ने गाँठी,
गाड़ी खिंचवाकर
नहीं गया जो तोड़ा,
जो वन्य, पर्वती, उद्धत,
जिसको छू न सका है
कभी किसी का कोड़ा।

(यह अर्द्ध सत्य;
भीतर जो चलता उसे किसी ने देखा?)
अब लेता श्रृंग उठानें,

चट्टानों के ऊपर चढ़ती चट्टानें।
टापों के नीचे
वे टप-टप-टप करतीं
ध्वनियाँ, प्रतिध्वनियाँ
घाटी-घाटी भरतीं।
वह ऊपर-ऊपर चढ़ा निरंतर जाता,
वह कहीं नहीं क्षणभर को भी सुस्ताता
ले, देवदारु बन आया;
सुखकर, श्रमहर
होती है इसकी छाया।
हर चढ़नेवाला पाता ही है चोटी–
पगले
तुझसे किसने यह बात कही है?

यह हाथी!
बाहर-भीतर यह कितना भरकम-भारी!
जैसे जीवन की सब घड़ियाँ,
सब सुधियाँ, उपलब्धियाँ,
दुःख-सुख, हार-जीत,
चिंता, शंकाएँ सारी,
हो गईं भार में परिवर्तित,
वृद्धावस्था की काया में, मन में संचित।
अब सीढ़ी-सीढ़ी खड़ी हुई हैं
हिम से ढँकी शिलाएँ
अब शीत पवन के झकझोरे
लगते हैं आगे-पीछे, दाएँ-बाएँ,
अब धुंध-कुहासे में हैं
खोई-खोई हुए दिशाएँ।
अब पथ टटोलकर चलना है,
चलना तो, ऊपर चढ़ना है,
हर एक क़दम,
पर, ख़ूब संभलकर धरना है।
(सबसे भारी अंकुश होता है भार स्वयं)
सब जगती देख रही है;
गजराज फिसलकर गिरा हुआ!–
दुनिया का कोई दृश्य
बंधु, इससे दयनीय नहीं है।

कटती प्रतिमाओं की आवाज़

युग-नाद

आर्य
तुंग-उत्तुंग पर्वतों को पद-मर्दित करते
करते पार तीव्र धाराओं की बर्फानी औ तूफानी नदियाँ,
और भेदते दुर्मग, दुर्गम गहन भयंकर अरण्यकों को
आए उन पुरियों को जो थीं
समतल सुस्थित, सुपथ, सुरक्षित;
जिनके वासी पोले, पीले और पिलपिले,
सुख-परस्त, सुविधावादी थे;
और कह उठे,
नहीं हमारे लिए श्रेय यह
रहे हमारी यही प्रार्थना–
बलमसि बलं मयि धेहि।
वीर्यमसि वीर्यं मयि धेहि।

दिवा-निशा का चक्र
अनवरत चलता जाता;
स्वयं समय ही नहीं बदलता,
सबको साथ बदलता जाता।
वही आर्य जो किसी समय
दुर्लंध्य पहाड़ों,
दुस्तर नद,
दुर्भेद्य वनों को

बने चुनौती फिरते थे,
अब नगर-निवासी थे
संभ्रांत, शांत-वैभव-प्रिय, निष्प्रभ, निर्बल,
औ' करती आगाह एक आवाज़ उठी थी–
नायमात्मा बलहीनेन लभ्यः।
नायमात्मा बलहीनेन लभ्यः।

यही संपदा की प्रवृत्ति है
वह विभक्त हो जाती है
दनुजी-दैवी में–
रावण, राघव,
कंस, कृष्ण में;
औ' होता संघर्ष
महा दुर्द्धर्ष, महा दुर्दान्त,
अन्त में दैवी होती जयी,
दानवी विनत, विनष्ट परास्त–
दिग्दिगंत से
ध्वनित प्रतिध्वनित होता है यह
काल सिद्ध विश्वास–
सत्यमेव जयते नानृतम्।
सत्यमेव जयते नानृतम्।

जग के जीवन में
ऐसा भी युग आता है
जब छाता ऐसा अंधकार
ऊँची से ऊँची भी मशाल
होती विलुप्त,
होते पथ के सब दीप सुप्त
सूझता हाथ को नहीं हाथ,
पाए फिर किसका कौन साथ।
एकाकी हो जो जहाँ
वहीं रुक जाता है,
सब पर शासन करता
केवल सन्नाटा है।
पर उसे भेदकर भी कोई स्वर उठता है,
फिर कोई उसे उठाता है,

दुहराता है,
फिर सभी उठाते,
सब उसको दुहराते हैं,
अंधियाले का दुःसह आसन
डिग जाता है—
अप्प दीपो भव !
अप्प दीपो भव !

जैसे शरीर के
उसी तरह से देश-जाति के अंग
संतुलित, संयोजित, संगठित,
स्वस्थ,
विपरीत,
रुग्ण।
दुर्भाग्य कि विघटित आज केंद्र,
कुछ नहीं किसी भी मूल सूत्र से
नद्ध युक्त,
सब शक्ति-परीक्षण को तत्पर;
परिणाम, प्रतिस्पर्धा,
तलवार तर्क,
पशुबल केवल जय का प्रमाण—
गो क्षत-विक्षत प्रत्येक पक्ष
औ'
नैतिकता निरपेक्ष,
लोकमान्यता उपेक्षक
भनिति भदेस गुंजाती धरती-आसमान—
जिसकी लाठी उसकी भैंस।
जिसकी लाठी उसकी भैंस!

अब कुला विदेशी आक्रांता के लिए
देश, बाहर-भीतर,
खंडित-जर्जर।
पर्व-सागर कर पार
लुटेरे-व्यापारी आते,
बनते हैं उसके अभिभावक शासक;
वह लुटता, शोषित होता है—

अपमानित, निंदित, अधःपतित
सदियों के कटु अनुभव से
मंथित अंतर से
आवाज़ एक
अवसाद भरी उठती है,
आती व्याप दिशा-विदिशाओं में,
नगरों, उपनगरों, गाँवों में,
जन-जन की मनःशिराओं में—
        पराधीन सपनेहु सुख नाहीं।
        पराधीन सपनेहु सुख नाहीं।

फिर-फिर निर्बल विद्रोह
विफल हो जाते हैं,
शृंखला खलों की नेक नहीं ढीली होती।
परवशता की अंतिम सीमा पर
असामर्थ्य से भी सामर्थ्य जगा करता है एक
टेक रखकर मरने या करने की।
तब हार-जीत की फिक्र
कहाँ रह जाती है,
जब किसी स्वप्न, आदर्श, लक्ष्य से
प्रेरित होकर जाति
दाँव पर निज सर्वस्व लगाती है।
गाँधी की जिह्वा पर उस दिन
बूढ़ा भारत,
जैसे फिर से होकर जवान
अब और न सहने का हठकर,
सब धैर्य छोड़,
युग-युग सोया पुरुषार्थ जगा,
साहस बटोरकर बोला था—
वह निर्भय, निश्चयपूर्ण शब्द
सुनकर उस दिन
परदेशी शासन डोला था—
        करो या मरो ! मरो या करो।
        कुछ कर गुज़रो, कुछ कर गुज़रो।

आज़ाद मुल्क,
दोनों हाथों करके वसूल
कुछ बड़ा शुल्क।
क्या सर्व हानि आशंका से ही
आधा त्यागा
नहीं गया?—
जो अर्ध पराजय थी
मनवाई गई बताकर पूर्ण जीत।
धीरे-धीरे परिणाम स्पष्ट,
टुकड़े-टुकड़े
स्वाधीन देश का मोहभंग,
सपना विनष्ट।
अवसरवादी नेताओं की,
संघर्षकाल में किए गए
साधन के फल भोगने-सँजोने की वेला
भूखी, नंगी जनता ग़रीब की अवहेला।
वह दिन-दिन भारी ऋणग्रस्त,
दुर्दिन, अकाल, महँगाई से
संत्रस्त, पस्त,
अधिकारी, व्यापारी, बिचौलिए, लोभी
भ्रष्टाचार-मस्त,
कर्त्तव्यमूढ़,
आशाविहीन,
संपूर्ण आत्म-विश्वास-रिक्त,
नवदृष्टि-रहित,
उत्साह-क्षीण,
सब विधि वंचित,
कुंठा-कवलित भारत समस्त।
        वे 'अवाँ गार्द',
        अर्थात् हमारे अग्रिम-पंक्ति
सफ़र-मैना,
जिनको कोई
युग-नाद उठाना था
ऊँचा कर
कसकर मुट्ठी बँधा हाथ,
टें-टें करते

वे चला रहे हैं वाद,
वाद पर वाद,
वाद पर वाद !

जड़ की मुसकान

एक दिन तूने भी कहा था,
जड़?
जड़ तो जड़ ही है,
जीवन से सदा डरी रही है,
और यही है उसका सारा इतिहास
कि ज़मीन में मुँह गड़ाए पड़ी रही है,
लेकिन मैं ज़मीन से ऊपर उठा,
बाहर निकला,
बढ़ा हूँ,
मज़बूत बना हूँ,
इसी से तो तना हूँ।

एक दिन डालों ने भी कहा था,
तना?
किस बात पर है तना?
जहाँ बिठाल दिया गया था वहीं पर है बना।
प्रगतिशील जगती में तिल भर नहीं डोला है,
खाया है, मोटापा है, सहलाया चोला है;
लेकिन हम तने से फूटीं,
दिशा-दिशा में गईं
ऊपर उठीं,
नीचे आईं
हर हवा के लिए दोल बनी, लहराईं,
इसी से तो डाल कहलाईं।

एक दिन पत्तियों ने भी कहा था,
डाल?
डाल में क्या है कमाल?

माना वह झूमी, झुकी, डोली है
ध्वनि-प्रधान दुनिया में
एक शब्द भी वह कभी बोली है?
लेकिन हम हर-हर स्वर करती हैं,
मर्मर स्वर मर्म भरा भरती हैं,
नूतन हर वर्ष हुई,
पतझर में झर
बहार-फूट फिर छहरती हैं,
विथकित चित पंथी का
शाप-ताप हरती हैं।

एक दिन फूलों ने भी कहा था,
पत्तियाँ?
पत्तियों ने क्या किया?
संख्या के बल पर बस डालों को छाप लिया,
डालों के बल पर ही चल चपल रही हैं,
हवाओं के बल पर ही मचल रही हैं;
लेकिन हम अपने से खुले, खिले, फूले हैं–
रंग लिए, रस लिए, पराग लिए–
हमारी यश-गंध दूर-दूर फैली है,
भ्रमरों ने आकर हमारे गुन गाए हैं,
हम पर बौराए हैं।
सबकी सुन पाई हैं,
जड़ मुसकराई है !

ईश्वर

उनके पास घरबार है,
कार है, कारबार है,
सुखी परिवार है,
घर में सुविधाएँ हैं,
बाहर सत्कार है,
उन्हें ईश्वर की इसलिए दरकार है
कि कृतज्ञता प्रकट करने को

उसे फूल चढ़ाएँ, डाली दें।

उनके पास न मकान है
न सरोसामान है,
न रोज़गार है,
ज़रूर, बड़ा परिवार है;
भीतर तनाव है,
उन्हें ईश्वर की इसलिए दरकार है कि
किसी पर तो अपना विष उगलें,
किसी को तो गाली दें।

उनके पास छोटा मकान है,
थोड़ा सामान है,
मामूली रोज़गार है,
मझोला परिवार है,
थोड़ा कम, थोड़ी फुरसत है,
इसी से उनके यहाँ दिमाग़ी कसरत है।
ईश्वर है—नहीं है
पर बहस है,
नतीज़ा न निकला है,
न निकालने की मंशा है,
कम क्या बतरस है !

महाबलिपुरम्

कौन कहता
कल्पना
सुकुमार, कोमल, वायवी, निस्तेज औ'
निस्ताप होती?
मैं महाबलिपुरम् में
सागर किनारे पड़ी
औ' कुछ फसाले पर खड़ी चट्टानें
चकित दृग देखता हूँ
और क्षण-क्षण समा जाता हूँ उन्हीं में

और जब-जब निकल पाता,
पूछता हूँ—
कौन कहता
कल्पना
सुकुमार, कोमल, वायवी, निस्तेज औ'
निस्ताप होती?

वर्ष एक सहस्र से भी अधिक बीते
कल्पना आई यहाँ थी
पर न सागर की तरंगें
औ'
न लहरे बादलों के
औ' न नोनखारे झकोरे सिंधु से उठती हवा के
धो-बहा पाए,
उड़ा पाए
पड़े पद-चिह्न उसके पत्थरों पर...
औ' मिटा भी नहीं पाएँगे
भविष्यत् में
जहाँ तक मानवी दृग देख पाते।

कल्पना आई यहाँ पर,
और उसके दृग-कटाक्षों से
लगे पाषाण कटने—
कलश, गोपुर, द्वार, दीर्घाएँ,
गवाक्ष, स्तंभ, मंडप, गर्भ-गृह,
मूर्तियाँ और फिर मूर्तियाँ, फिर मूर्तियाँ
उन्मुक्त निकलीं
बंद अपने में युगों से जिन्हें
चट्टानें किए थीं—
मूर्तियाँ जल-थल-गगन के जंतु-जीवों,
मानवों की, यक्ष-युग्मों की अधर-चर,
काव्य और पुराण वर्णित
देवियों की, देवताओं की अगिनती—
स्मृति सँजोती
विफल होती,
शीश धुनती।

यहाँ वामन बन त्रिविक्रम
नापते त्रैलोक्य अपने तीन डग में,
और आधे के लिए बलि
देह अपनी विनत प्रस्तुत कर रहे हैं।
यहाँ दुर्गा
महिष मर्दन कर
विजयिनी का प्रचंडाकार धारे।
एक उँगली पर यहाँ पर
कृष्ण गोवर्धन सहज-निःश्रम उठाए
तले ब्रज के गोप-गो सब शरण पाए,
औ' भगीरथ की तपस्या यहाँ चलती है कि
सुरसरि बहे धरती पर उतरकर,
सगर के सुत मुक्ति पाएँ।
उग्र यह कैसी तपस्या और संक्रामक
कि वन के हिंस्र पशु भी
ध्यान की मुद्रा बनाए।...
और बहुत कुछ घुल गया संस्कार बनकर
जो हृदय में
शब्द वह कैसे बताए !

सोचता हूँ,
कौन शिल्पी
किस तरह की छेनियाँ, कैसे हथौड़े लिए,
कैसी विवशता से घिरे-प्रेरे
यहाँ आए कभी होंगे
औ' रहे होंगे जुटे कितने दिनों तक—
दिन लगन, श्रम-स्वेद के, संघर्ष के
शायद कभी संतोष के भी—
काटते इन मूर्तियों को,
नहीं—
अपने आप को ही।

देखने की वस्तु तो
इनसे अधिक होंगे वही,
पर वे मिले
इस देश के इतिहास में,

इसकी अटूट परंपरा में
और इसकी मृत्तिका में
जो कि तुम हो,
जो कि मैं हूँ।
लग रहा
पाषाण की कोई शिला हूँ
और मुझ
पर छेनियाँ रख-रख अनवरत
मारता कोई हथौड़ा
और कट-कट गिर रहा हूँ...
जानता मैं नहीं
मुझको क्या बनाना चाहता है
या बना पाया अभी तक।
मैं कटे, बिखरे हुए पाषाण खंडों को
उठाकर देखता हूँ—
अरे यह तो 'हलाहल', 'सतरंगिनी' यह;
देखता हूँ,
वह 'निशा-संगीत', '...खेमें चार खूँटे';
क्या अजीब 'त्रिभंगिमा' इस भंगिमा में!
'आरती' उलटी, 'अँगारे' दूर छिटके;
यहाँ 'मधुबाला' बिलुंठित;
धराशायी वहाँ 'मधुशाला' कि चट्टानें पड़ीं दो—
आँख से कम सूझता अब—
उस तरफ़ 'मधुकलश' लुढ़के पड़े रीते;
'तुम बिन जिअत बहुत दिन बीते'!

उभरते प्रतिमानों के रूप

महानगर

महानगर यह
महाराक्षस की आँतों-सा
फैला-छिछड़ा
दूर-दूर तक, दसों दिशा में,
ऐंड़ा-बैंड़ा, उलझा-पुलझा;
पथों, मार्गों, सड़कों, गलियों,
उप-गलियों, कोलियों, कूचों की भूल-भुलैया,
जिनमें, जिन पर मवेशियों से लेकर
लेमूशीनों* तक की—
सब प्रकार की—सवारियों की हरकत, भगदड़।
रेंक गधों की, घोड़ों की हिनहिनी,
टुनटुनी सायकिलों की,
हार्न ट्रकों, लारियों, बसों की,
पों-कर-पों मोटर कारों की
इंसानों के शोर-शड़प्पे, हो-हल्ले से
होड़ लगाती।
झुग्गी-झोंपड़ियों, घरं-फ्लैटों,
बँगलों-आकाशी महलों, दुकान, दरीबों,
कचहरियों, दरबार, दफ्तरों,
और कोटलों और होटलों में
जीवन के सौ जंजालों,

---

*एक किस्म की शानदार मोटर।

लेन-देन, छीनाझपटी, चालों-काटों,
बहसों, हिदायतों, शिकायतों,
सरकारी कारगुज़ारी, भ्रष्टाचारी,
टंकन-यंत्रों, शासन-तंत्रों,
तफ़रीहों, छूरी-काँटों, प्याली-प्लेटों,
बोतलों-गिलासों की गहमागहमी
भीषण हलचल है, चहल-पहल है।

दाँते* ने
जो नरक किया था कल्पित
उस पर लिखा हुआ था—
''इसके अंदर आनेवालो,
अपनी सब आशाएँ छोड़ो।''
महानगर के महाद्वार पर
लिखा हुआ है—
''इसके अंदर आनेवालो,
सबसे पहले
अपनी मानवता को छोड़ो।
बाद, किसी संस्था, समाज दल, संघ, मंच से
कारबार, अख़बार, मालख़ाने, दफ़्तर से
नाता जोड़ो;
और नागरिक सफल अगर बनना चाहो,
अपनत्व मिटाओ;
अभिनय करना सीखो
औ' भूमिका जहाँ, जब, जैसी बैठे,
उसे निभाओ।''

महानगर यह महामंच है;
असफल होने यहाँ नहीं कोई आया है;
सिद्धि, समृद्धि, सफलता का हरेक अभिलाषी,
ईर्ष्या-प्रेरित अपने सहकर्मी, सहयोगी, समकक्षी से;
यहाँ न रिश्ता,
यहाँ न नाता,
औ' न मिताई,

---

*(1265-1321) इटली का महाकवि, 'डिवाइन कामेडी' का रचयिता

भाई-बंदी,
यहाँ एक है सिर्फ़ दूसरे का प्रतिद्वंद्वी।
सब लोगों ने अभिनय करना सीख लिया है।
प्राप्त कुशलता और दक्षता ऐसी कर ली कुछ लोगों ने,
अदा भूमिकाएँ कर सकते कई साथ ही,
भाँति-भाँति के लगा मुखौटे।
अभी शाक्त हैं, अभी शैव हैं, अभी वैष्णव;
परम प्रवीण-धुरीण कला में नेता, व्यापारी, अधिकारी।
ख़सम मारकर सत्ती होनेवाली नारी,
कथा रही हो,
महानगर की नारी मातम में शामिल हो,
        श्वेत वसन में,
अश्रु बहाकर, हाय, हाय कर
पल में साड़ी सदल ब्याह में शिरकत करती,—रँगी-चुँगी—
                                        खिल-खिल हँसती।
आडंबर, उपचार, दिखावा
ऊपर-ऊपर होता रहता,
नीचे-नीचे चाकू चलता, कैंची चलती,
        और किसी का पत्ता कटता,
        और किसी की पूँजी कटती।

महानगर में मानवता छोड़नी नहीं पड़ती
ख़ुद-ब-ख़ुद छूट जाती है।
धनी वर्ग का हृदय टटोलो,
उसकी छाती सोने-चाँदी-सी ठस-ठंडी,
किसी बात से,
किसी घात से,
        क्यों पिघलेगी।
पंच प्राण की जगह
पाँच सिक्के अटके हों
तो इस पर मत अचरज करना
मध्यवर्ग को जीने का संघर्ष
व्यस्त इतना रखता है,
लस्त-पस्त इतना कर देता,
दम रहता है नहीं दूसरे को देखे भी;
स्वार्थ नहीं, कमज़ोरी उसकी

लाचारी है।
औ' दरिद्रता निम्नवर्ग की।
पशुता के अति निम्न धरातल से
उसको जकड़े रहती है,
कुछ उसके अतिरिक्त कहीं, वह नहीं जानता।

मानवता है दान, दया, दम।
यहाँ नहीं कोई देता है;
दिया कहीं पाने का अब विश्वास मर गया।
जो देता है, यहीं, कहीं उससे ज़्यादा
पाने-लेने को।
दया हृदय की दुर्बलता द्योतित करती है,
लोग यहाँ के उसे छिपाते,
प्रकट हुई तो उससे लाभ उठानेवाले
घेरे, पीछे लगे रहेंगे।
दमन दूसरा जहाँ किसी का करने को तैयार हर समय,
आत्मदमन किसलिए करेगा?
अगर करेगा तो वह औरों को
मुँह माँगा अवसर देगा।
आत्म-प्रस्फुटन, आत्म-प्रकाशन
और आत्म-विज्ञापन में सब लोग लगे हैं।
गुण-योग्यता उपेक्षित रखकर
यहाँ दबा दी जाती असमय,
उछल-कूद करनेवाले
लोगों की नज़रों में तो रहते।
लोग याद तो उनको करते,
चाहे उनके अवगुण कहते।
दम के बूदम अनदेखे, अनसुने, अचर्चित,
अविदित मरते।
छूट गई मानवता जिनकी—किसी तरह भी—
उनको जैसे बड़ी व्याधि से मुक्ति मिल गई,
उन्हें जगत-गति नहीं व्यापती;
बड़े भले वे!

किन्तु अभागे कुछ ऐसे हैं,
महानगर में आ तो पड़े

मगर मानवता अपनी छोड़ नहीं पाए हैं।
वे अपना अपनत्व मिटा दें
तो क्या उनके पास बचेगा?
तो क्या खुद वे रह जाएँगे?
वे अपने को नबी समझते
महानगर में अजनबियों-से घूमा करते—
वे कुंठित, संत्रस्त, विखंडित, पस्त,
निराश, हताश, परास्त, पिटे, अलगाए,
अपने घर में निर्वासित-से,
ऊबे-ऊबे,
अंध गुहा में डूबे-डूबे—
कलाकार, साहित्यकार, कवि—
असंगठित, एकाकी, केन्द्र वृत्त के अपने।
कभी-कभी वे अपना स्वत्व जनाने को,
प्रक्षिप्त स्वयं को करने को
कुछ हाथ-पाँव मारा करते हैं,
पर प्रयत्न सब उनका
तपते, बड़े तवे पर
पड़ी बूँद-सा
छन्न-छन्न करके रह जाता,
महानगर के महानाद के नक्क़ारों में
तूती बनकर—
प्रतिध्वनियाँ चाहे छोटे कस्बों से आएँ।

शेष
महानगर के महायंत्र के
उपकरणों, कल, कीलों, काँटों, पहियों में
परिवर्तित होकर—जीवित जड़ से—
चलते-फिरते, हिलते-डुलते
करूँ—क्या करूँ—क्या-न-करूँ—
क्या करूँ-करूँ-स्वर करते रहते।

मैं जब पहले-पहल गाँव से—
नंग, गंग, बौने, अलसाए—
महानगर के अंदर पहुँचा—
शोर शरर के साथ

धुआँ-धक्कड़ बिखराता,
भीड़-भाड़-भब्भड़ को चारों तरफ़
रेलता और पेलता और ठेलता औ' ढकेलता
अथक, अनवरत, अविरत गति से—
तो मुझको यह लगा
कि लाखों पुर्जोंवाली
एक विराट् मशीन
अपरिमित शक्ति-मत्त इंजन के बल पर
बड़े झपाटे से चलती, चलती ही जाती,
        जैसे कभी न थमनेवाली;
और खड़ा मैं उसके इतने निकट
कि ख़तरे की सीमा में पहुँच गया हूँ,
बाल-बाल ही बचा हुआ हूँ,
फिर भी मुझको जैसे जबरन
खींच रही वह,
पलक झपकते ले लपेट में
कुचल-पुचल कर हड्डी-पसली
        टुकड़े-टुकड़े,
        रेशे-रेशे पर डालेगी।

पत्र लिखा बाबा को मैंने—
महानगर यह
एक महादानव है,
जबड़े फाड़े खाने दौड़ रहा है,
औ' उससे बचने को उसके
जबड़े की ही ओर भगा जैसे आता हूँ।

बाबा थे अनुभवी, पकड़ के सही;
पत्र का उत्तर आया,
जिसने धीरज मुझे बँधाया,
महानगर में रहने का गुर
बाबा ने था मुझे बताया—
महानगर की महानता की ओर न देखो,
केवल अपना नगर,
नगर की सड़क,
सड़क की गली,

गली का फ्लैट,
फ्लैट का नंबर अपना बस पहचानो।
रोटी-रोज़ी की जो सीधी राह,
        उसी पर आओ-जाओ;–
        गो उस
        पर भी थोड़ी मुश्किल तो होगी ही–
तब यह दानव तुम्हें नहीं खाने दौड़ेगा,
        तुम्हीं मज़े में इसको खाओ।

औ' बरसों के बाद मुझे यह ज्ञान हुआ है,
यह गुर सारे नागरिकों का बूझा-जाना,
महानगर कुछ और नहीं है,
महानगर के नागरिकों का केवल खाना।
समझ रहा हर एक शेष को है वह खाता,
और अंत में पचा हुआ
        अपने को पाता।

पगडंडी : सड़क

पहले यहाँ पर एक पगडंडी थी
जो शहर से गाँव को जाती थी;
अब यहाँ पर एक सड़क है
जो गाँव से शहर को आती है;
और देखते ही देखते
        दुनिया बदल जाती है।

आस्था

तुमने
प्रतिमा का सिर काट लिया,
पर लोगों ने उसे सिर झुकाना नहीं छोड़ा है।
तुमने मूर्ति को तोड़ा,
लोगों की आस्था को नहीं तोड़ा है।
और आस्था ने

बहुत बार
कटे सिर को कटे धड़ से जोड़ा है।

पाँच मूर्तियाँ *

यह विखंडित मूर्ति
मथुरा की सड़क पर
मिली मुझको,
शीश-हत,
जाँघें पसारे
    खुले में विपरीत-रति-रत
    अरे, यह तो पुंश्चली है!

यह कुमारी,
एक व्यभिचारी मुहल्ले की गली में
गले में डाले सुमिरनी,
नत-नयन,
प्रवचन रहस्य-भरा न जाने कौन, किसको,
मूक वाणी में सुनाती।
        यह अछूती,
        स्वच्छ पंकज की कली है!

    शेर यह–
    निर्भीक-मुद्रा–
था वहाँ पर पड़ा
चरती हैं बकरियाँ तृण
सशंकित जिस जगह पर,
भूलकर, वह सिंह की औलाद
        पौरुष मूर्त है,
        अतिशय बली है।
और यह शिशु,

---

*जो मैंने ईट्स की एक कविता को आकार देने के लिए अपने बरामदे में एकत्र कीं। देखिए 'मरकत द्वीप का स्वर', पृ॰ 130, 'वे प्रतिमाएँ' (दोज़ इमेजेज़)।

सरल, निश्छल,
सुप्त, स्वप्निल,
शुभ्र, निर्मल,
है पड़ा असहाय-सा
मल-मूत्र, गंद, ग़लीज़ के दुर्गन्ध-गच, गहरे गटर में।
शरण को आई यहाँ पर
किस प्रणय की बेकली है!

ओ गरुड़,
तेरी जगह तो है गगन में,
भूमि पर कैसे पड़ा है,
पोटली की भाँति गुड़मुड़।
घूरना था जिस नज़र से सूर्य को
तू मुझे अनिमिष देखा है।
बाहुओं में अब कहाँ बल,
उम्र मेरी ढल चली है।

x x x

पुंश्चली,
श्रीकृष्ण की जन्मस्थली
यह तीर्थ है,
इसको अपावन मत बना तू।
पौर कवि का ठौर तेरा,
जिस जगह सब कलुष-कल्मष
शब्द-स्वाहा?
कहीं उद्धारक नहीं है और तेरा।

ओ कुमारी सुन,
सुरक्षित है नहीं कौमार्य तेरा
इस गली में।
कान किसके हैं सुने व्याख्यान तेरा,
मौन, समझे।
चल जहाँ कवि का तपस्थल,
जिस जगह मनुहार अविचल
कर रहा है वह गिरा की–
नहीं जो अब तक पसीजी–
बहु छाए, बहुबार दुहराए स्वरों से;

और दे कुछ अनछुए स्वर-शब्द
जो हो, सुखद, सुपद, महार्थ अर्पित हों गिरा को,
और कर दें तुष्ट
उस रस-रूप-ध्वनि-लय-
छंद और अछंदमय मंगलमना को।

पाठ पहला,
पाठ अंतिम,
विश्व की इस पाठशाला का
कि पहचानो स्वयं को,
सिंह तू।
कवि के यहाँ चल।
है वहीं कांतार, अमित-प्रसार,
जिसमें तू निशंक-विमुक्त विचरण,
मुक्त गर्जन कर सकेगा।
तू सिखा सौ जन्म तक भी रोज़
मिमियाना बकरियाँ छोड़नेवाली नहीं हैं।
और मेरे यहाँ कल से ही तुझे
हरि-वंश प्रतिद्वंद्वी मिलेगा।
साश दे आवाज़, चाहे दे चुनौती,
सोचना मुझको नहीं,
स्वीकार करता हूँ इसी पल;
है नहीं सौभाग्य इससे बड़ा कोई,
मित्र समबल मिले,
या फिर शत्रु समबल!

आज दे प्रश्रय हृदय में
स्वप्नगत रूमानियत को
मैं नहीं तुझसे कहूँगा,
तू नबी है।
कटु-कठोर यथार्थ जीवन का बहुत-कुछ
देख मैं अब तक चुका हूँ,
और तेरा जन्म ही
रूमानियत की लाश के ऊपर हुआ है।
जो तुझे मैं दे रहा हूँ
एक मानव के लिए,

बस, एक मानव की दुआ है।
तुझे मैं अपने भवन ले चल रहा हूँ–
वह कुमारी क्या प्रसव की पीर जाने,
पुंश्चली जाने सुवन का स्नेह कैसे!
मैं प्रसव की वेदना,
वात्सल्य–दोनों जानता हूँ,
क्योंकि कवि हूँ।
जो कि अपने आप में हो अस्त,
अपने आप में होता उदय,
मैं स्वल्प रवि हूँ–
एक ही में माँ तथा शिशु!–
चल, वहीं पल
आत्मजों के बीच मेरे, हो न उन्मन,
मैं तुझे संवदेना ही नहीं दूँगा,
समा लूँगा तुझे अपने में
कि तुझमें समाऊँगा।
माँ तुझे दूँगा,
स्वयं जो शिशु सनातन।
(सार्थक है नाम बच्चन)

पन्नगाशन,
छोड़ भू का संकुचित-संपुटित आसन।
उदर-ज्वाला शांत करने,
उरग भक्षण के लिए
उतरा धरा पर था कि तू खा-अघा
अलसाया हुआ,
लेता उबासी ऊँघता है।
जानता है?
बहुत दिवसों से तुझे
आकाश कवि का ढूँढ़ता है।
समय ने कमज़ोर क्या, बेकार पाँवों को किया है,
किंतु उड़ने के लिए अब भी हिया है।
वैनतेय, पसार डैने,
नहीं मानी हार मैंने
मैं समो दूँगा उन्हीं में
आज अपने को,

उड़ा ले जा मुझे ऊँचाइयों को—अभ्रभेदी।
धरा पर से धरा भी तो ठीक दिखलाई न देती।
और ज्योतिःक्षीण मेरे चक्षुओं को,
तार्क्ष्य, दे निज दृष्टि भी अंगारवर्षी।
अभी काम बहुत बड़ा है,
बहुत कुछ जर्जर, गलित, मृत,
काल-मर्दित,
नया बह आया, भयावह, अनृत
दुर्दर्शन, अशोभन,
क्षर, अवांछित
अनुपयोगी,
घृणित, गर्हित
भस्म करने को पड़ा है।

जाल समेटा

एक पावन मूर्ति

(केवल वयस्कों के लिए)

''रस से पावन, हे मन-भावन विधना ने विरचा ही क्या है।''

(त्रिभंगिमा)

तीर्थाधिराज
श्री जगन्नाथ जी के मंदिर की चौकी में
जो मिथुन मूर्तियाँ लगी हुईं
मैं उन्हें देखता एक जगह पर ठिठका हूँ—

प्राकृतिक नग्नता की सुषमा में ढली हुई
नारी घुटनों के बल बैठी;
उसकी नंगी जंघा पर नंगा शिशु बैठा,
अपने नन्हें-नन्हें, सुकुमार,
        अपरिभाषित सुख अनुभव करते हाथों से
अपनी जननी के पीन पयोधर को पकड़े,
ऊपर मुंह कर
दुद्ध पीता—
अधरों में जैसे तृषा दुग्ध की
        तृष्णा स्तन के सरस परस की तृप्त हुई
        भोली-भाली, नैसर्गिक-सी मुसकान बनी
        गालों, आँखों, पलकों, भौंहों से छलक रही।
        (मातृत्व-सफलता मूर्तित देखी और कहीं?)
प्राकृतिक नग्नता के तेजस में ढला हुआ

नर पास खड़ा;
नग्ना नारी
अपने कृतज्ञ, कामनापूर्ण, कोमल, रोमांचित हाथों से
पति-पुष्ट दीर्घ-दृढ़ शिश्न दंड क्रीड़या पकड़,
हो उर्ध्वमुखी,
अपने रसमय अधरों से पीती,
    अधरामृत-मज्जित करती—
मुख-मुद्रा से बिंबित होता
वह किस, कैसे, कितने सुख का
आस्वादन इस पल करती है!—
    (पल काल-चाल में जो निश्चल)।
(जब कला पकड़ती ऐसे क्षण,
उसके ऊपर,
सच मान,
अमरता मरती है।)

नवयुवक नग्न
जैसे अपना संतोष और उल्लास
चरम सीमा तक पहुँचा देने को,
अपने उत्थित हाथों से पकड़ सुराही,
        मदिरा से पूऋत,*
        मधु पीता है—आनन्द-मग्न !
(लगता जिस पर यह घटता
वह कृतकृत्य मही।)

ईर्ष्या न किसे उससे
जो ऊपर से नीचे तक
ऐसा जीवन जिया
कि ऐसा जीता है।
(हर सच्चा-सीधा कलाकार
अभिव्यक्त वही करता
जो वह जीता,
जो उस पर बीता है।)

---

*पूरित; पूऋत, प्रूफ की ग़लती से नहीं, सचेष्ट, एक विशेष ध्वन्यार्थ देने के लिए।

इस मूर्तिबंध का कण-कण
कैसी जिजीविषा घोषित करता!
यह जिजीविषा, या जो कुछ भी,
उसको मैं अपने पूरे तन, पूरे मन, पूरी वाणी से
निःशंक समर्थित, अनुमोदित, पोषित करता।
अमृत पीकर के नहीं,
अमर वह होता है,
पा मर्त्य देह,
जो जीवन-रस हर एक रूप,
हर एक रंग में
छककर, जमकर पीता है।
इतने में ही कवि की सारी रामायण,
सारी गीता है।

'मधुशाला' का पद एक
अचानक कौंध गया है कानों में–
'नहीं जानता कौन, मनुज
आया बनकर पीनेवाला?
कौन, अपरिचित उस साक़ी से
जिसने दूध पिला पाला?
जीवन पाकर मानव पीकर
मस्त रहे इस कारण ही,
जग में आकर सबसे पहले
पाई उसने मधुशाला।'

•

क्या इसी भाव पर आधारित यह मूर्ति बनी?

क्या किसी पुरातन पूर्व योनि में
मैंने ही यह मूर्ति गढ़ी?
प्रस्थापित की इस पावनतम देवालय में,
साहस कर, दृढ़ विश्वास लिए–
कोई समान धर्मा मेरा
तो कभी जन्म लेगा
जो मुझको समझेगा?

यदि मूर्ति देख यह
तेरी आँखें नीचे को गड़तीं
लगती है तुझे शर्म,
(जीवन के सबसे गहरे सत्य
प्रतीकों में बोला करते।)
तो तुझे अभी अज्ञात
कला का,
जीवन का,
धर्म का,
मूढ़मति,
गूढ़ मर्म।

कड़ुआ पाठ

एक दिन मैंने प्यार पाया, किया था,
और प्यार से घृणा तक
उसके हर पहलू को एकांत में जिया था,
और बहुत कुछ किया था,
बहुत कुछ सहा था,
जो मुझसे भाग्यवान-अभागे करते हैं, भोगते हैं,
मगर छिपाते हैं;
मैंने छिपाए को शब्दों में खोला था,
लिखा था, गाया था, सुनाया था,
कह दिया था,
गीत में, काव्य में,
क्योंकि सत्य कविता में ही बोला जा सकता है।

x x x

निचाट में अकेला खड़ा वह प्रासाद
एक रहस्य था, भेद-भरा, भुतहा;
बहुतों ने सुनी थी
रात-बिरात, आधी रात
एक चीख, पुकार, प्यार की मनुहार,
मदमस्तों का तुमुल उन्माद, अट्टहास,
कभी एक तान, कभी सामूहिक गान,

दुखिया की आह, चोट खाए घायल की कराह,
फिर मौन (मौन भी सुना जा सकता)
पूछता-सा क्या? कब? कहाँ? कौन? कौ...न?...
मैं भी भूत हो जाऊँ, उसके पूर्व सोचा,
एक पारदर्शी द्वार है जो खोला जा सकता है।

भूतों का भोजन है भेद, रहस्य, अंधकार;
भूतों को असह्य उजियार,
पार देखती आँख,
पार से उठता सवाल।
भूतों की कचहरी भी होती है।
हो चुका है मुझसे अपराध,
भूतों का दल तन्नाया-भिन्नाया, मुझ पर टूट
माँग रहा है मुझसे
अपने होने का सबूत

दरिया में डूबता सूरज,
झुरमुट में अटका चाँद
बादल से झाँकते तारे,
हरसिंगार के झरते फूल,
दम घोंटती-सी हवा,
विष घोलती-सी रात,
पाँवों से दबी दूब,
घर दर दीवार,
चली, छनी राह
पल, छिन, दिन, पाख, मास--
समय का सारा परिवार—
मूक!
मेरे अब्दों के सिवा कोई नहीं है मेरा गवाह।
मैंने महसूस कर ली है अपनी भूल,
सीख लिया है कड़ुआ पाठ,
पारदर्शी द्वार नहीं खोला जा सकता है।
सत्य कविता में ही बोला जा सकता है।

बूढ़ा किसान

अब समाप्त हो चुका मेरा काम।
करना है बस आराम ही आराम।
अब न खुरपी, न हँसिया,
न पुरवट, न लढ़िया,
        न रतरखाव, न हर, न हेंगा।

मेरी मिट्टी में जो कुछ निहित था,
उसे मैंने जोत-बो,
अश्रु स्वेद-रक्त से सींच निकाला,
काटा,
खलिहान का खलिहान पाटा,
अब मौत क्या ले जाएगी मेरी मिट्टी से ठेंगा।

मेरा संबल

मैं जीवन की हर हलचल से
        कुछ पल सुखमय,
        अमरण-अक्षय
                चुन लेता हूँ।

मैं जग के हर कोलाहल में
        कुछ स्वर मधुमय,
        उन्मुक्त-अभय
                सुन लेता हूँ।
हर काल कठिन के बंधन से
        ले तार तरल
        कुछ मुद-मंगल
        मैं सुधि-पट पर
                बुन लेता हूँ।

असंकलित कविताएं (सन् 1973-83)

चल चुका युग एक जीवन

तुमने उस दिन
शब्दों का जाल समेट
घर लौट जाने की बंदिश की थी
सफल हुए?
सफल नहीं हुए
तो इरादे में कोई खोट थी।

तुमने जिस दिन जाल फैलाया था
तुमने उद्घोष किया था,
तुम उपकरण हो,
जाल फैल रहा है; हाथ किसी और के हैं।
तब समेटने वाले हाथ कैसे तुम्हारे हो गए?

फिर सिमटना
इस जाल का स्वभाव ही नहीं;
सिमटता-सा कभी
इसके फैलने का ही दूसरा रूप है,
साँसों के भीतर-बाहर आने-जाने-सा
आरोह-अवरोह के गाने-सा
(कभी किसी के लिए संभव हुआ जाल-समेटा
तो उसने जाल को छुआ भी नहीं;
मन को मेटा।
कठिन तप है, बेटा !)

और घर?
वह है भी अब कहाँ!
जो शब्दों का घर बनाते हैं
वे और सब घरों से निर्वासित कर दिए जाते हैं।
पर शब्दों के मकान में रहने का
मौरूसी हक भी पा जाते हैं

और,
'लौटना भी तो कठिन है, चल चुका युग एक जीवन'
अब शब्द ही घर हैं,
घर ही जाल है,
जाल ही तुम हो,
अपने से ही उलझो,
अपने से ही सुलझो,
अपने में ही गुम हो।

एहसास

ग़म ग़लत करने के
जितने भी साधन मुझे मालूम थे,
और मेरी पहुँच में थे,
उन सबको एक-एक करके
मैंने आज़मा लिया,
और पाया
कि ग़म ग़लत करने का सबसे बड़ा साधन
है नारी
और दूसरे दर्जे पर आती है कविता,
और इन दोनों के सहारे
मैंने ज़िंदगी क़रीब-क़रीब काट दी।
और अब
कविता से मैंने किनाराकशी कर ली है।
और नारी भी छूट-सी ही गई है—
देखिए,
यह बात मेरी वृद्धा जीवनसंगिनी से मत कहिएगा,

क्योंकि अब यह सुनकर
वह बे-सहारा अनुभव करेगी—
तब, ग़म?
ग़म से आख़िरी ग़म तक
आदमी को नजात कहाँ मिलती है।

पर मेरे सिर पर चढ़े सफ़ेद बालों
और मेरे चेहरे पर उतरी झुर्रियों ने
मुझे सिखा दिया है
कि ग़म—मैं ग़लती पर था—
ग़लत करने की चीज़ है ही नहीं;
ग़म, असल में, सही करने की चीज़ है;
और जिसे यह आ गया,
सच पूछो तो,
उसे ही जीने की तमीज़ है।

मुनीश की आत्महत्या पर

मुझे नहीं मालूम कि मरने के बाद
आदमी की चेतना या स्मृति अवशिष्ट रहती है या नहीं...
पर कई रातों से
बारह-एक के बीच—एक आवाज़ मेरे कमरे में गूँजती है...

''जमराज के पास आते जूतों की आवाज़ कोई नहीं सुन पाता है,
क्योंकि मरने के वक्त हर शख्स बे-होश हो जाता है,
लेकिन मैंने सुनी—
भक्ष-भक्ष-भक्ष—भकभक-भकभक—भकभकभकभक...
पहले धीमी, फिर तेज़ होती,
फिर इतनी तेज़ होती, इतने पास आती
        कि कानों को बहरा करती...

मैंने जमराज के जूतों की शक्ल भी देखी,
वह रेल के पहियों-सी गोल होती है,

कि इतनी देर में वह मेरी गर्दन को काटती-कुचलती निकल जाती है,
रेल की पटरी को कुछ दूर तक मेरे ख़ून से रँगती...

मेरे पास घर था, घरनी थी,
रोज़ी थी, गोद ली बेटी थी,
कुछ शौक थे—साहित्य के, संगीत के, कला के,
विशिष्ट गो मैं न बन सका;
भाई-बंधु थे, कुछ संगी-साथी;
सब कुछ किसे मिलता है?

पर मेरे जीवन में कुछ ऐसा घोर घटा—
किसके द्वारा? नहीं बताऊँगा, पर,
आशा है, आप समझ जायेंगे—
कि उसने मुझे बिल्कुल अकेला छोड़ दिया;
इतने बड़े संसार में—
        सारहीन-सत्वहीन-तत्वहीन—

बच्चन दा, अकेलापन ज़िन्दगी पर बड़ा सब्र करता है।
मेरे सब्र से बाहर हो गया।
मेरा सब कुछ खो गया—
मैं जीकर क्या करता?
कहीं, कभी शांति मिल सकेगी तो मरकर—
यही एक विचार मेरे मन में उठता, उमड़ता, घुमड़ता
आँसू बनकर बरसता
और बर्फ बनकर छाती पर जमकर बैठ जाता।

पर मरकर मैंने शांति नहीं पाई
शांति की चाह भी नहीं रही!
बस इतना जाना कि जीवन-अस्तित्व
एक अशांत यात्रा है—आदिहीन...अंतहीन—
और मेरी आत्मा फिर कुछ अशांति की ही खोज में
        मारी मारी फिर रही है।
        आपके पास तो नहीं है?

हिंया नाहीं कोऊ हमार !

अस्त रवि
ललौंछ रंजित पच्छिमी नभ;
क्षितिज से ऊपर उठा सिर चल कर के
एक तारा
मंद-आभा
उदासी जैसे दबाए हुए अंदर
आर्द्र नयनों मुस्कराता,
एक सूने पथ पर
चुपचाप एकाकी चले जाते
मुसाफिर को कि जैसे कर रहा हो कुछ इशारा

ज़िंदगी का नाम
यदि तुम दूसरा पूछो,
मुझे
'संबंध' कहते
कुछ नहीं संकोच होगा।
क़िंतु मैं पूछूँ
कि सौ संबंध रखकर
है कहीं कोई
नहीं जिसने किया महसूस
वह बिल्कुल अकेला है कहीं पर?
जिस 'कहीं' में
पूर्णतः सन्निहित है
व्यक्तित्व और अस्तित्व उसका।

और ऐसे कूट एकाकी क्षणों में
क्या हृदय को चीर कर के
है नहीं फूटा कभी आह्वान यह अनिवार
''उड़ि चलो हँसा और देस,
हिंया नाहीं कोऊ हमार !

और क्या
इसकी प्रतिध्वनि

नहीं उसको दी सुनाई
इस तरह के सांध्य तारे से कि जो अब
कालिमा में डूबती ललौंछ में
सिर को छिपाए
माँगता साँप बसेरा
पच्छिमी निद्रित क्षितिज से झुक
नितांत एकांत-प्रेरा ?

—और अन्त में :

सोपान पर से (उपसंहार)

वैसे तो बच्चन के व्यक्तित्व तथा काव्य चेतना के मर्म का उद्घाटन करने के लिए अत्यन्त व्यापक चित्रपट की आवश्यकता है, पर अपने स्वास्थ्य, समय तथा ग्रीष्म ऋतु की सीमाओं के कारण मैं, संप्रति, कुछ नये-पुराने झरोखे खोलकर उसके काव्य-जगत की एक संक्षिप्त झांकी भर प्रस्तुत कर सन्तोष करूंगा। बच्चन की कविता का परिशीलन करना भावनाओं के सहज-मधुर, अंतस्पर्शी इन्द्रलोक के सूक्ष्म सौन्दर्य-वैभव में विचरण करना है, जहां एक ओर कल्पना के कुंतल-जाल छाया-पंथों में सद्यः जीवन-शोभा की मधु वर्षिणी मधुबाला मधु बरसाती एवं मानव हृदय की धड़कनों में चिर परिचित पगध्वनि करती, तथा 'है आज भरा जीवन मुझमें, है आज भरी मेरी गागर' वाला आनंदमत्त नृत्य करती हुई, जीवन-यौवन की हाला को अपनी रश्मि-इंगित बांहों में दिव्य प्रेम के सुनहले अमरलोक में उठाती हुई आपके हृदय को तादात्म्य के आनन्द-ऐश्वर्य में मुग्ध कर देती है, तो दूसरी ओर, मानव-चेतना के धूमिल क्षितिजों में साहसिक चपलाओं के आलोक-आलिंगनों में बंधे हुए विषाद, निराशा तथा अन्धकार के दुर्धर्ष पर्वतों से मेघ, जीवन-संघर्ष के उद्दाम सागर-मंथन में, अविराम टकराकर निदारुण वज्र-घोष तथा अट्टहास करते सुनाई पड़ते हैं। बच्चन मुख्यतः मानव-भावना, अनुभूति, प्राणों की ज्वाला तथा जीवन-संघर्ष का आत्म-निष्ठ कवि है। मैंने कभी उसके लिए ठीक ही लिखा था—

'अमृत हृदय में, गरल कंठ में, मधु अधरों में,
आए तुम वीणा धर कर में जन-मन-मादन!'

ये अमृत, मधु और गरल भावना, अनुभूति तथा जीवन-संघर्ष की आशा- निराशा के प्रतीक नहीं है तो और क्या हैं? बच्चन के अधिकांश काव्य-पट में उसकी आत्मकथा के ही बिखरे पन्ने मिलेंगे, जिनमें, सम्भवतः घटनाएँ तो अपने स्थूल यथार्थ के कारण प्रच्छन्न हो गई हैं किन्तु तज्जनित संघर्ष, ऊहापोह, घात-प्रतिघात तथा सुख-दुःख के संवेदनों के मधु-तिक्त रस का स्वाद पाठकों के हृदय को स्पर्श कर उनकी सांसों में बहने लगता है और कुछ समय के लिए उनकी अनुभूति का

अंग बन जाता है। कवि कभी हाथ में वंशी और कभी तूंबी लेकर उनके चेतन-अवचेतन मन में गहरी गुहार लगाता है और अनेक प्रणयरुद्ध भावनाओं के स्वप्न-पंख खेचर तथा गुह्य कामनाओं के सरीसृप जगकर मन को कवि की कल्पना के सशक्त डैनों में उड़ाने अथवा उसके शब्द-दंश से मोह-मूर्च्छित करने लगते हैं। दो रूप कवि के स्पष्ट आंखों के सामने आते हैं—एक सहज, रूप-मुग्ध तरुण किशोर प्रेमी का, जो प्रेम की स्वप्न-कोमल पलकों से गुदगुदाए जाने के लिए अपने हृदय को हथेली में लिए फिरता है, और दूसरा साहसी—और कभी-कभी दुःसाहसी—वज्रदृढ़, संकल्प-निष्ठ, अपराजित व्यक्ति का, जो जीवन के अन्धकार को ओढ़े हुए उसके हलाहल को भी अमृत की तरह पी जाने तथा अन्धकार से प्रकाश और मृत्यु से अमृत संचय करने की क्षमता रखता है। ये दोनों, प्रेमी तथा कर्मनिष्ठ योद्धा के रूप, अनजाने ही मिलकर, उसके अब तीसरे रूप में निखर रहे हैं, जिसके लिए वह अपने को 'तीसरा हाथ' को सौंपकर दिन-प्रतिदिन नवीन शक्ति, आशा तथा आनन्द का संग्रह कर रहा है। कवि के इसी त्रिभंगिमापूर्ण त्रिमूर्ति रूप को आप उसकी रचनाओं के सोपान पर धीरे-धीरे आगे बढ़ता, ऊपर चढ़ता हुआ देखेंगे।

अपने किशोर तारुण्य के उन्मेष में कवि ने अपने मधु काव्य में अपने सौन्दर्योपासक हृदय के मादक आनन्द को वाणी की रस मुग्ध प्याली में उंडेलने का प्रयत्न किया है। मधु की अर्ध जाग्रत, अर्धतंद्रिल, गंधमदिर कुंज-गलियों में कवि ने सर्वप्रथम उमर ख़ैयाम के प्रदीप-प्रतिभा-प्रकाश में प्रवेश किया; 'नये-पुराने झरोखे' में कपि उमर के प्रति कृतज्ञता प्रकट करते हुए लिखता है, ''मेरे काव्य-जीवन में 'रुबाइयात उमर ख़ैयाम' का अनुवाद एक विशेष स्थान रखता है। उमर ख़ैयाम ने रूप, रंग, रस की एक नई दुनिया ही मेरे आगे नहीं उपस्थित की, उसने भावना-विचार और कल्पना के सर्वथा नए आयाम मेरे लिए खोल दिए। उसने जगत, नियति और प्रकृति के सामने लाकर मुझे अकेला खड़ा कर दिया। ...मेरी बात मेरी तान में बदल गई, अभी तक मैं लिख रहा था, अब गाने लगा। ...ख़ैयाम से जो प्रतीक मुझे मिले थे उनसे अपने को व्यक्त करने में मुझे बड़ी सहायता मिली। 'मधुशाला' और 'मधुबाला' लिखते हुए वाणी के जिस उल्लास का अनुभव मैंने किया वह अभूतपूर्व था। शायद उतने उल्लास का अनुभव मैंने बाद में कभी नहीं किया।'' इसका जो भी अर्थ हो, मैं इससे इतना ही समझता हूं कि बच्चन का प्रेरणा-स्रोत उमर ख़ैयाम को पढ़कर ही पहले-पहल उन्मुक्त हुआ। उसके मधु काव्य को पढ़ते समय मुझे लगा कि ख़ैयाम से बच्चन ने हाला, प्याला और मधुबाला (साक़ी) के प्रतीक भले ही लिए हों पर भावना, कल्पना और विचारों में मुझे उमर का प्रभाव अधिक दृष्टिगोचर नहीं हुआ। उमर की एक सौ पचास रुबाइयों का

अनुवाद मैंने सन् 1929 में किया है, और फ़ारसी से—जिसके बारे में मैं 'मधुज्वाल' की भूमिका में संकेत कर चुका हूँ। उमर की मदिरा और बच्चन की मदिरा में बड़ा अन्तर है। उमर जीवन की क्षणभंगुरता से निराश एवं मृत्यु से पराजित मन को अपने क्षणवादी, सुखवादी दर्शन की मादक उत्तेजना में भुलाए रखना चाहता है। उसकी कल्पना क्षण के शाश्वत के पार कालातीत शाश्वत में विहार नहीं करती। मृत्युभय से पीली उसके जीवन-सौन्दर्य की भावना देश-काल की सीमा को अतिक्रम नहीं करती। बच्चन की मदिरा चैतन्य की ज्वाला है, जिसे पीकर मृत्यु भी जीवित हो उठती है। उसका सौन्दर्य-बोध देशकाल की क्षणभंगुरता को अतिक्रम कर शाश्वत के स्पर्श से अम्लान एवं अनन्त यौवन है। यह निःसंदेह बच्चन के अंतरतम का भारतीय संस्कार है, जो उसके मधु काव्य में अज्ञात रूप से अभिव्यक्त हुआ है। बच्चन की मदिरा ग़म ग़लत करने या दुःख को भुलाने के लिए नहीं है, वह शाश्वत जीवन-सौन्दर्य एवं शाश्वत प्राणचेतना-शक्ति की सजीव प्रतीक है। मिट्टी के प्याले की मृत्यु को पारकर स्वतः तात्त्विक सत्य का प्रकाश ही अपने अजेय आत्मविश्वास में मादक हो उठा है। उमर की मदिरा जीवन-स्मृतियों की मदिरा है और बच्चन की जीवन-स्वप्नों की—एक में अतीत का मधुतिक्त मोह है, दूसरे में भविष्य की सुनहली आशा-संभावना। बच्चन ही की 'उमर ख़ैयाम की मधुशाला' तथा इतर मधु काव्य के कुछ उदाहरण मेरी बात की पुष्टि करेंगे—

'नहीं है क्या तुमको मालूम, खड़ी जीवन तरणी क्षण चार,
बहुत संभव है जा उस पार न फिर यह आ पाए इस पार।'
'जीर्ण जगती है एक सराय'
'हाय, वन की हर सुंबुल बेलि, किसी सुमुखी की कुंतल राशि'
'किन्हीं मधु अधरों को ही चूम, उगे हों यह पौधे अनजान'
'अरे कल दूर, एक क्षण बाद काल का मैं हो सकता ग्रास'
'कहाँ स्वरकार, सुरा, संगीत, कहाँ इस सूनेपन का अंत'
'होंठ से होंठ लगा यह बोल उठी जब तक जी कर मधुपान,
कौन आया फिर जग में लौट किया जिसने जग से प्रस्थान'

—[ख़ैयाम की मधुशाला]

अधिक उद्धरण देना व्यर्थ है, समस्त वातावरण ह्रास, संशय, विषाद, मृत्यु-भय तथा अनस्तित्व के सूनेपन से बोझिल है। क्षण भंगुर जगत में कुछ सत्य है तो क्षणभर का आनन्द, मधुपान! कल क्या होगा, किसे ज्ञात? यह है उमर ख़ैयाम का अस्तित्ववाद!

अब बच्चन के मधु काव्य से कुछ उद्धरण लीजिए। आस्तिक बच्चन अपने

प्रियतम आराध्य से कहता है—

'पहले भोग लगा लूं तेरा, फिर प्रसाद जग पाएगा,
सबसे पहले तेरा स्वागत करती मेरी मधुशाला'
प्रियतम, तू मेरी हाला है, मैं तेरा प्यासा प्याला,
अपने को मुझमें भर कर तू बनता है पीनेवाला'
'कभी न कण भर खाली होगा लाख पिएँ, दो लाख पिएँ'
'राह पकड़ तू एक चला चल, पा जाएगा मधुशाला'
'बने ध्यान ही करते-करते जब साक़ी साकार, सखे,
रहे न हाला, प्यासा, साक़ी, तुझे मिलेगी मधुशाला।'

ऐसे और भी बीसियों उदाहरण बच्चन की 'मधुशाला', 'मधुबाला' तथा 'मधुकलश' से दिए जा सकते हैं जिनमें इंद्रधनुष से होड़ लगाने वाली उसकी 'मधुशाला' प्यासे पाठकों को अक्षय जीवन-चैतन्य की अमिट आशा-उल्लास भरी मदिरा पिलाकर उनके प्राणों में नवीन जीवन का संचार करने में सफल होती है। बच्चन की मदिरा में, निःसंदेह, मानव-हृदय की अभीप्सा की भावात्मक धन-मादकता है, उसमें शुष्क बुद्धिवादी दर्शन का निष्क्रिय, ऋण-औदास्य और सूनापन तथा जगत के प्रति विरक्ति एवं पलायन की भावना नहीं है। इसमें संदेह नहीं कि यत्र-तत्र उसका भावुक तरुण कवि ख़ैयाम के प्रभाव से जीवन की वाह्य क्षणभंगुरता के विषाद तथा नैराश्य में बहने लगता है—वैसे उमर के काव्य में नैराश्य एक स्वाभाविक मानसिकता है और बच्चन के काव्य में प्रायः काव्यात्मक अतिरंजना मात्र—पर उसके भीतर की अदम्य प्रेरणा का स्रोत उसे फिर इस रूप-रस गंध भरे विश्व के सौन्दर्य के बीच खड़ा कर उस पार एवं कल के सोद्देश्य स्वप्न देखने को बाध्य करता है। यौवनागम पर कवि के हृदय में जीवन की जिस उद्दाम आकांक्षा का सिंधु उद्वेलित होकर उसके प्राणों में सौन्दर्य-क्रांति की हलचल मचा देता है, उसे वाणी देने के लिए तारुण्य की आरक्त-पलाश-ज्वाला से भरा हाला का प्रतीक ही संभव तथा सक्षम प्रतीक हो सकता था। बच्चन के हाथों में पड़कर उमर ख़ैयाम का मिट्टी का प्याला, हाला तथा मधुबाला सबका रूपांतर हो जाता है और वे नवीन आनन्द, नवीन जीवन-चेतना तथा नवयुग के सौन्दर्य-बोध के प्रतीकों में परिणत हो जाते हैं। बच्चन के मधु काव्य का अध्ययन करना शोभा-पावक की स्वरगंगा में अवगाहन करना है जो देह, मन, प्राणों में नवीन स्फूर्ति, प्रेरणा तथा आनन्द-चैतन्य भर देता है। सहस्रों वसन्तों का सौन्दर्य, जीवन-मधुप्रिय भृंगों की सुनहली गूंज, प्रेम-दग्ध आनन्द-पिक की तीव्र मर्मभेदी कूक कवि के मधु काव्य में सुख-दुख, आशा-निराशा, संघर्ष-श्रांति तथा आस्था-विश्वास एवं शांतिपूर्ण कल्पना

का सम्मोहन गूंथकर पाठकों को आश्चर्यचकित, शोभामुग्ध तथा प्रेम-निमग्न कर देती है। पाटल-पावक के वन के भीतर सौरभ की उन्माद वीथियों में विचरण करता हुआ उनका मन, साथ ही, जैसे, कवि की भावना वीथियों से मंद-मुखर उद्वेलित, जीवन-बोध के सरोवर में ऊब-डूब करने लगता है। 'मधुशाला', 'मधुबाला' और 'मधुकलश' में बच्चन की मधुवर्षिणी प्रतिभा अविराम, अश्रांत मधु बरसाती चलती है, उसके कर-कंकणों तथा कंचन-पायलों का अक्षय क्वण मन में जैसे अपने-आप ही बज-बज उठता है। बच्चन की रचनाओं का सबसे बड़ा गुण यह भी है कि उसकी पंक्तियाँ बिजली की तरह कौंधकर मन में प्रवेश कर जाती हैं और फिर अपने ही प्राणोन्मत्त प्रकाश के चांचल्य में स्मृतिपट पर बीच-बीच में चमक-दमक उठती हैं। उसका मधु काव्य रंगों और ध्वनियों का काव्य है, प्राणों के आनंद-विभोर जीवन का काव्य, यौवन की उन्मद आकांक्षाओं तथा सद्यःस्फुट कैशोर सौंदर्य का काव्य है, जिसकी वासंती ज्वाला न दग्ध करती है, न शीतल ही; वह गंधमदिर लेप की तरह प्राणों में लिपट जाती है। इस काल की कुछ रचनाएँ— जैसे 'मिट्टी का तन, मस्ती का तन', 'इस पार—उस पार', 'पगध्वनि', 'है आज भरा जीवन मुझमें' तथा 'लहरों का निमंत्रण' आदि कवि की अविस्मरणीय कृतियों में रहेंगी—इनमें कवि के हृदय का शाश्वत यौवन मुखरित हो उठा है। इनमें कवि के चैतन्य का विराट उद्वेलन तो मिलता ही है, जीवन के प्रति एक स्वस्थ, निर्भीक दृष्टिकोण तथा व्यापक-अस्पष्ट विश्व-दर्शन भी मिलता है; भावना की ऐसी मुग्ध तन्मयता तथा आनंदोद्रेक का ऐसा सबल संवेग बच्चन की आगे की कृतियों में देखने को कम ही मिलता है। निर्झर का स्वप्न भंग हो जाने के बाद वह जैसे फिर समतल भूमि में मंद-मंथर कलकल करता हुआ अपनी उर्वर शक्ति के प्रवाह में बहने लगता है। यदि मिट्टी का प्याला काल रात्रि के अंधकार से निकलकर अचेतन से चेतन बनने तथा कुम्भकार के निर्णय पर मिट्टी से मधुपात्र बनने के अनिर्वचनीय आनन्द से छलक-छलक उठता है 'इस पार—उस पार' में मानव-चेतना जैसे मृत्यु के बाद नवीन जीवन का आधार खोजने के लिए आतुर एवं संदिग्ध प्रतीत होती है। मिट्टी के प्याले की जिजीविषा 'पाँच पुकार' में मृत्यु के आँगन को पारकर 'पगध्वनि' में जैसे आँखों के सामने नवीन सौंदर्य बोध का द्वार खोल देती है। कवि की अनुराग-भावना में मस्ती के साथ भक्ति-परंपरा की विनम्र कृतज्ञता भी है जो सौंदर्य के पावक का तलुओं की जावक लाली के रूप में पहचानना पसंद करता है। उन पद-पद्मों की रज के अंजन से कवि के अंधे नयन खुलते हैं। 'पगध्वनि' के भाव-संगीत में एक मर्म-मधुर सम्मोहन मिलता है जो कल्पना को जहाँ—'रव गूँजा भू पर, अंबर में, सर में, सरिता में, सागर में' कहकर समस्त विश्व

की परिक्रमा करा देता है, वहाँ, 'ये कर नभ, जल, थल में भटके, वे पग द्वय थे अंदर घट के' कहकर उसे आत्मा की गहराई में भी प्रवेश कराता है और अंत में आत्म-साक्षात्कार के बाद कवि का यह बोध कि 'मैं ही इन चरणों में नूपुर, नूपुर ध्वनि मेरी ही वाणी'–जैसे उसे आत्मतन्मयता की अद्वैत समाधि में निमग्न कर देता है। निःसंदेह, 'पगध्वनि' में देह-मन-प्राण तथा आत्मा के सभी भुवन प्रतिध्वनित हो उठे हैं।

'मधुकलश' की पहली ही रचना–'है आज भरा जीवन मुझमें, है आज भरी मेरी गागर'–में जीवन चेतना का जो उदार चित्र कवि ने उपस्थित किया है, वह अत्यंत मोहक तथा आशाप्रद है–

'पल ड्यौढ़ी पर, पल आँगन में, पल छज्जों और झरोखों पर
मैं क्यों न रहूँ, जब आने को मेरे मधु के प्रेमी सुंदर।'

वह जैसे ईश्वर की करुणा ही है जो जीवन-चेतना बनकर इस धरती पर आँख-मिचौनी खेलती हुई प्रतीक्षा कर रही है कि मनुष्य उसका स्पर्श पाकर जीवनमुक्त हो। इसी रचना में–

'भावों से ऐसा पूर्ण हृदय, बातें भी मेरी साधारण
उर से उठकर मुख तक आते आते बन जाती हैं गायन।

कहकर कवि ने जैसे इस काल की अपनी सहज सृजन-प्रेरणा के मुख पर भी प्रकाश डाल दिया है। 'तीर पर कैसे रुकूँ मैं' के साहसिक संगीत में कुछ ऐसी उत्तेजना है कि पाठकों का मन भी कवि के साथ लहरों का निमंत्रण पाकर जीवन-सिंधु के तीव्र हाहाकार में कूदकर 'रस परिपूर्ण गायन' की खोज में निकल पड़ता है, क्या जाने वह अमृत घट की तरह कहीं जीवन-संघर्ष ही की गहराइयों में छिपा हो।

मधु काव्य का कवि शिल्पी अथवा शैलीकार नहीं है–यह तो वह आगे जाकर बनता है, जब प्रेरणा भावों तथा विचारों की भूलभुलैया में चक्कर खाती हुई छंद के नूपुर सँवारकर कविता बनने का प्रयत्न करती है। इस युग की रचनाओं में कवि के प्राणों में इतना अधिक आनंदाधिक्य तथा भावना का मादन उद्वेलन मिलता है कि वह अकारण एवं अनायास ही निर्झर की तरह फूटकर गायन बन जाता है। छायावाद के युग में बच्चन जैसे कवि का उदय अपना एक विशेष स्थान तथा महत्त्व रखता है। छायावाद जो कि युधिष्ठिर के रथ की तरह सदैव धरती से ऊपर उठकर चलता है, ठोस भूमि पर पाँव गड़ाकर खड़े होने वाले इस कवि के आगमन के लिए जैसे अप्रत्यक्ष रूप से तैयारी ही कर रहा था। वह यथार्थगामी कवि, नक्षत्र की तरह किसी नवीन कल्पना-क्षितिज पर उदित न होकर, धरती के ही

जीवन-सरोवर के बृहत् रक्तपावक-कमल की तरह अपलक-अम्लान भाव-सौंदर्य में प्रस्फुटित हुआ। छायावाद अपनी उदग्र बाहों में चाँद को खिला ही रहा था, पर वह धरती पर उतारकर उसकी मूर्तिमत्ता एवं वास्तविकता का स्पर्श भी संग्रह करना चाहता था। आदर्शवादिता तथा वास्तविकता के ऐसे संधि युग में बच्चन कल्पना की आकाशीय मृणाल तारों की हृत्तंत्री का मोह छोड़ कर, जीवन-साँसों की वीणा में झंकार भरकर जिस मोहक स्वर में गाने लगा उससे जीवन की धरती तो रोमहर्ष से भर ही उठी, छायावादी कवियों के श्रवणों को भी उसकी ध्वनि आकर्षित किए बिना नहीं रही और संभवतः धरती के जीवन से मैत्री स्थापित करने में उन्हें उसकी भाव वाणी से अप्रत्यक्ष रूप से सहायता भी मिली हो। किंतु छायावादी आदर्शवादिता को मात्र आकाशीय या वायवीय कहना शायद उसके प्रति अन्याय करना है, क्योंकि बच्चन जैसे जीवन की वास्तविकता के कवि को भी पृथ्वी के पंक से पाँव ऊपर खींचकर, दूसरे रूप में ही सही, आदर्श की खोज में निकलना पड़ा और वह सीढ़ी-सीढ़ी ऊपर चढ़कर कहाँ पहुँच गया है, इसके बारे में संभव है, हम आगे कुछ कह सकेंगे। बच्चन का विकास छायावाद और प्रगतिवाद के संधिकाल में हुआ, पर उसका कवि आदर्श और यथार्थ के पुलिनों पर न रुककर 'तीर पर कैसे रुकूँ मैं, आज लहरों में निमंत्रण' को चरितार्थ करता हुआ अपनी आत्मनिष्ठ भावना के उद्दाम ज्वार पर चढ़कर, जीवन की ऊंच-नीच तरंगों से संघर्ष करता हुआ, अपने अंतःसौंदर्य के आनंद-इंगित पर अलक्ष्य लक्ष्य की ओर बढ़ता ही गया। छायावाद के प्रेरणा-पंखों तथा प्रगतिवाद के भारी ठोस चरणों पर हिंदी कविता तब जिस ऊर्ध्व वायवी झंझा तथा समतल पार्थिव गर्द- गुबार से होकर, ऊपर-नीचे अथवा भीतर-बाहर के क्षितिजों एवं क्षेत्रों में से गुज़र रही थी, उसमें, जैसे, बच्चन अपने लिए मानव भावनाओं का अग्निपथ चुन कर मिलन-विछोह की मधुर-तीव्र आग में तपता, एकाकी पक्षी की तरह, प्राणों के पंख झुलसाता हुआ, सुख-दुख की धूप-छाँह से भरे हृदय के उन्मुक्त आकाश में उड़ता और गाता रहा। उसने अपने संबंध में ठीक ही कहा है—'मेरा हृदय सदैव भावनाद्रवित रहा है। अपने और दूसरों के भी सुख-दुःख, हर्ष-विषाद को मैंने अपने हृदय के अंदर देखा और लिखा है। दूसरों के हृदयों को देखने का मेरे पास एक ही साधन है और वह है मेरा अपना हृदय। मुझे यह जानकर संतोष होता है कि मैं भावनाओं का कवि हूँ। जैसा मैं अनुभव करता हूँ ऐसा दूसरे भी करते होंगे, यही बल सदा मुझे रहा है...मैं अपनी बहुत-सी रचनाओं के पीछे देखने का प्रयत्न करता हूँ तो मुझे लगता है कि उनका जन्म मेरे अनुभवों से हुआ है...मैंने अपने अनुभवों की परिधि व्यापक रखी है, मैंने उनके अंदर कल्पना को भी जगह दी है। ...अनुभवों की प्रतिक्रिया के समान कल्पना की प्रतिक्रिया भी असह्य होती है और

अभिव्यक्ति में सुख का अनुभव होता है, एक तरह की राहत मिलती है।...अनुभवों में डूब और अभिव्यक्ति के माध्यम पर यथासंभव अधिकार प्राप्त करके मैंने अपने आपको प्रेरणा पर छोड़ दिया है।' और अपने मधु काव्य के प्रतीकवादी युग में कवि ने अपने को मुख्यतः प्रेरणा पर ही छोड़ा है। छायावादी कवियों को आप कल्पनाप्रधान और बच्चन के काव्य में भी कल्पना के मूल्य के लिए स्थान है, जैसा कि वह स्वयं कहता है। काल्पनिक अनुभूति का काव्य में ऐन्द्रिय एवं भावनात्मक अनुभूति से कहीं ऊँचा स्थान होता है, वह अधिक प्रखर, गहन तथा व्यापक होती है, इसका उदाहरण विश्व का समस्त उच्च कोटि का साहित्य है। शेक्सपीयर ने अपने दुःखांत नाटकों में मानव चरित्र के जो जटिल-गूढ़ पक्ष तथा भूत-प्रेत-हत्या-संदेह का वातावरण चित्रित किया है, वह उसकी व्यक्तिगत कर्म या भावनाजनित अनुभूति न होकर काल्पनिक ही अनुभूति थी। वह कल्पना के बल पर अपने भाव-मन को उन अपरूप अनुभूतियों में प्रक्षिप्त करके उन परिस्थितियों से तादात्म्य स्थापित कर सका। इसी प्रकार रामायण में अपहृत-पत्नी-विछोह का दुःख, रघुवंश का अज-विलाप अथवा मेघदूत की घन-मंद्र व्यथा आदि भी काल्पनिक अनुभूति के ही उत्कृष्ट अथवा वरिष्ठ निदर्शन हैं। अनुभूति के क्षेत्र को नारी-अधरों के मिलन-विछोह एवं अपने व्यक्तिगत संवेदनों की परिधि तक ही सीमित रखना उसे लुंज-पुंज बना देना है। बच्चन ने छायावादियों की तरह विश्वचेतना अथवा अधिमन से प्रेरणा ग्रहण न कर, अपनी ही रागात्मक भावना एवं अस्मिता को अपनी रचनाओं में प्रधानता देकर, अनुभूति के क्षेत्र को जनसामान्य की मानसिकता के स्तर पर मूर्त कर उसमें भावनात्मक गहनता तथा व्यापारिक ममत्व के तत्त्वों का समावेश कर दिया, जिसके कारण उसका काव्य जनसाधारण के अधिक निकट आकर सबके लिए मर्मस्पर्शी बन सका। बच्चन के अत्यन्त लोकप्रिय होने का कारण यह भी है कि उसने आदर्श और वास्तविकता को अपने जादू के प्रतीकों द्वारा एक-दूसरे के अत्यंत सन्निकट ला दिया और कहीं-कहीं उनमें अद्वैत भी स्थापित कर दिया। इस प्रकार, हम देखते हैं कि बच्चन छायावादी सूक्ष्म ऊर्ध्व आदर्श और प्रगतिवादी सामूहिक बाह्य यथार्थ से पृथक् एक भावनात्मक या रागात्मक आदर्श-वास्तविकता का जीवन-प्रिय गायक बनकर अपने विशिष्ट व्यक्तित्व से रसपिपासु जनता का ध्यान आकर्षित करता है। वह अंतश्चेतना और भौतिकता के छोरों का परित्याग कर राग-भावना के मध्य पथ से लोकहृदय में प्रवेश कर चाँद को एकटक निहारने एवं धरती पर ही अंगारे चुगनेवाले पंछी की तरह अपने भाव-प्रमत्त स्वरों तथा साहसिक जीवन-डैनों की मार से जनमानस में रसानुभूति को जाग्रत एवं मंथित करता रहा। किंतु राग-भावना जोकि गीति-तत्त्व की आधारशिला

अथवा 'स्वर का तार' है उसकी एक सीमा भी होती है और वह है, उसमें ह्रासयुगीन तत्त्वों का सम्मिश्रण; बच्चन ही नहीं, कवींद्र रवींद्र के गीतों की रागात्मकता में ही ह्रासजन्य संवेदनों का प्रचुर मात्रा में समावेश मिलता है। इसका कारण यह है कि राग या गीति-तत्त्व तभी पूर्णरूपेण प्रस्फुटित होता है जब किसी सांस्कृतिक वृत्त का संचरण अपने विकास के शिखर पर पहुँच जाता है, तभी संकल्प, बुद्धि और मन से छनकर नये युग की चेतना नवीन सांस्कृतिक हृदय में स्पंदित होती है और नए गीत एवं राग-भावना का जन्म होता है। निर्माण युग के आरंभ में हम निश्चय ही पिछली राग-भावना या गीति-तत्त्व का उपयोग नये परिधान में करते हैं, फलतः रवींद्र के राग-तत्त्व में भी मध्ययुगीन वैष्णव हृदय के विरह-क्लांत स्पंदन का पर्याप्त मात्रा में विद्यमान होना स्वाभाविक ही है।

अपनी प्रारंभिक रचनाओं में बच्चन छायावाद के शब्द-संगीत तथा द्विवेदीयुगीन काव्यात्मकता के सुथरेपन से प्रभावित अवश्य प्रतीत होता है और 'बंगाल का काल' तथा कुछ अन्य मुक्तछंद की रचनाओं में उसके भीतर प्रगतिवाद की बहिर्मुखी झिल्ली की झनकार भी यत्र-तत्र मिलती है, पर उसका कवि मुख्यतः गायक ही की मादकता लेकर प्रकट हुआ है और उसने आंगन के पेड़ पर अधिवास बनाकर अपने सबल-कर्कश स्वरों से इस संक्रांति युग में लोगों को जगाने के बदले, उनके हृदय में कोमल नीड़ बनाकर उनके सुख-दुःखों को सहलाना ही अधिक श्रेयस्कर समझा है। वह देवदूत या जननायक न बनकर मानव-प्राणों के रंगसखा के रूप में अवतरित हुआ है और भारी-भरकम मानस-वीणा की जटिल-सूक्ष्म झंकारों के बदले राग की हरी-भरी बांसुरी से प्रणयमत्त स्वरों के फनों की गरल-मधुर फूत्कार छोड़कर लोगों के कामना-दग्ध मर्म को आनन्द-दंशन से रस-तृप्त कर आत्मविस्मृत करता रहा है। उसका कवि मात्र तूंबी फूंकनेवाला वासनाओं का संपेरा कभी नहीं रहा, पर मध्ययुगीन नैतिकता के अनेक प्रहार उस पर इस युग में हुए हैं, जिनका आभास 'मधुकलश' में 'कवि की वासना', 'कवि की निराशा' तथा 'पथभ्रष्ट' आदि रचनाओं से मिलता है। बच्चन के अनुसार उसने 'मधुकलश' की रचनाओं में अपने विरोधियों को उत्तर दिया है, जिससे लोगों को 'पता लगा कि कवि कोई कुम्हड़बतिया नहीं है।' युवक कवि का किशोर आत्माभिमान! किंतु भावुक हृदय के लिए इन आघातों का परिणाम अच्छा ही हुआ। इनसे कवि के हृदय का छिपा पौरुष, उसकी तर्कबुद्धि, संकल्पशक्ति तथा आत्मजिज्ञासा का भाव जगा, जो बिजली की रेखाओं की तरह उसकी निराशा तथा संशय के अंधकार को चीरता हुआ उसकी रचनाओं में बीच-बीच में कौंध उठता है।

इस प्रकार हम कवि के संग झुकते-झुमते उसके काव्य सोपान की राग-भावना

के पावक-जावक से रची प्रथम माणिक-श्रेणी को पार कर मानव-जीवन के नैराश्य तथा मृत्यु- विछोह-दुःख से कंटकित दूसरी श्रेणी की ओर थोड़ा संभलकर चरण बढ़ाते हैं—जिसके अंतर्गत 'निशा निमंत्रण', 'एकान्त संगीत' तथा 'आकुल अंतर' आते हैं। मधुकाव्य की श्रेणी के अन्तर्गत भी इसी प्रकार तीन उपश्रेणियाँ हैं— 'मधुशाला', 'मधुबाला' और 'मधुकलश'। मधु काव्य प्रेरणा की तुलना बच्चन 'बरसात की मदमाती नदी' से करता है, वैसे वह वसंत के गंध-उन्मद परागों का निर्झर है। अपनी सृजन-चेतना की दूसरी सीढ़ी पर चढ़ने तक बच्चन के जीवन ने मोड़ ले लिया। उसी के शब्दों में—"भाग्य के आघात से मैं नहीं बच सका, प्रेम की दुनिया धोखा दे गई, पत्नी का देहावसान हो गया, जीवन विश्रृंखल हो गया। साल भर के लिए लिखना बिलकुल बंद रहा। फिर मेरी वेदना, मेरी निराशा, मेरा एकाकीपन 'निशा निमंत्रण', 'एकांत संगीत' और 'आकुल अंतर' के लघु-लघु गीतों में मुखरित हुआ है।"—'देखन के छोटे लगे घाव करें गंभीर' वाले लघु-लघु गीतों में प्रणय के विछोह के आघात ने कवि के भीतर कलाकार को भी जन्म दे दिया, या पत्नी-वियोग के अपने मानवीय दुःख को पीकर बच्चन ने अपने गीतों में कवि के दुःख ही को वाणी दी है? अज-विलाप को पढ़ते समय मुझे इस काव्यात्मक वेदना का आभास मिला था। कवि की अतिरंजना नहीं, पर सांसों के तारों द्वारा अपने हृदय की व्यथा को दूसरों के हृदयों में पहुँचाकर उनकी संवेदना को झंकृत करने की आकांक्षा ; और सर्वोपरि, दुःख के मूक सौंदर्य को पहचानने, उसकी अतल-उष्ण गहराइयों में डूबने, उसकी सर्वव्यापकता की परीक्षा करने की साध!—ये तीनों गीत-संग्रह बच्चन की कवि-व्यथा के बहुमुखी रूपों का प्रतिनिधित्व करते हैं।—निराशा, वेदना, पूर्वस्मृति (मधुकाव्य के स्वप्नों के स्थान पर स्मृति!) अंतर-दाह, हीन भाग्य की भावना, विश्व के संबंध-विच्छेद की भ्रांति—तिक्तता, गहरा अवसाद और उससे भी गहरा अकेलापन!—'पर अवसाद के इन तमाम गीतों में एक स्वर ऐसा भी है जो पराजित होने को तैयार नहीं है।' वह क्या जीवन की अपराजेय आशा का स्वर है जो घने-धूमिल बादलों को चीरकर पीछे 'सतरंगिनी' के रूप में प्रकट होता है?

दुःख ने कवि को गायक बना दिया—'लघु-लघु गीत!'—कवि की कैशोर मुखरता को, सांसों की प्राणवत्ता को संयमित कर दिया। हृदय टूक-टूक हो गया— लघु-लघु गीतों में! व्यथा का अत्यंत धनी निकला कवि का हृदय। मधुकाव्य में साधारण गद्य मधुर पद्य बन गया था—

'बाल रवि के भाग्य वाले दीप्त भाल विशाल चूमे'—या
'मरु की नीरवता का अभिनय मैं कर ही कैसे सकती हूँ'—या

'भूलकर जग ने किया किस-किस तरह अपमान मेरा'—या

'अह, कितने इस पथ पर आते, पहुँच मगर कितने कम पाते'—

ऐसी अनेक पंक्तियां मधु काव्य में हैं जिनमें खद्दर का खुरदुरापन ही है, स्वच्छता नहीं। पर वेदना-काव्य में साधारण भाव और उससे भी साधारण पद गीत बन गए हैं। कैसी सरल पंक्तियां और सहज उक्तियां हैं, जो स्वतः ही जैसे व्यथा में गल-ढलकर संगीत मुखर बन गई हैं।—कहते हैं तारे गाते हैं!—साथी सो न, कर कुछ बात!—रात आधी हो गई है!—कोई गाता मैं सो जाता!—कोई नहीं, कोई नहीं!—तब रोक न पाया मैं आंसू!—आदि, ऐसे अनेक चरण या वाक्यखंड हैं, जो काव्य की पंखड़ियों से पराग की तरह छनकर भावों के गंध पंख फड़का, व्यथा-सजल गीत बनकर हृदय में समा जाते हैं। या फिर, 'अब मत मेरा निर्माण करो'—'तुम्हारा लौह चक्र आया'—'अग्निपथ, अग्निपथ',—'अग्नि देश से आता हूँ मैं!' 'प्रार्थना मत कर, मत कर, मत कर'—जैसे अग्नि-शलाका से लिखे गए हृदय की तिक्त मर्मव्यथा में डूबे पद, तीर की तरह छूटकर, जनसाधारण को विस्मय-आहत कर पूछते हैं—

'तुम तूफ़ान समझ पाओगे?

गंध-भरा यह मंद पवन था,
लहराता इससे मधुवन था,
सहसा इसका टूट गया जो
स्वप्न महान, समझ पाओगे?'

अपने अनुभव के इस सोपान पर खड़े होकर कवि ने जैसे अपनी व्यथा के बहाने मानव-हृदय की अतलस्पर्शी व्यथा तथा युग के शंका-विषाद और निराशा के सिन्धु को मथकर उसके गरल को अमृत में बदल डाला है। बच्चन का संगीत एक अमूर्त झंकार बनकर हृदय गें पैठ जाता है और विभिन्न अनुभूतियों के झरोखों से झांककर विभिन्न संवेदनों में पुनरुज्जीवित हो उठता है। उसमें छायावादी गीतों की उदारता तथा सौंदर्य-बोध का दीप्त-स्पर्श नहीं है, न उसमें 'हे, लाज भरे सौंदर्य कहो तुम लुक-छिपकर चलते हो क्यों?' की ही कला-भंगिमा है, पर वे मानव-हृदय तथा इन्द्रिय-बोध के अत्यंत निकट होने के कारण अधिक मूर्त एवं संवेदना-गर्भित होकर प्राणों की गहराइयों में उतरते हैं। फ़ारसी संगीत की वेदना में डूबा हुआ कवि का स्वर उन्हें जैसे नींद की-सी भारी मधुर सम्मोहकता के साथ और भी मर्मातुर बनाकर अंतरतम के भावाकुल स्तरों में पहुंचा देता है। खड़ी बोली में वैसे अभी गीतों में ढलने योग्य मार्दवता तथा भाव-सिक्त निखार नहीं आया है, गीतों में बंधने के लिए उसे अभी अधिक रसद्रवित होना है; पर बच्चन की गीतात्मकता जैसे

भाषा की सीमाओं को लांघकर अपनी व्यथा की तीव्रता तथा अनुभूति की गहनता से सप्राण, सजीव एवं स्वर-मधुर बन गई है। बच्चन की भाषा में परंपरा का सौष्ठव है, वह साहित्यिक होते हुए भी बोलचाल के निकट है। वह छायावादी कविता की भाषा की तरह अलंकृत, सौंदर्यदृप्त, कल्पनापंखी एवं ध्वनिश्लक्ष्ण नहीं है, वह सहज, रसभीनी, भाव-भीगी, गतिद्रवित, प्रेरणास्पर्शी, अर्थ- कल्पित, व्यथामथित, आनंद-गंधी भाषा है। बच्चन की गीत-भावना के उर्दू काव्य-चेतना के निकट होने के कारण उसकी शैली में हिन्दी-उर्दू शब्दों का मिश्रण, ध्वनिबोध की दृष्टि से खटकता नहीं है, उसमें एक राग-लय साम्य परिलक्षित होता है। शब्दों की परख तथा स्वर-संगीत की सूक्ष्मता उसके 'मिलनयामिनी' एवं 'प्रणय पत्रिका' के गीतों में अधिक मिलती है। ये गीत वेदना-काव्य के गीतों की तरह लघु एवं अल्प-श्वास नहीं हैं। इनमें कवि की भावना कल्पना की उन्मुक्त बाहें खोलकर आपको रसानुभूति से आलिंगन-पाश में बांध लेती है। वेदना काव्य में कहीं- कहीं—'कहती है, समाप्त होता है सतरंगे बादल का मेला' जैसी पंक्तियां भी आ गई हैं, जिनमें 'समाप्त होता' अगीतात्मक कर्कश पाषाण की तरह लय की रसधारा के पथ में रुकावट डालता है। किंतु भाव-चित्रों की दृष्टि से बच्चन के ये गीत उसके आगे के गीतों से अधिक सवेद्य तथा रस-भीगे हैं। इनमें 'बात करतीं सर लहरियां कूल से जलस्नात' अथवा 'चांदनी पिछले पहर की पास में जो सो गई है' जैसी अनेक जादुई पंक्तियां हैं, जिनके भीतर भावबोध का एक समुद्र ही लहरा उठता है—

'सुन रहा हूँ, शांति इतनी
है टपकती बूँद जितनी
ओस की जिनसे द्रुमों का गात रात भिगो गई है!'

चरणों में 'है टपकती' संगीतात्मकता की दृष्टि से सफल प्रयोग न होने पर भी—विशेषकर शांति को चित्रित करने के लिए—तीनों पंक्तियों का कल्पना-चित्र रस से गीला तथा भावद्रवित बन पड़ा है। कवि अपनी तन्मयता में चूती हुई ओस की अश्रुत चाप सुनकर रात की भीगी शांति का अनुमान लगा रहा है, पर 'टपकती' के पैरों में तो जैसे काठ की घंटियां ठक्-ठक् बज रही हैं। या संभव है, कवि कहना चाहता हो कि इतनी निर्वाक तन्मय शांति छाई हुई है कि बूंद का हौले से चूना भी टपकने-सा प्रतीत हो रहा है। भाव-व्यंजना एवं चित्र-सज्जा के अनेक मनोरम उदाहरण बच्चन की इस दूसरे सोपान की रचनाओं में मिलेंगे, जिनका इस संक्षिप्त वक्तव्य में दिग्दर्शन कराना संभव नहीं। कवि के अपराजेय व्यक्तित्व की झांकियां भी इन संग्रहों के अनेक गीतों में मिलेंगी, जिनमें 'अग्निपथ', 'प्रार्थना मत कर', 'अब मत मेरा निर्माण करो', 'तुम तूफ़ान समझ पाओगे' आदि रचनाएं भग्न-

हृदय कवि की दृढ़-ऊर्ध्व रीढ़ का परिचय देकर मन को चमत्कृत कर देती हैं। जैसा कि मैं पहले कह चुका हूं, बच्चन की रचनाओं में उसकी आत्मव्यथा के भीतर उसकी आत्मकथा भी छिपी हुई है। उसकी आत्मनिष्ठ भावना प्रणय-बिछोह तथा जीवन-संघर्ष के आघात खाकर ही क्रमशः व्यापक और विकसित हो सकी है। मधु काव्य के कवि की यौवन-आनन्द से उन्मत्त भावना को ठोकर लगना स्वाभाविक ही था,—समय समतल पर चलने को बाध्य करता है—उस आनंद की परिणति बच्चन में वेदना-काव्य के साथ गंभीर जीवन-अनुभूति में होनी प्रारंभ हो जाती है। मधु काव्य में कैशोर स्वप्नों की मादक हाला है तो उसके वेदना काव्य में स्वप्न और वास्तविकता की टकराहट से पैदा हुई व्यथा की तीव्र ज्वाला है।—दोनों ही मधुर-विषाक्त आघातों को पचाकर कवि उन्हें काव्यामृत में परिणत कर सका, यह उसकी सफलता है। फिर भी, इस युग में कवि के मन में निराशा-विषाद और संशय का अंधकार घनीभूत होकर उसे एकाकी क्रौंच की तरह गीत-क्रंदन करने को विवश करता रहता है। 'आकुल अंतर' से वह कहता है :

'कर लेता जब तक नहीं प्राप्त
जग जीवन का कुछ नया अर्थ
जग जीवन का कुछ नया ज्ञान—
मैं जीवन की शंका महान!—
मैं खोज रहा हूँ अपना पथ
अपनी शंका का समाधान!—'

उच्छ्वास, आँसू, आग, धुएँ, कीचड़ और कंटकों की इस विषण्ण भूमि को पार कर कवि अपना नया चरण 'सतरंगिनी', 'मिलन यामिनी' और 'प्रणय पत्रिका' की रत्नच्छाया शोभा से विनिर्मित तीसरे सोपान पर धरता है। 'आकुल अंतर' में कवि के दोनों चित्र सामने आते हैं। उसमें संघर्ष के शांत होने के लक्षण भी अप्रत्यक्ष रूप से दृष्टिगोचर होते हैं। 'क्या तुम लाई हो चितवन में...तुममें आग नहीं है तब क्या संग तुम्हारे खेलूँ?' कहकर कवि आशा के प्रति झूठमूठ अपनी उपेक्षा दिखाना चाहता है। सत्य यह है कि वह अपनी अंतर्ज्वाला में प्रणय का अर्घ्य लेने को भीतर ही भीतर आकुल है। दुःख के कदर्य बोझ से अब उसका अंतर मुक्त हो चुका है, वह उसे पीस नहीं सका है। किंतु कवि उसे अपनेपन के ममत्व के कारण अभी मन की बाहरी सतहों से चिपकाए हुए है। 'सतरंगिनी' में वह स्पष्ट ही उससे समझौता करके आश्वासन पा लेता है। अपने अचेतन में छिपी अजेय नागिन को वह फिर से अपने जीवन के आँगन में नृत्य करने की छूट देता है।

'कौंधती तड़ित को जिह्वा-सी विष-मधुमय दाँतों में दाबे
तू प्रकट हुई सहसा कैसे मेरी जगती में, जीवन में।'

उस कौंधती तड़ित की जिह्वा के विष-मधुमय दंशन के उपभोग के लिए उसकी प्राणों के सतरंगे स्वप्नों में लिपटी आत्मा आतुर है। मन की इस हाँ-ना की स्थिति में अंततोगत्वा 'हाँ' की विजय का होना कवि जीवन के लिए स्वाभाविक तथा श्रेयस्कर है। और वह अपने मन को समझाता है–

'है अँधेरी रात, पर दीवा जलाना कब मना है?' और 'जो बीत गई सो बात गई' में समझौता पूर्णतः स्थापित हो जाता है, कवि अपने को 'कच्चा पीने वाला' नहीं साबित करना चाहता और निःसंदेह इस नैराश्य और अवसाद की आँधी में वह अपना मेरुदंड ताने अजेय ही बना रहता है।

'अतीत याद है तुझे, कठिन विषाद है तुझे,
मगर भविष्य से रुका न अँखमुदौल खेलना!
अजेय तू अभी बना!'

धीरे-धीरे 'नीड़ का निर्माण फिर-फिर, नेह का आह्वान फिर-फिर' में तो प्रतिमा के मंदिर का पुजारी पुराने अजिर से बाहर ही निकल आता है–निराकार प्रेम और सौंदर्य की विजय का एवं नये जीवन के आगमन का डंका सुनाई पड़ा है। कवि ने अपनी मनःस्थिति का बड़े सबल उत्फुल्ल शब्दों में चित्रण किया है :

क्रुद्ध नभ के वज्र दंतों में उषा है मुसकराती,
घोर गर्जन-मय गगन के कंठ में खग-पंक्ति गाती!'

वह जैसे निर्बाध जीवनी शक्ति से पूछता है :

'बोल आशा के विहंगम, किस जगह पर तू छिपा था
जो गगन पर चढ़ उठाता गर्व से निज तान फिर-फिर!'–

और सुनिए कवि के हृदय में आशा की नई झंकार–

'छू गया है कौन मन के तार, बीना बोलती है।
मौन तम के पार से यह कौन तेरे पास आया,
मौत में सोये हुए संसार को किसने जगाया,
कर गया है कौन फिर भिनसार, बीना बोलती है।'

नये प्रेमी की समस्त भाव-भंगिमाएँ एकत्रित कर कवि जैसे हृदय-प्राणों के अनंत तारुण्य से फिर गाने लगता है–

'इसीलिए खड़ा रहा कि तुम मुझे पुकार लो!'

हर्ष और विषाद–संयोग और विछोह–दोनों ही में कवि को अतिरंजना का मोह रहा है–वह कहता है :

‘उजाड़ से लगा चुका उम्मीद मैं बहार की,
निदाध से उमीद की वसंत के बयार की,
मरुस्थली मरीचिका सुधामयी मुझे लगी,
अँगार से लगा चुका उमीद मैं तुषार की!’

काव्योचित झूठे स्वाभाविक होती हैं, पर वे काव्य की शक्ति नहीं होतीं—अपनी मिथ्या गाल बजाने की दुर्बलता झाड़-पोंछकर—

‘कहाँ मनुष्य है जिसे न भूल शूल-सी गड़ी!’—में कवि फिर जैसे अपने शुद्ध भाव-दीप्त रूप में निखरा सामने खड़ा दीखता है और फिर—

‘तुम गा दो, मेरा गान अमर हो जाए’—कहकर वह प्रेम को पूर्ण आत्मसमर्पण कर चिंतामुक्ता चित्त से भविष्य की ओर देखने लगता है—निःसंदेह—‘सुख की एक साँस पर होता है अमरत्व निछावर!’

‘सतरंगिनी में कवि अपने जीवन की संकट-स्थिति से बाहर होकर ‘मिलन यामिनी’ के स्वप्न सँजोने लगता है। भीतर से आशा-क्षमता-सम्पन्न होकर वह बाहर के प्रभावों के लिए भी हृदय के उन्मुक्त द्वार खोल देता है और युग-जीवन के संघर्षों के प्रभावों से आंदोलित होकर ‘बंगाल का काल’, ‘सूत की माला’ तथा ‘खादी के फूल’ में युगात्मा के सम्मुख प्रणत होकर देश के संकट के स्वरों से प्रज्वलित राष्ट्र-प्रेम के सुनहले दीपों से लोक-पुरुष की आरती उतारने में चरितार्थता का अनुभव करता है। ‘बंगाल का काल’ में बच्चन ने सर्वप्रथम जिस ह्रस्व-दीर्घ मात्रिक मुक्त-छंद का प्रयोग किया उसमें उसने आगे चलकर अनेक अनुपम एवं महत्त्वपूर्ण रचनाओं की सृष्टि की है। ‘हलाहल’ में बाह्य दृष्टि से कवि के मधु काव्य की ही भावनाओं एवं प्रतीकों का पिष्ट-पेषण-सा प्रतीत होता है, ऐसा लगता है कि पिटे-पिटाए व्यापक सिद्धांतों को कवि अपनी छंद-रस-कल्पना की सामर्थ्य से यत्किंचित् कवित्व प्रदान करने में सफल हुआ है। किन्तु गम्भीर दृष्टि से विचार करने पर ऐसा लगता है, कवि अपनी मर्मस्पर्शी व्यथा की नींव पर एक व्यापक जीवन-दर्शन के प्रासाद का निर्माण कर मृत्यु के ऊपर जीवन की विजयध्वजा स्थापित कर रहा है। इस दृष्टि से ‘हलाहल’ को कवि के वेदना-काव्य का माखन-मूल्य कहा जा सकता है। विकासोन्मुख जगत-जीवन के प्रति उसका दृष्टिकोण स्वस्थ है। मिट्टी के लिए कवि कहता है—

**“अभी तो मेरी रुचि के योग्य नहीं इसका कोई आकार,
अभी तो जाने कितनी बार मिटेगा बन-बन कर संसार!”**

विश्व-संकट की बाढ़ के कारण कुछ समय के लिए किनारे पर रुककर कवि मन ही मन ‘मिलन यामिनी’ के लिए फूलों की शय्या सँवारता रहता है। जब तक

उसकी प्रणय भावना चरितार्थ होकर उसे स्वयं किसी नये सोपान पर नहीं उठा देती, वह अपनी पूजा के फूल किसे अर्पित करे?

'मिलन यामिनी' और 'प्रणय पत्रिका' कवि की प्रौढ़ कृतियों में हैं। उनके छंदों में अधिक सधा संगीत, शब्दों में मधुर-सुघर चयन, सौंदर्य-बोध में सुरुचिपूर्ण निखार तथा कला-शिल्प में संयग एवं सूक्ष्मता मिलती है।

"तुम समर्पण बन भुजाओं में पड़ी हो,
उभ्र इन उद्भ्रान्त घड़ियों की बड़ी हो!"

से ही कवि को पूर्ण सन्तोष नहीं होता, निश्चय ही, मिलन यामिनी की स्वप्नअलस बेला में भी उसके मन में कोई जिज्ञासा, कोई खोज चल रही है और कवि के ही शब्दों में–

"पा गया तन आज मैं मन खोजता हूँ,
मैं प्रतिध्वनि सुन चुका, ध्वनि खोजता हूं।"

यह देह-मिलन का सुख उसके विवेक-सजग हृदय के लिए केवल सुख की प्रतिध्वनि भर है। उसके सुख की खोज की धारा अन्तःसलिला नदी की तरह भीतर ही भीतर बह रही है जो 'प्रणय पत्रिका' तथा बाद की रचनाओं में अधिक रूप ग्रहण करती है। 'मिलन यामिनी' और 'प्रणय पत्रिका' की रचनाओं में बच्चन की अनेक भाव निधियाँ तथा अनुभूतियों के गंभीर-कांति रत्न यत्र-तत्र पिरोए मिलते हैं। वह भावनालोक का अपने ढंग का एकाकी पथिक है। हिन्दी में और भी इस पथ के पांथ हैं, बच्चन ही की पीढ़ी में अंचल और नरेन्द्र–पर उनके व्यक्तित्वों का सौंदर्य भिन्न प्रकार का है। बच्चन में जो एकाग्रता, व्यथा-गांभीर्य और तल्लीनता है, उसने उसके काव्य को तप्त-कांचन के-से एक द्रवित सौंदर्य में ढाल दिया है। बड़ी ही भाव-प्रवणता उसके स्वरों में है। यह ठीक है कि उसके कंठ के लोच और उसकी लयों की फ़ारसी संगीत की-सी मंदिर उदासी की भी उसके गीतों की लोकप्रियता को थोड़ी-बहुत अपनी देन रही है, पर भावना की व्यथा में ढली विगलित मोतियों की लड़ियों-सी उसकी स्वर-तरल पंक्तियाँ जो अपना मर्मभेदी प्रभाव रखती हैं, वह अकृत्रिम एवं अनिर्वचनीय है! उसके गीत भावोष्ण अँगुलियों से लोक-मन को गुदगुदाने, उसे मधुर विषाद से मुग्ध करने तथा उसके अश्रु-सजल प्राणों को मौन-विद्रवित करने में सफल हुए हैं। बच्चन सम्भवतः इस पीढ़ी का सबसे अधिक लोकप्रिय कवि है। खड़ी बोली को लोक-बोध के स्तर पर जनसाधारण के हृदय में बिठाने में इतनी बड़ी सफलता काव्य-जगत में शायद उसी को मिली है। यह अपने में थोड़ी उपलब्धि नहीं है। हिन्दी की चेतना को लोक-जीवन के अंचल में बाँधना,–यह अपने देश की, इस युग की एक बड़ी समस्याओं

में से है।

"प्राण, संध्या झुक गई गिरि, ग्राम, तरु पर,
उठ रहा है क्षितिज के ऊपर सिन्दूरी चांद"

अथवा

"शिथिल पड़ी है नभ की बाँहों में रजनी की काया!"

इस प्रकार की सौंदर्य-भावना को चित्रित करने वाली पंक्तियाँ इस तृतीय सोपान की रचनाओं में अनेक आई हैं जो आँखों के सम्मुख ज्यों की त्यों मूर्तिमान हो उठती हैं। 'गई गिरि ग्राम में 'ग' के गूँगे गुरु-मौन अनुप्रास के संध्या को जैसे गगन-गंभीर बना दिया है। और 'झुक गई गिरि ग्राम तरु पर' में लघु मात्राओं के कारण जैसे साँझ के सिमटने का-सा भाव, और 'र' की फिर-फिर पुनरावृत्ति में संध्या के केशों में उलझी अन्तिम किरणों की दमक साकार हो उठती है। इसी प्रकार दूसरी पंक्ति में दीर्घ मात्राओं की बाँहों पर जैसे चाँद क्षितिज के ऊपर उठने लगता है। 'विहंग प्रात गीत गा उठा अभय' में विहंग अकेले ही सारे आकाश को गुंजा देता है। 'गी' और 'गा' तो जैसे उड़ते पक्षी की तरह निश्चल लगते हैं। इस तरह की अनेक पंक्तियाँ तथा पदांश कवि के शब्द-स्वर-शिल्प-बोध के साक्षी बन इन दो संग्रहों में बिखरे पड़े हैं। प्रणय-भावना के अनेक प्रकार के चढ़ाव-उतारों तथा कठोर मार्दव रूपों के बीच 'मैं गाता हूँ, इसलिए जवानी मेरी है' अथवा 'जीवन की आपाधापी में कब वक्त मिला' अथवा 'मैं क़लम और बन्दूक चलाता हूँ दोनों' जैसी आत्माभिमान एवं जीवन-संघर्ष-व्यंजक रचनाओं द्वारा कवि का आत्मप्रदर्शन पाठकों का मनोरंजन करता रहता है। 'प्रणय पत्रिका' के गीत 'मिलन यामिनी' के भावना के धरातल से ऊपर उठ गए हैं, उनमें कवि के आत्म निवेदन के स्वर हैं। 'आरती और अंगारे' शीर्षक कांव्य-संग्रह की रचनाएँ भी 'प्रणय पत्रिका' ही के वातावरण को समृद्ध बनाती हैं। कवि के मन में अपने इन गीतों के सम्बन्ध में एक विशेष योजना है। उसी के शब्दों में—"मिलन यामिनी प्रकाशित कर देने के पश्चात् मेरे मन में कुछ ऐसे भावों-विचारों का मंथन आरम्भ हुआ—मुझे लगा कि जैसे किसी महान काव्य (महाकाव्य नहीं) के प्राणों की धड़कन सुन रहा हूँ। इससे मैं डरकर भागा। इसे भूल जाने के लिए मैंने कई उपाय किए। धड़कनें बन्द नहीं हुईं।" अन्त में कवि ने निर्णय किया कि वह गीतों से ही उसे व्यक्त करेगा, पर इसके लिए ढाई-तीन सौ गीत लिखने होंगे। वास्तव में कवि के मन में 'विनय पत्रिका' के ढंग की कोई चीज़ उतरी है। कवि का बीजमंत्र इन गीतों में 'विनय पत्रिका' का-सा विराग न होकर राग-विराग का सामंजस्य ही है। एक ऐसी चेतना को वाणी देना 'जिसमें राग-विराग एकाकार होकर एक ऐसे

जीवन की संवर्धना करते हैं जो दोनों से परे है।' अपने उद्देश्य की सम्पूर्ण अवतारणा के लिए अभी कवि को सौ-सवा सौ गीत और लिखने हैं। जो अभी लिखे जा चुके हैं वे 'प्रणय पत्रिका' तथा 'आरती और अंगारे, के नामों से संग्रहों में प्रकाशित हो चुके हैं। सम्पूर्ण गीत लिखे जाने पर कवि उन्हें एक विशेष क्रम में संवारकर अपने मूल ध्येय को समग्रता में उपस्थित कर सकेगा। 'आरती और अंगारे' में कवि इस विषय में 'अपने पाठकों से' विस्तारपूर्वक निवेदन कर चुका है। इस प्रकार 'निशा निमंत्रण', 'एकांत संगीत' तथा 'आकुल अंतर' की रचनाओं के समान ही 'प्रणय पत्रिका', 'आरती और अंगारे' तथा तत्संबंधी अलिखित रचनाओं में भी एकसूत्रता स्थापित हो सकेगी। 'प्रणय पत्रिका' में जहां अनेक सरस गीत हैं, वहां हंस-मिथुन से संबद्ध कवि के सात गीत, अपने भाव-वैभव, रचना-सौष्ठव एवं कल्पना-सौन्दर्य के कारण, तारापुंज में सप्तर्षियों की तरह, विशेष रूप से ध्यान आकर्षित करते हैं। इन गीतों में कवि के विदेश की प्रवासी- भावना की (और संभवतः जीवन की भी) एक प्रच्छन्न कथा गुंफित है जो कवि के मन के स्वप्न-संवेदनों को शिल्प की सूक्ष्मता में अंकित करती है। कुछ भव्य कल्पना चित्र देखिए–

"मूर्ति बनकर तुम खड़े हो, किन्तु मेरी कल्पना तो है नहीं विश्राम करती,
देखती है दूर कोई भव्य मन्दिर, सीढ़ियाँ जिसकी किसी सर में उतरती,
आरती बेला हुई है, शंख, घंटे, घंटियों के साथ बजते हैं नगारे,
देव बालक दो प्रसादी ले उतरते सीढ़ियों से आ गए हैं जल किनारे।
औ' खिलाने को तुम्हें, वे नाम ले-लेकर तुम्हारा हैं बुलाते जल कलापी..."

(सम्भवतः कवि के मन में अपने दो पुत्रों की प्रिय स्मृति झूल रही हो!)

"कौन हंसनियाँ लुभाए है तुझे ऐसा कि तुझको मानसर भूला हुआ है!
कौन लहरें हैं कि जो दबती-उभरती छातियों पर हैं तुझे झूला झुलातीं,
कौन लहरें हैं कि तुझ पर फेन का कर लेप, तेरे पंख सहलाकर सुलातीं?"
"मानसर फैला हुआ है, पर प्रतीक्षा के मुकुर-सा मौन औ' गम्भीर बनकर,
और ऊपर एक सीमाहीन अम्बर और नीचे एक सीमाहीन अम्बर!"

बच्चन की भाव-व्यंजना उत्तरोत्तर सूक्ष्म, संश्लिष्ट तथा गहन होती जा रही है और उसके इधर के मुक्त काव्य में इसके उदाहरण प्रचुर मात्रा में मिलते हैं।

यद्यपि, सोपान का प्रथम संस्करण, 'मिलन यामिनी' के आनन्द-भवन के भीतर पहुंचाकर ही समाप्त हो जाता था, किन्तु इस द्वितीय संस्करण में कवि-प्रतिभा के विकास की उत्तरोत्तर बढ़ती हुई और भी अनेक रुपहली-सुनहली श्रेणियों का सौन्दर्य-वैभव संचित मिलता है और उसके काव्य-सोपान का प्रस्तुत स्वरूप प्रायः गगनचुम्बी बनकर अब जिन शुभ्र नील क्षितिजों के उच्च प्रसारों की अवाक् शोभा

को स्पर्श करता है वह कवि की नवीन दिग्विजयों का द्योतक है।

'मिलन यामिनी' के बाद कवि का मानस-क्षितिज अत्यन्त व्यापक हो गया है, उसके जीवन-परिवेश, वास्तविक परिस्थितियों, व्यावसायिक कर्मक्षेत्र तथा अध्ययन, मनन एवं चिन्तन का धरातल भी अधिक विस्तृत तथा विचार-संकुल हो गया है। 'प्रणय पत्रिका' एवं 'आरती और अंगारे' के गीतों के झरोखों से उसे जिस नवीन जीवन-चेतना के प्रकाश की झांकी मिली है, उसे जैसा कि ऊपर संकेत किया जा चुका है, कवि काव्य के चित्रपट में अपनी कल्पना-तूली से अभी पूर्णतः नहीं उतार पाया है। वह सोपान की सर्वोच्च श्रेणी ही न होकर संभवतः एक महान् काव्य-प्रासाद के ऊपर का प्रज्ञादीप्त स्वर्ण कलश भी हो सकता है। कवि की चेतना 'मिलन यामिनी' के उपरान्त धीरे-धीरे अन्तर्मुखी होकर जहां एक ओर इस स्वर्णघट हर्म्य का भीतर ही भीतर निर्माण करने में संलग्न है वहां दूसरी ओर उसमें एक विविध मुखता के चिह्न भी दृष्टिगोचर होने लगे हैं। एक ओर उसने गीता का अनुवाद अवधी में 'जन गीता' के रूप में किसी अज्ञात-अगोचर प्रेरणा के संकेत से प्रस्तुत किया है तो दूसरी ओर शेक्सपियर की चमत्कारपूर्ण महान् प्रतिभा को उसने उपयुक्त कवित्व, कला, छंद, भाषा-शिल्प तथा नाटकीय रंग-कौशल के साथ हिन्दी में उतारकर वह जैसे अपनी सृजन-शक्ति की भुजाओं पर संजीवनी पर्वत ही को उठाकर ले आया है। बच्चन को इसमें जो सफलता मिली है, उसे मैं अभूतपूर्व ही कहूंगा। जिस साहसिक प्रयत्न से उसने वज्र-कठोर शिलाफलक पर छेनी चलाई, उससे उसकी छेनी टूटी नहीं, बल्कि वह रंग-सम्राट की विराट् प्रतिमा की अखण्ड मूर्ति ज्यों की त्यों उतार लाई,—जो कवि की प्राणवत्ता की असामान्य विजय है। मैं अपने पत्रों में बच्चन से बराबर अनुरोध करता हूं कि वह 'किंग लियर', 'हैमलेट', 'टेम्पेस्ट' तथा 'मिड समर नाइट्स ड्रीम' को भी अवश्य हिन्दी में ले आए। विभिन्न उद्देश्यों से किए गए गीता के आध्यात्मिक तथा शेक्सपियर के 'मैकबेथ' तथा 'ओथेलो' के नाट्यमंचीय अनुवादों के अतिरिक्त इधर कवि ने लोकधुनों पर आधारित अनेक वाद्य-मुखर, भाव-प्रखर लोकगीत भी लिखे हैं जिनमें कहीं-कहीं किसी मार्मिक कथा प्रसंग की भी धड़कनें सुनाई पड़ती हैं। अपने लोकगीतों द्वारा बच्चन ने एक नया ही वातावरण साहित्य में प्रस्तुत किया है, वह जैसे आधुनिक नगर और ग्राम की दुर्लंघ्य दूरी को गीतों का झंकृत पुल बांधकर निकट ले आया है। या वह नगरों के संशय-शुष्क आंगन में फिर से गांवों के सहज विश्वास का रस-सलज बिरवा रोपने का प्रयत्न कर रहा है और हिन्दी को तो जैसे उसने जनपद के द्वार पर ही पहुंचा दिया है। लोक-जीवन के सरस उपकरणों, मार्मिक संवेदनों, गुह्य विश्वासों तथा रससिद्ध स्वरों से भावसिक्त इनमें से अनेक

लोकगीत अत्यधिक सजीव बन पड़े हैं और हिन्दी पाठकों में अत्यन्त लोकप्रिय हो चुके हैं। स्वयं मेरे प्रिय गीतों में 'पागल मल्लाह', 'सोन मछरी', 'धीमर की घरनी,' 'लाठी और बांसुरी', 'खोई गुजरिया', 'नीलपरी', 'महुआ के नीचे', 'आंगन का बिरवा' आदि अनेक गीत हैं जिनमें एक विचित्र जादूभरा सम्मोहन मन में न जाने कैसा रहस्यपूर्ण रसार्द्र वातावरण पैदा कर देता है। गांवों की सहज आस्थाओं के प्रतिध्वनित पृष्ठभूमि में जैसे जीवन, नियत तथा सुख-दुःख के प्रति एक अनिर्वचनीय रहस्यभरी भावना का उद्रेक, जो इन गीतों से मन में जगता है, अत्यन्त स्वाभाविक तथा मर्मस्पर्शी प्रतीत होती है। न जाने वे चेतना के कैसे अर्धचेतन धूपछांह-भरे सांद्र-भावुक लोक हैं, जिनकी गूंजें धरती के अंधेरे को कंपाकर, प्राणों के वन में झींगुरों की तरह अर्धसुप्त स्वरों में बज-बज उठती हैं। 'डोंगा डोले नित गंग-जमुन के तीर, डोंगा डोले' में जैसे अनन्त काल से जीवन-लहरियों की थपकियों में मानव-मन के मांझी की पीर का डोंगा डोलता रहता है। ऐसी सांद्र व्यंजना, जैसे घट में ही सागर हो, खड़ी बोली के गीतों में अन्यत्र पाना दुर्लभ ही नहीं अत्यन्त कठिन है।

बच्चन की काव्य-चेतना के विकास की जो व्यापक, गंभीर, मुखर धारा हम ऊपर देखते आए हैं, उसके अतिरिक्त भी उसके कवि ने अपने सृजन-चपल प्रेरणा क्षणों में इधर-उधर हाथ मारे हैं। 'धार के इधर-उधर' तथा 'बुद्ध और नाचघर' में ऐसी अनेक रचनाएँ हैं जो कवि की बहुमुखी प्रतिभा के स्फुलिंगों-सी अपने क्षणप्रकाश में जुगुनुओं-सी जगमगाती हुई आंखों को प्रिय लगती एवं रसग्राही मानसों को संतोष देती हैं। ये रचनाएं सन् '40 से '57 तक की लम्बी अवधि में कवि के अनेक प्रकार के मानसिक चर्वण की द्योतक हैं और कवि-मन की इतर प्रवृत्तियों तथा आयामों का भी सफल दिग्दर्शन कराती हैं, 'बंगाल का काल' में बच्चन ने जिस मुक्त छंद को अपनाया था, उसमें आगे चलकर कवि की अत्यन्त महत्त्वपूर्ण सशक्त रोचक उपलब्धियां देखने को मिलती हैं। वे सब अभी पुस्तक-रूप में सुलभ नहीं हैं, फिर भी 'बुद्ध और नाचघर', 'त्रिभंगिमा' की तीसरी भंगिमा तथा कवि का नवीनतम काव्य-संग्रह 'चार खेमे चौंसठ खूंटे' अपने उन्मुक्त ऐश्वर्य से दीप्तिमान हैं। मुक्त छंदों में बच्चन को प्रायः आशातीत सफलता मिली है। इनमें वह नई कविता के अनेक अनगढ़ स्तरों को स्पर्श कर उन्हें भाव-वैभव, विचार-गौरव, शिल्प-संयम, तथा अभिव्यंजना का सुथरापन प्रदान कर सका है। इनका वातावरण कवि के गीतों के व्यथा-क्लांत, भावना-द्रवित वातावरण से बिलकुल ही भिन्न, मुक्त, सजीव, स्फूर्तिप्रद, जीवन-मूर्त तथा अभिनव कवित्त्वपूर्ण है। इनमें सामाजिक महाप्राणता, व्यंग्यदंश, वैचारिक क्रान्ति तथा व्यापक मानवीय संवेदना को कवि ने

आधुनिक कला के संस्पर्श से सबल अभिव्यक्ति दी है। 'दानवों का शाप' में वह कहता है—

सुनो हे देवताओ!
दानवों का शाप
आगे आज उतरा!
यह विगत संघर्ष भी तो
सिंधु-मंथन की तरह था।

देवता जो एक
दो बूंदें अमृत की
पान करने को, पिलाने को चला था,
बलि हुआ!
लेकिन जिन्होंने
शोर आगे से मचाया
पूंछ पीछे से हिलाई,
वही खीस-निपोर
काम-छिछोर दानव
सिन्धु के सब रत्न-धन को
आज खुलकर भोगते हैं;
बात है यह और
उनके कण्ठ में जा
अमृत मद में बदलता है...

देश की वर्तमान दशा पर कितना जीता-जागता, चुभता व्यंग्य है। अपने मुक्त छंद के बारे में, जिसमें बच्चन ने सर्वप्रथम कविता करनी शुरू की थी, उसने 'बुद्ध और नाचघर' की भूमिका में पर्याप्त प्रकाश डाला है। वैसे भी बच्चन की इधर की भूमिकाएं उसके काव्य-लोक में विचरण करने के लिए एक सुज्ञपथ-प्रदर्शक का काम करती हैं। उसकी पुस्तकाकार छपी मुक्त छंद की रचनाओं में 'शैल विहंगिनी', 'पपीहा और चील कौए', 'युग का जुआ', 'नीम के दो पेड़', 'खजूर', 'महागर्दभ', 'दानवों का शाप' आदि अनेक कविताओं में कवि की अभिव्यक्ति अत्यन्त ओजपूर्ण, सबल, सप्राण तथा निखरी हुई है। इनमें भी अधिक व्यंजनापूर्ण उसकी इधर की वे मुक्त छंद की रचनाएं हैं, जो पत्र-पत्रिकाओं में प्रायः देखने को मिलती हैं, और जिनमें से 'तीसरा हाथ' की चर्चा मैं प्रारम्भ में कर चुका हूं। मेरा

विश्वास है, मुक्त छंद बच्चन में संयम-सुधर, कलात्मक हाथों से सँवरकर भविष्य में हिंदी कविता में आधुनिक युग-जीवन अभिव्यक्ति का अधिक उपयुक्त माध्यम बन सकेगा और कवि की उपलब्धि इस दिशा में भी उसके गीतों से कम महत्त्वपूर्ण नहीं होगी। प्रत्युत उसकी कल्पना का गरुत् युग-शिक्षिज पर छाए दुविधा-संयम के मेघों को चीरकर अभिव्यक्ति की अधिक अरुणोज्ज्वल एवं ज्योतिप्रभ चोटियों को छूकर उनकी संपद् को धरती पर लुटा सकेगा।

'चार ख़ेमे चौंसठ खूँटे' में बच्चन की 1960 से '62 तक की रचनाएँ संगृहीत हैं, और, जैसा कि संग्रह के नाम ही से स्पष्ट हो जाता है, इन रचनाओं में कवि की चार प्रकार की मनोवृत्ति को अभिव्यक्ति मिली है। 'त्रिभंगिमा' में मंच गान नहीं थे, प्रस्तुत संकलन में आज के सामूहिक वातावरण की उपज कुछ सशक्त सहगान भी कवि ने दे दिए हैं जो नाटकीय प्रभाव एवं संप्रेषण के साथ मंच पर गाए जा सकते हैं। इसकी भूमिका एक विशेष मनःस्थिति में लिखी गई प्रतीत होती है, जिसमें कवि ने प्रकट-प्रछन्न एवं व्यंग्यात्मक ढंग से अपने युग एवं पाठकों के प्रति अपने मन की प्रतिक्रिया रख दी है। संग्रह की मुक्त छंद की रचनाओं में विदग्ध निखार तथा प्रचुर प्रौढ़ता मिलती है। उनमें युग जीवन के संघर्ष एवं सामाजिक अन्तर्द्वन्द्वों को अधिक उन्मुक्त तथा मार्मिक अभिव्यक्ति मिल सकी है। युगीन ह्रास तथा विघटन का वातावरण इन कविताओं में अधिक घनीभूत होकर मन को स्पर्श करता है और कवि ने युग की विषमताओं एवं असंगतियों पर अपनी सधी लेखनी की संपूर्ण शक्ति से व्यंग्य-प्रखर आघात किया है। शब्दों के चयन और उनके नवीन प्रयोगों में वह सिद्धहस्त होता जा रहा है। इस प्रकार की प्रायः सभी रचनाएँ एक तिग्म मर्मभेदी अनुभूति तथा बौद्धिक संदेश लिए हुई हैं। अपनी इस नवीन दिशा की ओर कवि जिस तीव्रता से प्रगति कर रहा है उसे देखकर विस्मय होता है। वह लोक कवि है और उसने जन-मन को अपने युग के प्रति सचेत करने का जैसे मन ही मन संकल्प ले लिया है। मुझे पूर्ण विश्वास है कि अपने मधु काव्य की तरह अपने बौद्धिक काव्य में भी कवि उसी प्रकार सफल होकर अपनी उद्‌बुद्ध चेतना को जन साधारण तक पहुँचा सकेगा। अपनी जिस अन्तःप्रेरणा को पहले वह जिस सहज भावना से ग्रहण कर उसे गीति-लय के अंचल में बाँध देता था उसे अब वह अपनी जग्रत मेघा से पकड़कर, मुक्त छंदों के पंख देकर, लोक जीवनग्राही बनाने का समर्थ प्रयत्न कर रहा है। बच्चन के भावुक कवि की ऐसी युगप्रबुद्ध परिणति देखकर आश्चर्य भी होता है, अपार हर्ष भी। 'चार ख़ेमे चौंसठ खूँटे' में 'आज़ादी के चौदह वर्ष', 'राष्ट्रपिता के समक्ष', 'स्वाध्याय कक्ष में वसंत', 'कलश और नींव का पत्थर', 'दैत्य की देन', 'पानी-मरा मोती : आग-मरा

आदमी' आदि अत्यन्त सबल, मर्मस्पर्शी तथा संदेशवाहक रचनाएँ हैं, जिनमें कवि ने अपनी व्यथा में युग की कथा गूँथी है और जो मन पर अपना गंभीर चिन्तन-सजग प्रभाव छोड़ती है।

इस सँग्रह के लोकगीतों में भी अधिक स्वाभाविकता तथा वैचित्र्य देखने को मिलता है। अंग्रेज़ी के स्प्रंग वर्स की तरह इन गीतों के पद ह्स्व-दीर्घ मात्राओं की जड़ दीवारों को फाँदकर जिस सहज स्वर संगीत में प्रवाहित होते हैं उससे लोकगीतों की भावलय की नमनीयता सिद्ध होती है। 'मालिन बीकानेर की', हरियाने की लली', 'छितवन की ओट', 'आगाही', 'जामुन चूती है' आदि लोकगीत सहज रसपूर्ण तथा वातावरण के रंग में भीगे होने के कारण अत्यंत सजीव बन पड़े हैं। अपने लोक गीतों और मुक्त छंदों में समानान्तर रूप से कवि की नवीनतम समृद्ध उपलब्धि उसके धरती के जीवन के प्रेम तथा उसके जागरूक संघर्ष की क्षमता एवं उसकी अजेय प्रतिभा-शक्ति की मांगलिक परिणति के उज्ज्वल प्रमाण हैं।

बच्चन का व्यक्तित्व हिन्दी काव्य में अपनी अद्‌भुत् विशेषता एवं महत्ता रखता है। वह मानव-हृदय-मर्मज्ञ, रससिद्ध गायक, भाव-धनी कवि एवं युगप्रबुद्ध संदेशवाहक है। उसके कला-शिल्प में सादगी, स्वच्छता, संयम तथा अतुल शक्ति है। उसकी अनुभव-द्रवित भावनाओं का प्रभाव विद्युत्-स्पर्शी, मंद्र-सजल शब्द-संगीत सम्मोहक तथा कल्पना की उड़ान प्राणों की संजीवनी से भरी होती है। वास्तविकता की धरती पर जीवन के घात-प्रतिघातों के कर्दम में पाँव गड़ाए, आँधी तूफ़ान में अडिग रहने वाली अपनी गतिशील टांगों पर खड़ा, कटिप्रदेश में वज्रदंश कामना की मदिर ज्वाला लिपटाए, गंभीर साधना से तपःपूत हृदय से आस्था का अमृतघट छिपाए, अपने विद्यानत मस्तक को मनुष्यत्व के अभिमान से ऊपर उठाए, अविरत-अश्रान्त संघर्ष-निरत, अपराजित, दृढ़संकल्प लौह-पुरुष-सा वह जगत्-स्वामी से भावना के कृश, सुनहले सूत्र में बँधा अपने जीवन के अज्ञात लक्ष्य की ओर, तीर पर रुकना अस्वीकार कर, प्रेरणालहरों का निमंत्रण पाकर निरन्तर बढ़ता ही जाता, अपने अगले क़दम के लिए लड़ता जाता है। अदम्य है उसका धैर्य, अटूट है तैलधारवत् उसका अंतर्विश्वास। अपने ही हृदय-कमल के चतुर्दिक् गंधमुग्ध मधुकर की तरह भँडराता उसका मधुलुब्ध कवि अपने प्राणों के तारुण्य, भावना के व्यथासिक्त सौन्दर्य तथा जगज्जीवन के आघातों के आनंद विषाद को अपनी ही अतृप्त कामना के पंखों की गूँज में गुनगुनाता हुआ, संसार की रसप्रिय मानवता के उपभोग के लिए बखेरता रहता, संचय करता और बखेरता रहता है।

मुझ जैसे विवश व्यक्ति को अपना उन्मुक्त सौहार्द्य तथा प्रच्छन्न स्नेह देकर

वह अपनी उदारता का ही परिचय देता है। बच्चन के घनिष्ठ सम्पर्क में मैं सन् 1940 के बाद 'बसुधा' के सहवास-काल में आया हूँ, जिसकी चर्चा बच्चन अपनी 'हलाहल' की भूमिका में कर चुका है। तब वह प्रयाग विश्वविद्यालय में शोध-कार्य करता था। मैत्री का वह बीज बच्चन के भावप्रवण हृदय की उर्वर धरती में पड़कर उत्तरोत्तर बढ़ता ही गया। तेजी जी से बच्चन के विवाह के उपरान्त—जिसके लिए मैं कुछ ही महीने पहले भविष्यवाणी कर चुका था—हरतविद्या के ज्ञान से कम, बच्चन की मानसिक दिशा के अध्ययन से अधिक—मैत्री का वह विटप वटवृक्ष की तरह दुहरे-तिहरे-चौहरे स्नेह के मूल एवं सद्भाव सौहादूर्य की बांहें फैलाकर अधिक सघन, प्रशांत तथा प्रच्छाय बन सका। बच्चन की आनंद-सौन्दर्य भावना तथा सुरुचि को सँवारने में श्रीमती बच्चन का बहुत बड़ा हाथ रहा है। जब 1940 में बच्चन मेरे साथ 'बसुधा' में रहता था, तब मैं उसे अधिक निकट से जान सका था। उसे तब बीच-बीच में नैराश्य तथा अवसाद के घन घेरे लेते थे, जिनसे मुक्त होने के लिए वह मरघट के-से अत्यन्त उदास, ऊँचे स्वर में 'विनय पत्रिका' या 'रामायण' पढ़ा करता था। और अंधकार की गुफा से आती हुई झिल्ली की आवाज़ के समान उनके निदारे कंठ से कुढ़कर मैं उससे कहा करता था, हाय बच्चन, तुलसीदास जी पर रहम करो, कहीं तुम्हारे मुहर्रमी स्वर उनके कानों में पड़ गए तो अपनी कविता के साथ यह बलात्कार देखकर उनकी आत्मा इस देश को छोड़कर कहीं अन्यत्र प्रयाण कर बैठेगी, जहाँ वह तुम्हारे अत्याचार से अपना पिंड छुड़ा सके। और मैं प्रायः सोचता कि बच्चन के गले की मिठास या लोच क्या उसने केवल अपनी ही कविता के लिए रख छोड़ी है, यह तो था परिहास, पर उसके विषण्ण, रुक्ष, आत्मनिष्ठ व्यक्तित्व में तेजी जी ने जो मार्दव, उदारता तथा आभाप्रद प्रफुल्लता भरने में सहायता की, उसकी कथा मैं अत्यन्त निकट से और बहुत अच्छी तरह जानता हूँ। बच्चन की मैं हानि-लाभ का विचार रखने वाला तो नहीं कहूँगा, क्योंकि उसकी उन्मुक्त उदारता के कई उदाहरण मुझे ज्ञात हैं—पर वह अपने व्यवहार में अकारण ही कुछ गणितज्ञ तथा मुंहफट होने की नीतिमत्ता समझता था। उसकी इस वृत्ति को तेजी जी रोकती-टोकती रहती थीं और जब मैं उनकी सराहना या समर्थन करता तो बच्चन हमेशा कहता कि मैं उनका पक्ष ले रहा हूँ या अपने पक्ष में कहता कि मैं ही ठीक हूँ, आप केवल वेद ही जानते हैं, मैं लबेद भी जानता हूँ। इसे पढ़कर भी वह निश्चय ही मन ही मन यही कहेगा। किन्तु जो अन्तरंग रूप से बच्चन को जानता है उसे बच्चन के कवि-जीवन में श्रीमती बच्चन की इस देन को स्वीकार करना ही पड़ेगा कि उन्होंने एकाकी, विषण्ण कंठ से निशा को निमंत्रण देने वाली कवि की आत्मा को प्रभात-प्रफुल्ल जीवन-प्रांगण में प्रवेश

करने में निष्ठापूर्वक सहायता दी।

बाहर से सूखा-अनपढ़ दीखने वाले इस रस-मधुर कवि के भीतर अखण्ड आस्था का हृदय उसकी प्राणों की तंत्री को भाव-संगीत-झंकृत करता रहता है। वह गंभीर आस्था संभवतः बच्चन को अपने अन्य उन्नत संस्कारों के साथ अपने पूज्य पितृवाद से दाय रूप में मिली है। उसके पिता जिस घर में रामायण नहीं होती वहाँ पानी भी पीना पसन्द नहीं करते थे। बच्चन प्रायः प्रति वर्ष जिस लगन से, अकेले ही आसन मारकर, अखण्ड रामायण का पाठ कर लेता है, उसके लिए निश्चय गहरी श्रद्धा चाहिए। वह प्रत्येक प्रसंग पर रामायण की चौपाई उद्धृत कर सकता है। 'मंगल भवन अमंगल हारी द्रवउ सो दसरथ अजिर बिहारी'—उसके मुंह से निरन्तर दुहराए गए ये मंत्रपूत चरण मेरे कानों में जब-तब गूंजते रहते हैं। अत्यन्त नियमित तथा सुधर-सुचारु रूप से प्रतिदिन कार्य करने वाला उसका आत्मजयी, संकल्प-दृढ़ व्यक्तित्व मेरे लिए सदैव एक प्रेरणाप्रद, प्रिय उदाहरण रहा। अपने सुहृद्-मंडल के केन्द्र-बिन्दु के रूप में उसे पाकर मैं प्रसन्न हूँ। जिस प्रकार कोई क्षिप्रगामी-यान में बैठकर कलाशिल्प की प्रतीक किसी महानगरी की परिक्रमा करते समय इधर-उधर दृष्टिपात भरकर लौट आए, कुछ उसी प्रकार मैंने भी संक्षेप में बच्चन के काव्य-जगत् की एक सांकेतिक झाँकी भर प्रस्तुत कर छोड़ दी है। मुझे पूर्ण विश्वास है कि जो काव्य-प्रेमी इस सौंदर्य, माधुर्य और प्रेम के नंदनवन में विहार करेंगे वे कवि के साथ रसमंगल मनाकर अपने को कृतार्थ पाएँगे। बच्चन का अमर यशःकाय कवि आनन्द-रस घन है, वह प्रणय के मिलन-विछोह, उल्लास-अवसाद का अनन्य गायक है, और है युगप्रबुद्ध उद्बोधक! बच्चन के बिना खड़ी बोली के काव्य का एक बहुत बड़ा अंतरंग अंग अधूरा ही रहता है।

—सुमित्रानंदन पंत

18/7 बी, कस्तूरबा गांधी मार्ग,

इलाहाबाद।

23 अगस्त, 1963

❑❑❑